Jürgen Brandes ■ Dieter Gaul

ARCUS COMPACTUS

Einführung in spät beginnendes Latein

Texte und Übungen

Verlag Moritz Diesterweg
Frankfurt am Main

Abbildungsnachweis:
Luftbild Klammet & Aberl, Ohlstadt: U 1; Bavaria/Jeiter, Gauting: S. 1 u., 160; Luftbild Klammet & Aberl, Ohlstadt: S. 1 o., 2, 9, 93, 123, 128; Bildarchiv Preuss. Kulturbesitz, Berlin: S. 7 o., 15, 59, 78 u. li.; Staatl. Konservatoramt, Abt. Bodendenkmalpflege, Saarbrücken: S. 10, 13; ZEFA/R. Everts, Düsseldorf: S. 14 u.; Scala, Florenz: S. 16 li., 40, 48, 92; Musée du Louvre, Paris: S. 21 u.; Quickklick, Bad Vilbel: S. 30 o.; Helga Lade/Pictures, Frankfurt: S. 33 u. re.; Artothek, Peissenberg: S. 35 li.; Hirmer Fotoarchiv, München: S. 36 o., 39; Bavaria/R. Binder, Gauting: S. 44; Helga Lade/Bergmann, Frankfurt: S. 67; J. Steinhilber, Berlin: S. 70; Helga Lade/Pictures, Frankfurt: S. 77; Bavaria/Spektrum, Gauting: S. 111; ZEFA/Rossenbach, Düsseldorf: S. 118

Genehmigt für den Gebrauch in Schulen. Genehmigungsdaten teilt der Verlag auf Anfrage mit.

Umweltschonendes Papier weil zu gleichen Teilen aus Altpapier · chlorfrei gebleichten Primärfasern

ISBN 3-425-06872-5

Satz und Reproduktionen: Bibliomania GmbH, Frankfurt am Main
Druck und Verarbeitung: Westermann Braunschweig
Printed in Germany

INHALT

TEXTE UND ÜBUNGEN

VOKABELN UND GRAMMATIK

Erklärung der Symbole:

T — Text

E — Aufgabe zur Texterschließung

Informationstext

Ü — Übung

G — Grammatik

* — Lernvokabel

ā — Ein Strich über dem Vokal bedeutet, dass der Vokal gedehnt gesprochen wird.

VORWORT

Wer auf der Schule mit dem 9. oder 11. Jahrgang beginnend Latein lernt oder wer in Kursen das Latinum nachholen möchte, steht vor allem unter Zeitdruck. Konzentration auf das unbedingt Notwendige ist unumgänglich. Andererseits stehen jetzt Spracherfahrungen in größerem Maße zur Verfügung. Nicht zuletzt ist das Bedürfnis nach gehaltvollen Themen und Inhalten zu bedenken, die das Erlernen einer weiteren Fremdsprache über den Erwerb einer formalen Berechtigung hinaus erst sinnvoll abrunden.
Diese Komponenten prägen das Unterrichtswerk ARCUS COMPACTUS, eine Bearbeitung des Lehrbuchs ARCUS. Es baut von Anfang an auf – meist behutsam vereinfachten – Originaltexten auf (Inschriften, Erzählungen, Briefe, historische Werke etc.). Damit ist der authentische Zugang zu wichtigen Bereichen des römischen Lebens und Denkens gewährleistet. Wer mit ARCUS COMPACTUS Latein lernt, hat sich zugleich mit der Lektüre lateinischer Texte beschäftigt. Dieses konsequente Textprinzip bedingt allerdings, dass nicht jedes grammatische Phänomen beim ersten Vorkommen behandelt werden kann.
Die Begleitgrammatik beschränkt sich auf grundlegende und häufige Phänomene der lateinischen Sprache. Ihre Erklärungen bemühen sich um lernfreundliche Verständlichkeit, so dass sie auch für selbständige Arbeit geeignet ist.
Das Lernvokabular wurde dem verkürzten Lehrgang angepasst.

Aufbau des Lehrwerkes

Texte und Übungen

Zu Beginn jeder Lektion führt eine kurze **Einleitung** in die jeweilige Situation ein. Auf den **lateinischen Text** folgen Aufgaben zur **Texterschließung** (E-Teil). Sie sollen *vor* dem Übersetzen das Verstehen des Textes oder von Textabschnitten vorbereiten. Bisweilen dienen sie dazu, *nach* dem Übersetzen durch Interpretationsimpulse das Verständnis zu vertiefen.
Die **Informationstexte** vermitteln zusätzlich Kenntnisse zu den inhaltlichen Schwerpunkten und dienen der Vertiefung. Diese Aufgabe erfüllen auch die zahlreichen **Abbildungen**, die nicht bloße Illustration darstellen, sondern in Zusammenhang mit den Bildtexten der konkreten Veranschaulichung dienen.
Jede Lektion schließt mit einem **Übungsteil**. Die Übungen bestehen mit Ausnahme einer kleinen Zahl zur Formenbildung vornehmlich aus Erkennungs- und Anwendungsübungen. Auf die Wiederholung des Wortschatzes wurde dabei großer Wert gelegt. Im Übungsteil finden sich immer wieder Epigramme, Inschriften und weitere Texte der Lektionsautoren.
Zusatztexte nach Lektion XXX, die inhaltlich und grammatisch Lektionsblöcken zugeordnet sind, erweitern nicht nur das Themenspektrum, sondern geben den Lernenden auch Gelegenheit ihre Kenntnisse anzuwenden und sich im selbständigen Erschließen von Texten zu üben.
Eine **Zeittafel** mit den wichtigsten Ereignissen der politischen und kulturellen Geschichte Roms sowie ein **Namens- und Ortsverzeichnis** am Ende von Teil I erleichtern die historische Orientierung.

Vokabeln und Grammatik

Zuerst finden sich **Übersetzungshilfen**, die bei der Texterarbeitung heranzuziehen sind. Die Lernvokabeln sind mit * gekennzeichnet.
Es folgt der grammatische Stoff in Form einer **Begleitgrammatik**. Anschließend ist das **Lernvokabular** aufgelistet, zunächst nach Wortarten, ab Lektion VI in der Reihenfolge des Vorkommens, so dass es parallel zum Fortgang der Textarbeit gelernt werden kann. Von Lektion X an dient ein Wiederholungsteil der Vorbereitung und damit der Entlastung der folgenden Lektion.
Eine alphabetische **Verbliste**, geordnet nach Perfektstämmen, eine Übersicht über die **Formenlehre**, ein grammatisches **Sachregister** und der **Index** aller **Lernvokabeln** schließen das Lehrbuch ab.

Kritik und Anregungen aller Benutzer nehmen Verlag und Autoren dankbar entgegen.

Frankfurt/Main, im Februar 1998

Jürgen Brandes
Dieter Gaul

ÜBERSICHT ÜBER DIE LEKTIONEN

EINFÜHRUNG

Latein

Latein war die Sprache der Römer. Die Stadt Rom wurde der Sage nach im Jahre 753 v. Chr. von Romulus und Remus gegründet. Die Gegend, in der Rom liegt, hieß Latium, ihre Bewohner waren die Latiner; daher kommen die Wörter „Latein“ und „lateinisch“. Im Laufe der Zeit eroberten die Römer ganz Italien und sie hatten sich einige Jahrhunderte später – zur Zeit des Kaisers Trajan (98–117 n. Chr.) – fast die gesamte damals bekannte Welt untertan gemacht.

Die unterworfenen Gebiete wurden stark von der römischen Kultur geprägt: Die Römer bauten dort Häuser, Theater, Thermen, Aquädukte und Straßen, genau wie in Italien. Von römischen Händlern lernten die unterworfenen Völker neue Waren kennen. Die Amtssprache war Latein. Aus der lateinischen Umgangssprache und den ursprünglichen Sprachen der eroberten Gebiete entwickelten sich die romanischen Sprachen.

Es gibt noch in unserer Zeit Spuren römischer Kultur. In vielen Ländern, z. B. in Italien und Frankreich, finden heute noch in ehemaligen römischen Theatern Veranstaltungen statt. Eine Straße in Frankreich führt über einen römischen Aquädukt, den Pont du Gard. In England sprudelt in dem Badeort Bath eine Quelle; die Römer hatten dort ausgedehnte Thermen (Badeanlagen) gebaut, deren Reste noch vorhanden sind. Auch in

Das römische Theater in Orange. Das Halbrund der Zuschauersitze ist in einen Hügel eingebaut, um Mauerwerk zu sparen.

Deutschland gibt es zahlreiche Spuren der Römer, so in Trier die Porta Nigra, im Taunus die wiederaufgebaute Saalburg (vgl. S. 139) und den bei Hildesheim entdeckten Schatz von 70 Silbergefäßen (vgl. S. 15).

Das Imperium Romanum zerfiel, doch lateinische Sprache und Kultur lebten fort. Noch lange Zeit beherrschten alle Gebildeten Latein in Wort und Schrift. So war Latein die Sprache der Literatur, der Wissenschaft, der Politik und der christlichen Kirche. Noch heute nutzen viele Wissenschaften (z. B. Medizin und Biologie) das Lateinische (und das Griechische) zum Aufbau ihrer international gültigen Fachsprachen.

Porta Nigra (Schwarzes Tor). Dieses Stadttor in Trier hat seinen Namen von der dunklen Farbe der Steine.

Latein	Französisch	Spanisch	Italienisch	Deutsch
mū́rus	le mur	el muro	il muro	die Mauer,
númerus	le numéro	el número	il numero	die Nummer, die Zahl
véntus	le vent	el viento	il vento	der Wind
fenéstra	la fenêtre	la ventana	la finestra	das Fenster
flámma	la flamme	la llama	la fiamma	die Flamme
nātū́ra	la nature	la naturaleza	la natura	die Natur
vī́num	le vin	el vino	il vino	der Wein
fundāméntum	le fondement	el fundamento	il fondamento	das Fundament, die Grundlage
īnstrūméntum	l'instrument	el instrumento	lo strumento	das Instrument, das Werkzeug
antíquus	antique	antiguo	antico	antik, alt
prīvā́tus	privé	privado	privato	privat
hūmā́nus	humain	humano	umano	human, menschlich
cōnservā́re	conserver	conservar	conservare	konservieren, bewahren
appellā́re	appeler	apelar	appellarsi	appellieren, nennen
servī́re	servir	servir	servire	servieren, dienen

Pont du Gard, Teil der römischen Wasserleitung, der den Fluss Gard überbrückt. Der Aquädukt war etwa 50 km lang. Er versorgte die Stadt Nemausus (heute: Nîmes) mit täglich ca. 25 000 Kubikmetern Wasser.

I ALLTAG IN POMPEJI

Blick über die ausgegrabenen Teile Pompejis

Pompeji war eine mittelgroße Handelsstadt in Süditalien, in der auch viele wohlhabende Leute wohnten. Zusammen mit Herculāneum und Stābiae wurde sie durch einen Ausbruch des Vesuvs im Jahr 79 n. Chr. zerstört. Etwa zweitausend Menschen fielen der Katastrophe zum Opfer.
Im 19. Jahrhundert begann man mit planmäßigen Ausgrabungen. Heute sind große Teile der Stadt Pompeji wieder freigelegt.
Der Untergang der Stadt ermöglicht uns vielfältige Einblicke in Tun und Treiben der Menschen. Besonders wichtige Zeugnisse sind die Inschriften, die an den Wänden ausgegrabener Häuser gefunden wurden. Alle möglichen Menschen haben da die verschiedensten Äußerungen oder Mitteilungen in den Verputz eingeritzt oder mit roter Farbe aufgemalt.

T1 Zwei Hausbesitzer haben in roter Schrift jeweils folgende Mitteilung an die Außenwand ihres Hauses gemalt:

Aemílius Céler hīc hábitat.

Circinaéus hīc hábitat.

E Begründen Sie, warum „hic" ohne Einleitung nicht verständlich ist.

T2 Alle Güter des Lebens, so auch den täglichen Wein, sahen die Menschen damals als Gaben der Götter an. In einem Wirtshaus ist zu lesen:

bonus déus hīc hábitat.

Pompeji, Haus der Vettier: Der Garten im Inneren des Hauses ist von einem Säulengang umgeben. Dort war man vor Sonne und Regen geschützt und doch im Freien.

T3 Griechische Sagen waren in der Schule Unterrichtsthema. In einer von ihnen wird von Minotaurus erzählt, der die Gestalt eines Menschen und den Kopf eines Stiers hatte. Er hauste auf der Insel Kreta im Labyrinth, einem Haus mit zahlreichen Irrgängen. Menschen wurden ihm zum Fraß vorgeworfen. Der Königssohn Theseus aus Athen tötete den Minotaurus.

Ein Schüler fertigte folgende Zeichnung an:

E Aemílius Céler hīc hábitat.
hīc hábitat Mīnōtaúrus.

Circinaéus hīc hábitat.
bónus déus hīc hábitat.

In jedem dieser Sätze sind Wörter bzw. Wortgruppen vorhanden, die bestimmte Aufgaben erfüllen. Wir nennen sie **Satzglieder**.
Welche Satzglieder kommen in jeder Inschrift vor?

Römische Häuser

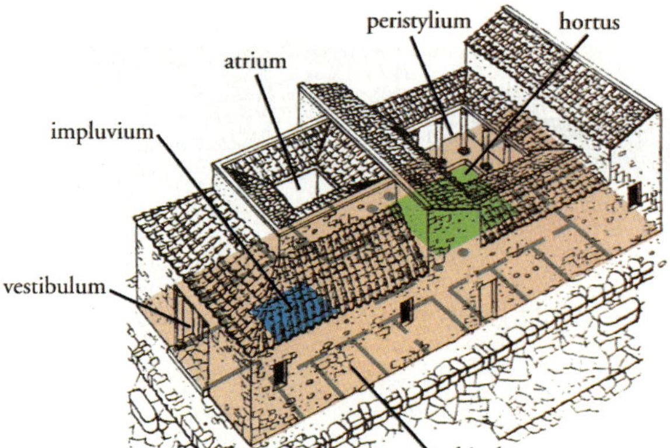

Die kleine Schicht der wohlhabenden Römer wohnte in komfortablen Häusern (dómūs), wie sie uns vor allem aus Pompeji bekannt sind. Die Masse der Römer aber wohnte in großen Mietshäusern, den ínsulae.
Von der Straße – Vorgärten gab es nicht – betrat man einen kleinen Vorraum (vestíbulum), durchschritt eine Tür (iánua) und kam in das Atrium (ātrium). In diesem Raum, einer Art Vorhalle, befanden sich der Hausaltar der Familie und nur wenige Möbel. Um das Atrium herum lagen die Schlafräume (cubícu-

la), das Arbeitszimmer (tablínum) und ein Essraum (triclínium). Die beiden Räume neben dem Eingang dienten oft als Läden (tabérnae).
Licht erhielt das Atrium durch eine rechteckige Dachöffnung. Unter der Öffnung befand sich ein Becken (implúvium), in dem das Regenwasser aufgefangen und in einen unterirdischen Brunnen geleitet wurde.
Vom Atrium führte ein Durchgang zum Peristyl (peristýlium), einem von Säulen umgebenen Ziergarten (hórtus). Um das Peristyl gruppierten sich weitere Räume (Küche, Bäder, Zimmer für Sklaven, Vorratsräume).
Die Räume der Häuser waren meist recht eng, die Fenster klein und hoch angebracht. Große Fenster hätten die Räume im Sommer unerträglich heiß und im Winter kalt werden lassen.

Pompeji, Haus der Vettier: Atrium mit Dachöffnung und impluvium

Die Römer verbrachten viel weniger Zeit als wir heute im Innern des Hauses; dort hielt man sich in der Regel nur zum Essen und zum Schlafen auf.
Schon früher waren in Rom Baugrundstücke knapp und teuer, so dass man mehrstöckige Häuser mit zahlreichen Mietwohnungen errichtete; sechsstöckige Häuser waren keine Seltenheit. Im Erdgeschoss befanden sich sehr häufig Läden (tabérnae) von Kaufleuten oder Handwerkern. Hohe Mieten hatten zur Folge, dass sich nicht selten mehrere Personen einen einzigen Raum teilen mussten. Die ínsulae machten mit ihrer Ziegelsteinfassade, ihrem durch Geschäfte gegliederten Erdgeschoss, durch Säulen und Arkaden von außen einen imposanten Eindruck. Doch die Ausstattung der Häuser war spärlich; meist fehlten Heizung, fließendes Wasser und sanitäre Anlagen. Die Fensteröffnungen waren häufig mit Holzläden gegen Hitze oder Kälte geschlossen, so dass es in den Räumen recht dunkel war.

Rekonstruktion eines fünfstöckigen Mietshauses (insula). *Man erkennt im Parterre die Läden* (tabernae). [Rom, Museum der römischen Kultur]

T4 An einer Wand in Pompeji liest man über Marcus und Spendusa:

Mā́rcus Spendū́sam ámat.

An einer anderen Wand erfährt man über Serena und Isidorus:

Serḗna Īsidṓrum fastī́dit.

E Was erfahren wir durch die Formen Spendū́sam und Īsidṓrum?

T5 Neben einem Wirtshausschild mit einem gemalten Elefanten steht:

Síttius restítuit elephántum.

T6 Häufig finden sich an den Wänden Wahlvorschläge für städtische Ämter. Jemand hält Polybius für einen geeigneten Amtsinhaber.

Polýbius bónum pā́nem fert.

T7 Eine bekannte römische Redensart ist bedenkenswert:

mánus mánum lávat.

E Was meint die Redensart? Welche Beispiele fallen Ihnen dazu ein?

T8 Im Altertum trugen die Schauspieler meist Masken. Eine solche Maske umschloss das Gesicht und einen Teil des Kopfes. Sie hieß persṓna. Eine Maske, die bei Trauerspielen (Tragödien) getragen wurde, hieß persṓna trágica, tragische Maske.
Die folgende Fabel stammt von dem Dichter Phädrus:

Phaédrus fā́bulam nárrat:
vúlpēs fórte persṓnam trágicam vídet.
„ō quánta spéciēs!" ínquit vúlpēs.
„sed speciṓsa persṓna cérebrum nōn hábet."

Ü1 Übersetzen Sie und bestimmen Sie dann die Satzteile:

a) Aemílius Céler vénit.

*venī́re: kommen

b) bónus cócus hīc hábitat.

cócus: Koch

Ü2 Sortieren Sie die folgenden Singularformen nach Nominativ und Akkusativ:

vúlpem – fā́bula – mánus – pā́nis – persṓna – déum – elephántus

Mosaik mit zwei Masken. Dahinter eine Doppelflöte, auf der man gesungene Texte begleitete.
[Rom, Kapitolinisches Museum]

Ü3 Übersetzen Sie und antworten Sie auf lateinisch.

a) quis hīc hábitat?
b) quis vénit?
c) quis Spendū́sam ámat?
d) quem Spendū́sa ámat?
e) ubi bónus déus hábitat?

*quis?: wer? *quem?: wen? *ubi?: wo?

Ü4 Übersetzen Sie:
a) Aemílius vúlpem vídet.
b) Mā́rcus pā́nem bónum hábet.
c) Serḗna fā́bulam laúdat.
d) Phaédrus persṓnam fert.

*laudā́re: loben

Mosaik mit liegender tragischer Maske. Die große Mundöffnung war nötig, um den Text zu verstehen. [Neapel, Nationalmuseum]

Ü5 Schreiben Sie die folgende Liste in Ihr Heft und vervollständigen Sie sie:

Bei Verwendung als Subjekt (Kasus: **Nominativ**) heißt es:	Bei Verwendung als Akkusativobjekt (Kasus: **Akkusativ**) heißt es:
pā́nis	…
fā́bula	…
Aemílius	…
…	Serḗnam
…	déum bónum
…	vúlpem
mánus	…

Ü6 Ein mittelalterliches Sprichwort lautet:

vúlpēs ámat fraúdem, léō praédam, fḗmina laúdem, lúpus ágnum, rū́sticus ágrum.

fraus: Betrug *léō: Löwe praéda: Beute *fḗmina: Frau *laus: Lob *lúpus: Wolf *ágnus: Lamm rū́sticus: Bauer *áger: Acker

Janusbogen. Ehrenbogen mit vier Durchgängen aus dem 4. Jh. n. Chr. In den Nischen standen Statuen. Die Bögen sind im Innern durch ein sog. Kreuzgewölbe verbunden. Der ursprüngliche Aufbau aus Ziegeln fehlt heute. [Rom]

II TUMULT IM AMPHITHEATER

T Wie in vielen Städten des römischen Weltreiches gab es auch in Pompeji ein Amphitheater. Im Jahre 59 n. Chr. veranstaltete dort der Politiker Līvinēius Régulus die beliebten Gladiatorenspiele, bei denen wie üblich der Eintritt frei war.
Auch aus der Nachbarstadt Nuceria strömten die Besucher herbei und füllten die Straßen der Stadt.

mágna túrba víās cómplet. múltī spectātṓrēs amphitheā́trum pétunt. nam Līvinḗius Régulus spectáculum gladiātṓrium ḗdit.

iam gladiātṓrēs arḗnam íntrant. prī́mum dúō bestiā́riī véniunt et pétunt leṓnēs. deínde rētiā́riī et Samnī́tēs ínter sē pū́gnant.

súbitō post léve inítium orta est caédēs ínter Nūcerī́nōs Pompēiānṓsque. spectātṓrēs prī́mum próbra, deínde sáxa, postrḗmō étiam férrum sū́munt. validiṓrēs Pompēiā́nī sunt.

érgō dēpórtant in úrbem múltī Nūcerī́nī amī́cōs vulnerā́tōs; plērī́que lī́berōs aut paréntēs mórtuōs dḗflent.

In Rom wurde nach Beschwerden beim Kaiser Nero entschieden, dass die Pompejaner zehn Jahre lang keine Gladiatorenspiele mehr besuchen durften. Die Anstifter des Streites wurden aus Italien verbannt.

Fresko aus Pompeji, das die Schlägerei im Amphitheater zeigt, die sich bis zu den Verkaufsbuden vor dem Treppenaufgang hinzieht. [Neapel, Nationalmuseum]

E1 An welchen Wörtern können Sie erkennen, dass es sich um einen Bericht über einen Vorfall im Amphitheater handelt?

E2 Welche Personen(gruppen) werden mehrmals genannt? Welche Hinweise erhalten Sie dadurch?

E3 a) Legen Sie eine Tabelle nach folgendem Muster an und tragen Sie zunächst die Subjekte und Prädikate der ersten beiden Absätze ein.

Satz	Subjekt	Akkusativobjekt	Prädikat
1			

b) Welche Zeichen geben bei diesen Satzgliedern den Plural an?
c) Suchen Sie nun die Akkusativobjekte heraus und tragen Sie sie ebenfalls in die Tabelle ein.

E4 Manche Sätze werden durch Wörter wie nam, iam usw. miteinander verbunden. Schreiben Sie alle diese Wörter heraus! Erläutern Sie, was wir durch die einzelnen Wörter über den Ablauf der Handlung erfahren!

E5 Wie entwickelt sich der Streit im Amphitheater? Gibt es ähnliche Erscheinungen in unserer Zeit?

Das gut erhaltene Amphitheater wird heute noch für Veranstaltungen genutzt. [Nîmes, Südfrankreich]

Spiele im Amphitheater

In Pompeji stand das erste Amphitheater des Römischen Reiches; es wurde wahrscheinlich im Jahre 70 v. Chr. erbaut. Es hat einen Durchmesser von ungefähr 140 × 105 m und konnte etwa 20 000 Zuschauer fassen. Als Schutz gegen die Sonne spannte man über den Sitzreihen große Sonnensegel auf.
Spiele in den Amphitheatern gehörten zu den volkstümlichsten Unterhaltungen. Reiche Privatleute oder Inhaber von politischen Ämtern veranstalteten die Spiele auf eigene Kosten. So konnten sie ihre Popularität fördern und, falls sie sich für ein neues Amt bewerben wollten, ihre Wahlchancen verbessern.
Es handelte sich in der Regel um blutige Kampfspiele, bei denen entweder Gladiatoren gegeneinander kämpften oder Tierkämpfer gegen wilde Tiere antraten. Die Gladiatorenkämpfe endeten mit dem Tod oder der Aufgabe eines Gegners. Die Zuschauer entschieden, ob ein verletzter Verlierer begnadigt oder getötet wurde. Die Tierhetzen dauerten so lange, bis alle Tiere erlegt waren. Gelegentlich ließen dabei auch einige Kämpfer ihr Leben.
Die Gladiatoren, die nach der Art ihrer Bewaffnung unterschieden wurden, waren meist Sklaven. Für ihre Ausbildung gab es eigene „Schulen“, in denen sie lebten und trainierten. Besonders erfolgreiche Gladiatoren gewannen große Popularität; man nahm an ihrem Privatleben lebhaften Anteil. Nicht selten wurden solche Gladiatoren aus der Sklaverei entlassen.

Ü1 Ordnen Sie die folgenden Wörter nach Kasus und Numerus:

víam – pā́nem – spectātṓrem – déus – leṓnem – mánūs (2) – túrbam – persṓnās – spectātṓrēs (2) – Pompēiā́nōs – déī – léō – férrum (2) – gladiā́tor – mánus – pā́nis

Muster:

Nominativ Singular:
Akkusativ Singular:
Nominativ Plural:
Akkusativ Plural:

Ü2 Sortieren Sie die folgenden Verbformen nach Infinitiv, 3. Person Singular und 3. Person Plural:

est – férre – véniunt – laúdat – vidḗre – hábent – amā́re – restítuunt – vídet – ínquit – ámant

Ü3 Schreiben Sie die folgenden Sätze ab und ergänzen Sie die fehlenden Zeichen:

Pompēiánī et Nūcerín__ amphitheátrum pét__.
spectātór__ amphitheátrum íntrant et gladiātór__ exspécta__. (*exspectáre: erwarten)
súbitō gladiātórēs véni__. spectātór__ gladiātór__ nunc íncitant. (*nunc: jetzt, nun; *incitáre: anfeuern)

Nennig (Saarland), *Ausschnitte aus dem Fußbodenmosaik einer römischen Villa*

Ü4 Übertragen Sie das folgende Schema in Ihr Heft und ergänzen Sie es!

Nominativ Singular				persóna
			spectātórem	
		víae		
	déōs			

Ü5 Bilden Sie aus den folgenden Wörtern zwei sinnvolle Sätze:

Pompēiánī – pétit – víās – gladiátor – leónem – cómplent

Ü6 Nennen Sie zu den folgenden lateinischen Wörtern

a) das lateinische Genus,
b) die deutsche Bedeutung mit Artikel.
Was fällt auf, wenn Sie das Genus im Lateinischen und Deutschen vergleichen?

túrba – sáxum – férrum – vía – inítium

Ü7 Bilden Sie aus den vorgegebenen Wörtern sinnvolle Sätze. Benutzen Sie dabei

als **Subjekt**	im Sg.:	túrba, Pompēiánus
	im Pl.:	fémina, spectátor
als **Akkusativobjekt**	im Sg.:	aréna, amphitheátrum
	im Pl.:	gladiátor, urbs
als **Prädikat:**		incitáre, intráre, pétere, amáre, exspectáre

Ü8 Schreiben Sie die Tabelle ab und ergänzen Sie sie:

Infinitiv	**3. Pers. Sg.**	**3. Pers. Pl.**	**Deutsche Bedeutung des Infinitivs**
		nárrant	
complére			
		pétunt	
			wohnen
	vénit		

Ü9 Von welchen lateinischen Wörtern kommen die folgenden Fremdwörter und was bedeuten sie?

Video – Amateur – Lavamat – Agrarpreise – Spektakel – urban – Entrée – komplett – manuell

Kolosseum: Das größte Amphitheater der Antike wurde nach zehnjähriger Bauzeit i. J. 80 n. Chr. von Kaiser Titus eingeweiht. Es fasste 50 000 Zuschauer, die durch 76 Eingänge zu ihren nach sozialen Rängen gegliederten Plätzen gelangten. Die Längsachse misst 188 m, die Querachse 156 m. Als Sonnenschutz konnten riesige Segel aufgezogen werden. [Rom]

III EIN TAG AUF DEM LANDGUT

J. Paul Getty Museum. Das Museum ist die genaue Rekonstruktion der reich ausgestatteten Villa dei Papiri bei Herculaneum. Der Peristylgarten (vgl. S. 5) ist mit Bronzestatuen geschmückt. [Malibu, Kalifornien]

C. Plinius Caecilius Secundus (62–114 n. Chr.) lebte als Anwalt in Rom. Er hat zahlreiche Briefe geschrieben, aus denen wir viel über das Leben der Römer erfahren.
Wie jeder vornehme Römer besaß auch Plinius neben seinem Haus in Rom ein Landgut außerhalb der Stadt. Um der Hitze der Stadt zu entfliehen, hielt er sich dort im Sommer so oft wie möglich auf. Eines Tages besucht ihn sein Freund Fuscus. Während eines Gesprächs auf einem Spaziergang fragt Fuscus, wie Plinius seinen Tagesablauf gestaltet.

Fuscus interrogat: quemadmodum, mī Gāī, cum rūrī habitās, diem dispōnis?

Plīnius respondet: ēvigilō plērumque circā hōram prīmam, saepe ante, tardius rārō. clausae fenestrae manent. silentium enim mihi grātum est. nōn oculī, sed mēns videt omnia. multa cōgitō, nihil scrībō.

Fuscus: quid deinde agis?

Plīnius: notārium vocō et diem admittō et cōgitātiōnēs dictō.

Fuscus: quandō cubiculum relinquis?

Plīnius: circā hōram quārtam vel quīntam in xystum mē cōnferō et epistulās dictō. tum vehiculum ascendō. ibī quoque legō et dictō.

Fuscus: quid post merīdiem facis?

Plīnius: paulum dormiō, deinde ambulō; mox ōrātiōnem Graecam vel Latīnam legō. iterum ambulō.
ante cēnam corpus exerceō. inter cēnam servus librum legit, post cēnam lyristam audiō; mox cum amīcīs ambulō et sermōnēs habeō.
sed nunc, mī Fusce, in vīllam redīre dēbeō. nam colōnī mē exspectant.

E1 a) Notieren Sie die Wörter bzw. die Wortgruppen, die als Zeitangaben den Tagesablauf gliedern.
b) Schreiben Sie dazu, was Plinius zu diesen Zeiten macht.

E2 a) An welchem Zeichen der Prädikate erkennen Sie, dass Fuscus seinen Freund anredet?
b) An welchem Zeichen erkennen Sie, dass Plinius etwas über sich aussagt?

E3 Welche der Tätigkeiten des Plinius fällt Ihnen besonders auf?

Die Zeiteinteilung bei den Römern

Ein einzelner Tag wurde in zweimal zwölf Stunden eingeteilt, und zwar je zwölf für den Tag (von Sonnenaufgang bis Sonnenuntergang) und die Nacht. Die Stunde war die kleinste Zeiteinheit. Im Gegensatz zu unserer Stunde verstand der Römer unter hōra nicht einen Zeitraum von 60 Minuten, sondern den zwölften Teil der Zeit zwischen Sonnenaufgang und -untergang (Tag) bzw. zwischen Sonnenuntergang und -aufgang (Nacht). Daraus ergibt sich, dass eine Stunde je nach Jahreszeit verschieden lang sein konnte. Eine Tagesstunde war im Sommer viel länger als im Winter; entsprechend war die Nachtstunde im Sommer kürzer. Die kürzeste Stunde betrug etwa 45, die längste etwa 75 Minuten. Mit dem Aufgang der Sonne begann die erste Stunde. Die sechste Stunde bildete die Mitte des Tages. Die Nacht wurde in vier Nachtwachen eingeteilt, deren Länge je nach Jahreszeit schwankte.

Sonnenuhr aus Stein mit Zeiger und Einteilung der 12 Tagesstunden [Herculaneum]

Außer durch die Beobachtung des Himmels konnte man die Zeit mit Hilfe der Sonnenuhr oder der Wasseruhr bestimmen. Bei einer Wasseruhr tropft Wasser aus einem höheren Gefäß in ein niedrigeres und zeigt damit die vergangene Zeit an.

Ü1 Übersetzen Sie das Gespräch mit dem Gladiator Rufus:

‚quid agis, Rufe, si (falls) leo te (dich) petit?' –
‚curro (*currere: laufen).'
‚quid spectatores deinde agunt?'
‚spectatores probra sumunt.'
‚tum quid agis?'
‚leonem peto. primum sumo ferrum, deinde leonem vulnero (vulnerare: verwunden), postremo occido (occidere: töten). sed nunc arenam intrare debeo.'
‚bonum eventum, Rufe!' (eventus: Erfolg)

Fußbodenmosaik. Ein Löwe hat einen Esel geschlagen und wird von seinem Wärter aus der Arena geführt. Das gesamte Mosaik der Villa bedeckt etwa 160 qm Boden. [Nennig (Saarland)]

Ü2 Bestimmen und übersetzen Sie.

Beispiel: habito: **1. Pers. Sg. – ich wohne.**
video – ago – legis – legunt – venit – habent – pugnas – laudat – agunt – respondes – sumit – dormis – incito

Ü3 Suchen Sie aus dem Text je drei Beispiele für adverbiale Bestimmungen des Ortes und der Zeit.

Ü4 Bilden Sie 1., 2. und 3. Person Singular sowie 3. Person Plural. Unterstreichen Sie die Zeichen, die die Person angeben.

laudare – manēre– legere – dormire

Ü5 Übersetzen Sie. Was fällt Ihnen auf?

fabulas laudas. leones vides.

Ü6 Vertauschen Sie Singular bzw. Plural.
amphitheatrum – fenestrae – horas – servi – leones (2) – servos

Ü7 Inwiefern bestätigt der folgende Satz die Regel, dass **gleiche** Zeichen **Verschiedenes** bedeuten können:
leones capiunt vulpes. (*capere, capio: fangen)

Ü8 Setzen Sie die Zeichen ein und übersetzen Sie. Manchmal gibt es zwei Möglichkeiten.
post meridi___, inter Pompeian___ et Nucerin___, contra gladiator___, circa amphitheatr___.

Katze, Papageien und Taube. Fußbodenmosaik aus Pompeji. [Neapel, Nationalmuseum]

Ü9 Ergänzen Sie die fehlenden Wörter. In Klammern steht die deutsche Bedeutung des einzusetzenden Wortes. Übersetzen Sie den Text.
Gaius circa ... ... (die vierte Stunde) in ... (das Amphitheater) venit. inter ... (die Zuschauer) Gaius Fuscum videt et interrogat:
„quis hodie contra ... (die Löwen) pugnat?" (*hodie: heute)
„hodie non modo (nur) Celadus, sed etiam Rufus pugnat."
„quid, Fusce, post ... (Essen) agis?"
„tabernam peto." (taberna: Lokal)

Ü10 Vokabelrätsel
Schreiben Sie die lateinischen Bedeutungen der folgenden Wörter untereinander in Ihr Heft. Die Anfangsbuchstaben ergeben einen wichtigen grammatischen Begriff.

Maske – zurücklassen – lieben – herausgeben – Gott – er, sie, es sagt – gegen – Freund – Menge

Ü11 Der Dichter Martial macht sich über einen Bekannten lustig:
Tongilianus habet nasum, scio, non nego. sed iam nihil praeter nasum Tongilianus habet.

nasus	Nase
* scire	wissen
* negare	leugnen, abstreiten
praeter (+ *Akk.*)	außer

Canopus. Diese Gartenanlage, ein ca. 120 m langes, von einer Säulenreihe umgebenes Becken, befindet sich in der Villa Hadriana, etwa 30 km vor Rom. Diese Villa, ein Gelände von rund 60 ha, ließ sich Kaiser Hadrian als Alterssitz bauen. Dort ahmte der Kaiser Bauwerke nach, die ihn auf seinen Reisen durch das Imperium am meisten beeindruckt hatten. Kanopus war eine Stadt im Nildelta, die mit Alexandria durch einen Kanal verbunden und ein beliebtes Ausflugsziel der Großstädter war. [Tivoli, Italien]

IV ZU GAST BEI SPURINNA

T1 Plinius (s. Lektion III) berichtet in einem Brief an seinen Freund Calvisius über einen Besuch bei dem ehemaligen Konsul Spurinna. Dabei erzählt Plinius auch einiges über eine Mahlzeit im Haus des 78jährigen Spurinna. An einer solchen Mahlzeit nahmen in der Regel Freunde als Gäste teil.

in triclīniō appōnitur cēna modesta in argentō pūrō et antīquō. sunt in ūsū etiam Corinthia; nam hīs vāsibus Spurinna dēlectātur. saepe cēna ā cōmoedīs distinguitur: sīc voluptātēs quoque studiīs condiuntur. cēna sūmit aliquid dē nocte etiam aestāte. nēminī hoc longum est. tantā cōmitāte ā Spurinnā amīcīsque convīvium trahitur.

E1 a) Nennen Sie die Wörter, die zeigen, dass es sich um eine Mahlzeit handelt.
b) Welche Vorgänge hängen nicht unmittelbar mit dem Essen zusammen?

E2 Wer serviert wohl das Essen? Warum wird das von Plinius nicht eigens erwähnt?

E3 Stellen Sie die Wörter oder Wortgruppen zusammen, die angeben, *wo, wodurch, von wem, wann, wie* oder *auf welche Weise* etwas gemacht wird bzw. etwas geschieht.

Zwei Gefäße aus dem bei Hildesheim gefundenen Silberschatz; links: Henkelbecher mit Girlanden; rechts: vergoldete Obstschale mit dem kleinen Herakles, der zwei Schlangen erwürgt.
[Berlin, Antikenmuseum]

Die Mahlzeiten

Nach dem Aufstehen nahmen die Römer Brot und etwas mit Wasser vermischten Wein zu sich, dazu konnten Eier oder Honig kommen. Um die Mittagszeit folgte ein zweites, reichlicheres Frühstück, zu dem man neben Früchten und Gemüse auch etwas Fleisch oder Fisch aß.
Die Hauptmahlzeit (cēna) lag am späten Nachmittag, je nach Jahreszeit zwischen 16 und 17 Uhr. Nach dem Baden begann im Speisezimmer (triclīnium) bei den wohlhabenden Römern das Mahl mit Vorspeisen: Eier, Geflügel, Salate und dergleichen. Man aß mit Löffeln und Fingern, die man in Schüsseln mit Wasser reinigte. Als Hauptgang gab es, besonders wenn Freunde zu Gast waren (convīvium), eine reiche Auswahl von Speisen aus Schweine-, Hammel-,

Küchenherd mit Töpfen im Haus der Vettier [Pompeji]

Fußbodenmosaik eines Speisezimmers. Es zeigt Abfälle einer Mahlzeit: Schalen, Knochen, Gräten etc. [Rom, Vatikanische Museen]

Rind- und Ziegenfleisch sowie verschiedene Fisch- und Vogelarten, nicht zuletzt Geflügel. Der Nachtisch bestand aus Früchten, Gebäck, Nüssen und Austern.
Dagegen lebte die Masse der Bevölkerung von Brot, Getreidebrei, Oliven, Kohl, Hülsenfrüchten, Zwiebeln, Obst, Käse, Eiern und billigem Pökelfisch.

Während der Mahlzeit lagen die Erwachsenen, den Oberkörper aufgestützt, auf Speisesofas (**lectus**), die meist drei Personen aufnehmen konnten. Sklaven zerteilten das Fleisch und bedienten während des Essens. Die Speisereste (Gräten, Knochen, Schalen usw.) wanderten auf den Fußboden, wo sie von einem Sklaven weggekehrt wurden.

Griechische Einflüsse in Rom

xystus (Terrasse), **triclīnium** (Speisezimmer), **balineum** (Bad), **lȳrista** (Lautenspieler), **cōmoedī** (Komödienschauspieler), **Corinthia** (Bronzegeschirr aus Korinth) sind Fremd- und Lehnwörter, die aus dem Griechischen kommen. Sie zeigen, dass die Römer viele Einrichtungen von ihrem hochentwickelten Nachbarvolk, den Griechen, übernommen haben.
Da die Griechen seit etwa 750 v. Chr. auch in Süditalien und Sizilien viele Koloniestädte gründeten, breitete sich ihr Einfluss in Italien rasch aus. Besonders in den Künsten wie Musik und Dichtung lernten die Römer viel von ihnen. Aber auch viele wertvollere Gebrauchsgegenstände stammten aus Griechenland. Griechische Ärzte und Lehrer kamen später oft als Sklaven nach Rom. Die Kinder der römischen Oberschicht lernten von ihnen Griechisch wie ihre Muttersprache; die meisten gebildeten Römer wuchsen zweisprachig auf.
Wenn Plinius eine **ōrātiō Graeca** liest, so zeigt das nicht nur, dass er Griechisch perfekt beherrscht, sondern auch, dass er in der Rede ein nachahmenswertes Vorbild anerkennt.
Spurinna sammelt korinthische Bronzegefäße nicht nur wegen ihres hohen Materialwertes, sondern auch, weil er sie besonders schön findet.

Griechisches Alphabet:	Name der Buchstaben:	Deutsche Entsprechung:	Griechisches Alphabet	Name der Buchstaben:	Deutsche Entsprechung:
Α	Alpha	A	Ν	Ny	N
Β	Beta	B	Ξ	Xi	X
Γ	Gamma	G	Ο	Omikron	O
Δ	Delta	D	Π	Pi	P
Ε	Epsilon	E	Ρ	Rho	R, RH
Ζ	Zeta	Z	Σ	Sigma	S
Η	Eta	E	Τ	Tau	T
Θ	Theta	TH	Υ	Ypsilon	Y, U
Ι	Iota	I	Φ	Phi	PH
Κ	Kappa	K	Χ	Chi	CH
Λ	Lambda	L	Ψ	Psi	PS
Μ	My	M	Ω	Omega	O [ō]

T2 Im Brief an Calvisius berichtet Plinius nicht nur vom Essen, sondern vom gesamten Tagesablauf Spurinnas. Er bewundert daran die Ordnung und Regelmäßigkeit, die der Greis seinen Tagen zu geben verstand.
Nach dem Aufwachen bleibt Spurinna meist noch ein bisschen liegen.

hōrā secundā Spurinna calceōs poscit, ambulat tria mīlia passuum, et animum et corpus exercet. sī adsunt amīcī, honestissimī sermōnēs habentur; sī nōn, liber legitur, deinde cōnsīdit, et liber rūrsus aut sermō.

mox vehiculum ascendit, adsūmit uxōrem vel amīcum. peraguntur septem mīlia passuum, deinde iterum ambulat mīlle passūs, iterum cōnsīdit.

ubī hōra balineī nūntiātur – est autem hieme nōna hōra, aestāte octāva –, in sōle ambulat nūdus. deinde movētur pilā vehementer et diū: sīc pūgnat cum senectūte.

hanc egō vītam cōgitātiōne praesūmō. interim mīlle labōribus conteror, sed mihi et sōlācium et exemplum est Spurinna.

E1 Welche Wörter bzw. Wortgruppen weisen auf die zeitliche Gliederung des Tagesablaufs hin?

E2 Welche Handlungen werden mehrfach erwähnt?

E3 Wer ist wohl als Subjekt von ambulat, exercet, cōnsīdit (Z. 1, 2, 3) zu denken?

E4 Welche äußeren Voraussetzungen müssen vorhanden sein, damit man so wie Spurinna leben kann.

Ü1 Ein Bericht über den berühmten Gladiator Rufus:

pugna[1] inter Rufum et leonem nuntiatur. Rufus iam in arena est. nunc leo in arenam mittitur[2]. subito Rufus a leone petitur. Rufus ferrum sumit, sed vulneratur[3]. Rufus a spectatoribus incitatur. ‚Rufe, Rufe' in amphitheatro auditur. nunc Rufus vehementer[4] et diu cum leone pugnat. leonem ferro vulnerat, deinde iterum vulnerat, postremo occidit[5]. Rufus a spectatoribus laudatur; nam ludis[6] pugnisque delectantur.

[1] *pugna *f:* Kampf [2] *mittere: schicken [3] *vulnerare: verwunden
[4] vehementer: heftig [5] *occidere: töten [6] *ludus: (Schau)spiel

Ü2 Welche Formen sind Ablativ?

amico – audis – finis – fabulis – passibus – nocte – oratio – argento – studiis – initia – viā – usu – voluptatibus – femina

Ü3 Übersetzen Sie:

aestate Spurinna in villa habitat. saepe ab amicis visitatur[1].
Spurinna amicique sermonibus delectantur.

[1] *visitare: besuchen

Ü4 Bilden Sie Ablativ Singular und Ablativ Plural:

deus – dies – epistula – gladiator – oratio – femina – manus – saxum

Ü5 Ergänzen Sie die entsprechenden Formen nach folgendem Muster in Ihrem Heft.

ludus →	ludum →	ludo →	ludis →	ludos
		passu		
uxor				uxores
	horam			
initium			initiis	

Ü6 Bilden Sie die 3. Person Singular und Plural Passiv und übersetzen Sie sie:

audire – complēre – delectare – sumere – trahere – vocare

Ü7 Ergänzen Sie geeignete Prädikate im Passiv.

a) vasibus antiquis Spurinna ________________.
b) vehiculum ab equis[1] ________________.
c) hora balinei ________________.
d) a Spurinna et animus et corpus ________________.
e) servi ________________.

[1] *equus *m:* Pferd

Steinrelief mit römischem Reisewagen [Maria-Saal (Österreich)]

Ü8 Schreiben Sie alle Präpositionen auf, die Sie bisher kennen gelernt haben. Schreiben Sie dazu, mit welchem Kasus sie verbunden werden und was sie bedeuten.

Ü9 Erklären Sie folgende Fremdwörter. Auf welche lateinischen Wörter gehen sie zurück?

sekundär – Lektüre – Audienz – komplett – ambulante Behandlung – Visite – Manuskript

Ü10 Auf welche lateinischen Wörter gehen folgende englische Wörter zurück?

hour – to exercise – to use – visit – complete – to move – study – library – nude

Ü11 Hier ist einiges durcheinander geraten. Können Sie Ordnung schaffen?

postremo	also	quoque	jetzt
nunc	zuletzt	sic	aber
nam	zuerst	si	so
primum	denn	autem	wenn
subito	sondern	ergo	plötzlich
sed	dort	ibi	auch

Ü12 Was ist richtig?

vulpes:	Wolf – Lamm – Fuchs – Welpe
levis:	Lob – leicht – links – Löwe
forte:	Schicksal – Glück – laut – zufällig
lavare:	erleichtern – waschen – erzählen – kämpfen
laus:	loben – Laus – Lob – Löwe
mortuus:	Mord – bald – tot – morgen
capere:	denken – fangen – kämpfen – anfüllen

Poseidon-Tempel der griechischen Stadt Poseidonia
[Paestum (Italien)]

V IM HAUSE DES TRIMALCHIO

T1 In einem römischen Roman der frühen Kaiserzeit erzählt der griechische Student Enkolpios von seinen Abenteuern, die er zusammen mit seinen Freunden in Süditalien erlebt hat. Enkolpios und seine Freunde folgen einer Einladung des reichen Kaufmanns und Freigelassenen Trimalchio zum Abendessen. Als sie zum Haus des Trimalchio kommen, bietet sich ihnen folgendes Bild:

in aditū domūs stat Trimalchiōnis ōstiārius prasinātus. super līmen iānuae autem cavea pendet aurea, in quā pīca pulchra intrantēs salūtat. egō dum omnia stupeō, paene crūra mea frēgī. ad sinistram enim vestibulī canis ingēns in pariete domūs est pictus, et super canem legō: „CAVĒ CANEM!“ collēgae meī rīdent, egō autem animum meum colligō et tōtum parietem spectō.[1]

deinde notō etiam in porticū gregem cursōrum cum magistrō sē exercentem. praetereā grande armārium in angulō ātriī videō. in armāriī aediculā sunt Larēs argenteī et Veneris sīgnum marmoreum.

[1] Die Bilder an der Wand zeigen Szenen aus dem Leben Trimalchios und die Glücksgöttin Fortuna.

Venus Kallipygos. Die Göttin hebt ihr Gewand hoch und betrachtet ihren Rücken im spiegelnden Wasser eines Brunnens [Neapel, Nationalmuseum]

E1 Welche Bestandteile eines römischen Hauses werden erwähnt? (Vergleichen Sie Skizze und Text in I, S. 4.)

E2 Welche Verbformen oder andere Wörter beziehen sich auf den Erzähler?

E3 Was sagen die zahlreichen Adjektive (z. B. aurea, ingēns, grande) über den Haushalt des Trimalchio aus?

Fußbodenmosaik in einem Hauseingang [Pompeji]

T2 Der Erzähler fährt fort:

iam ad triclīnium perveniō. duae tabulae in postibus triclīniī dēfīxae sunt. tabulārum altera habet īnscriptiōnem, altera lūnae cursum stēllārumque septem imāginēs mōnstrat. praetereā numerus diērum bonōrum et incommodōrum notātus est. nunc in triclīnium intrāre volō, sed ūnus servōrum clāmat: „dextrō pede!“

E Auf welches Interesse des Hausherren lässt der Inhalt der zweiten Tafel schließen?

Sklaven und Freigelassene

In Rom lebten um Christi Geburt mehr als eine Viertel Million Sklaven; das war etwa ein Drittel der Einwohner. Ein Sklave galt nach römischem Recht als Sache und war damit Eigentum seines Herrn, der über ihn frei verfügen konnte.

Die Lage der Sklaven war recht unterschiedlich: Meist hatten die Sklaven, die in der Stadt lebten, ein besseres Los. So arbeiteten sie als Dienstpersonal im Haus (z.B. als Köche, Friseusen, Sekretäre, Privatlehrer) oder auch als Handwerker (z.B. als Tischler oder Töpfer). Selbst als Ärzte oder Architekten finden wir Sklaven. So konnten Sklaven durchaus zu Ansehen gelangen und sich sogar Eigentum erwerben.

Die größte Zahl der Sklaven jedoch war in der Landwirtschaft oder im Bergbau tätig, wo sie meist unter härtesten Bedingungen schwere Arbeit verrichten mussten.

Sklaven, die sich durch besondere Treue oder Leistungen um ihren Herrn oder ihre Herrin verdient gemacht hatten, wurden nicht selten freigelassen. Ein Sklave hatte auch die Möglichkeit, mit seinem Herrn einen Preis auszumachen und sich dann freizukaufen. Allerdings hatten Freigelassene nicht alle Rechte eines freigeborenen Römers. Es gab aber auch Freigelassene, die es zu beträchtlichem Vermögen brachten. Einige bekleideten sogar hohe Posten in der kaiserlichen Regierung.

Fußbodenmosaik: 2 Sklaven schenken Wein ein, ein anderer verteilt Blumen, ein vierter hält Wasser und Handtuch bereit. [Tunis, Bardo-Museum]

Römische Hausgötter

Jede Familie verehrte neben den Staatsgöttern wie Jupiter, Juno und Minerva noch zwei andere göttliche Mächte: die Laren und die Penaten.

Die Laren waren die Schutzgötter von Haus und Familie. In fast jedem Haus gab es ein

Bronzene Statuen von Laren. Die Hausgeister sind als Tänzer dargestellt, die Wein aus einem Trinkhorn in eine Schale gießen.
[Neapel, Nationalmuseum]

kleines Heiligtum für die Laren, ein Lararium. Dieses enthielt Bilder oder kleine Statuen der Laren. Die Mitglieder der Familie beteten täglich zu den Laren und brachten ihnen kleine Gaben dar wie zum Beispiel Wein oder Getreide. Die Penaten waren Hausgötter, die über die Vorräte wachten und damit für die Versorgung der Familie mit Lebensmitteln zuständig waren.

Ü1 Sortieren Sie die folgenden Substantive nach den vorgegebenen Kasus. (Achtung: Manchmal gibt es zwei Möglichkeiten!)

aestas – animi – arenae – pugnā – signa – horas – sermonum – animum – cenarum – uxoris – studiis – voluptas

	Nominativ	Genetiv	Akkusativ	Ablativ
Sg.				
Pl.				

Ü2 Nennen und übersetzen Sie den Nominativ Singular:

aestatis – usūs – turbae – studii – viae – saxi – oculi – sermonis – corporis – agri – domūs – leonis – ludi – fenestrae

Ü3 Ordnen Sie die durcheinander gewürfelten Nominative und Genetive einander zu. Schreiben Sie jeweils das Genus und die Bedeutung dazu.

Ü4 Welche Form passt nicht in die Reihe?

signis – canis – imaginibus – studiis
aestas – tabulas – voluptas
uxoris – animi – diei – amicorum

Ü5 Deklinieren Sie die folgenden Wortgruppen in den bisher bekannten Kasus.

saxum grande – dies longus – fabula antiqua

Ü6 Vertauschen Sie Singular und Plural:

dei boni (2) – omnia saxa – sermonibus longis – passūs omnis – libros antiquos

Fresko mit Darstellung eines Opfers an die Laren. Der Hausherr (pater familias) opfert unter Flötenmusik am Altar etwas Wein, ein Schwein und Feldfrüchte. Als Zeichen des erhofften Wohlstands hält er ein Füllhorn im Arm. [Neapel, Nationalmuseum]

Ü7 Setzen Sie zu den folgenden Substantiven die richtige Form von magnus und übersetzen Sie die gebildeten Wortgruppen.

turba – canis (2) – corpus – agros – numero – leones (2) – in portu – voluptas – liberos

Ü8 Setzen Sie zu den folgenden Substantiven die richtige Form von omnis.

magistri (2) – sermones – diebus – in manu – cursor – aestatem

Ü9 Nennen Sie alle Formen, die Genetiv Sg. oder Genetiv Pl. sind bzw. sein können.

agni – pani – urbium – exemplum – sermonum – laudis – agris – dierum – horae – ferri – hiemis – epistulam – feminarum – manus – animus – passuum – studium – parentum

Ü10 Folgender bekannter lateinischer Satz passt sicher gut zu Spurinna:

mens sana in corpore sano (ergänzen Sie im Deutschen: *soll sein*).

sanus, a, um: gesund

Erläutern Sie die KNG-Kongruenz.

Ü11 domus Trimalchionis ab amicis multis visitatur. amici domum grandem spectant. subito Encolpius in domūs pariete ingentem canem videt.

a) Schreiben Sie die Sätze ab und unterstreichen Sie die Wortgruppen, die ein Attribut enthalten.
b) Übersetzen Sie die Sätze.

Konstantinsbogen. Der Ehrenbogen für Kaiser Konstantin (324–337 n. Chr.) feiert dessen Sieg über seinen Rivalen Maxentius. Zum ersten Mal wird damit nicht ein Sieg über fremde Völker verherrlicht. Große Teile des Bogens stammen von früheren Denkmälern und wurden hier wiederverwendet. [Rom]

VI DIE STEINE SPRECHEN

Aus römischer Zeit sind uns viele tausend Inschriften überliefert. Als Kritzeleien in Pompeji haben Sie schon einige kennen gelernt. Die größte Zahl aber finden wir eingemeißelt in Steinen, z. B. an Gebäuden, auf Sockeln von Statuen, auf Altären oder auf Grabsteinen.
Die Inschriften geben uns einen Einblick in nahezu alle Bereiche des täglichen Lebens. So erfahren wir etwas über die Berufe und Ämter im Römischen Reich, über besondere Leistungen und Ehrungen, über zwischenmenschliche Beziehungen, über Hoffnungen und Sorgen der Menschen: DIE STEINE SPRECHEN.

T1

Grüße

Grüße an Bekannte und Verwandte ergeben sich meist spontan aus einer bestimmten Situation heraus; deshalb finden wir solche Inschriften meist von Hand auf Wände geschrieben. Die folgenden stammen aus Pompeji.

Holztafel mit dem Porträt zweier Brüder aus römischer Zeit [Kairo, Ägyptisches Museum]

1 Aemilius Fortūnātō frātrī salūtem [dīcit]

2 Actius Cossiniae mammae suae plūrimam salūtem

3A Secundus Prīmae suae ubīque salūtem

3B Offenbar hat Prima die Nachricht gelesen – und zwar gern; denn sie antwortete:

Prīma Secundō salūtem plūrimam

4 Ein Mädchen namens Virgula wird deutlich:

Virgula Tertiō suō: indecēns es.

E Wer schreibt in diesen Inschriften wem einen Gruß?

5 Als Warnung an Faulpelze schreibt einer:

ōtiōsīs locus hīc nōn est. discēde, morātor!

Glasmedaillon mit Goldmalerei des griechischen Künstlers Bounnerios Keramos, das eine Mutter mit Kindern darstellt. (3. Jahrhundert n. Chr.) [Brescia (Italien), Pinakothek]

T2 Weihungen

1 In Tusculum, einer kleinen Stadt bei Rom, hat ein Offizier nach einem Krieg zwei Sockel für Säulen gestiftet:

Mārcus Fūrius, Gāī fīlius, tribūnus,
mīlitārī dē praedā Fortūnae dedit

2 Auch die folgende Inschrift befindet sich auf einem Sockel, der in einem Marstempel stand:

Mārtī Mārcus Claudius, Mārcī fīlius,
cōnsul dedit

3 Diese Weihung aus Trier erfolgte, als der Stifter eine Seuche überstanden hatte:

Deō Asclēpiō Titus Iūlius Sāturnīnus,
prōcūrātor, Titī fīlius, dōnō dedit

E Untersuchen Sie, welche Bestandteile in allen drei Inschriften vorkommen.

Statue des Mars in Prunkrüstung [Rom, Kapitolinisches Museum]

T3 Grabinschriften

Die römischen Grabinschriften geben nicht nur an, für wen das Grab errichtet wurde, sondern meist auch, wer die Grabstelle hat anlegen lassen. In der Kaiserzeit gehörte zur Inschrift häufig eine Widmung an die Totengeister des Verstorbenen (Dīs Mānibus), denen göttliche Kräfte zugeschrieben wurden.

1 Die folgende Inschrift hat die Freigelassene Pacideia Hedone auf dem Grab ihres Mannes anbringen lassen:

marītō piō et incomparābilī Pacidēia Hēdonē uxor
commūne monumentum fēcit

Weiter hebt Pacideia Hedone hervor, dass sie 35 Jahre lang als Gefährtin ihres Mannes ein angenehmes Leben in voller Eintracht geführt habe und auch im Grabe nicht von ihm getrennt werden wolle.

2 In einer Inschrift aus Gallien erfahren wir etwas über ein Gewaltverbrechen:

Dīs Mānibus. Gāia Lūcīlia Gāiō Sevēriānō fīliō pientissimō posuit,
quem lībertus suus occīdit

3 Crispīnae coniugī dīvīnae, nūtrīcī senātōrum duōrum,
Albus coniux (posuit)

\ für Ehemann und Ehefrau verwendbar

Grabrelief des Freigelassenen P(ublius) Aiedius Amphio und seiner Frau, der Freigelassenen Aiedia Fausta Melior
[Berlin, Pergamon-Museum]

4 Die folgende Inschrift gilt den Totengeistern des Tiberius Claudius Zosimus. Wir bekommen durch sie einen Einblick in die Zustände am Hofe des römischen Kaisers Domitian (81–96 n. Chr.). Offenkundig hatte der Kaiser Angst vor Giftanschlägen. Woraus kann man das schließen?

Dīs Mānibus Tiberī Claudī Zōsimī,
Augustī lībertī, prōcūrātōris praegūstātōrum,
Claudia Entolē coniux virō benemerentī
et Claudia Eustachys fīlia patrī pientissimō
(monumentum fēcērunt)

E1 Schreiben Sie aus den vier Inschriften die Personen heraus, denen die Bauten und die Inschriften galten.

E2 Was erfahren wir in den Grabinschriften über das Verhältnis der Familienmitglieder zueinander?

Römische Namen

Der Name eines römischen Bürgers setzt sich in der Regel aus drei Teilen zusammen:

Titus	Iūlius	Sāturnīnus
praenōmen	nōmen gentīle	cognōmen
(Vorname)	(Familienname)	(Beiname)

Die Zahl der **Vornamen** war sehr gering: Man benutzte insgesamt nur ca. zwanzig Namen; darunter sind schon Namen, die lediglich eine Zahl angeben (**Quīntus**: der Fünfte, **Sextus**: der Sechste).
Beim Schreiben wurden die Namen meist abgekürzt. Häufige Vornamen sind:

A.:	Aulus	M.:	Mārcus	T.:	Titus
C.:	Gāius	P.:	Pūblius	Ti.:	Tiberius
Cn.:	Gnaeus	Q.:	Quīntus		
L.:	Lūcius	Sex.:	Sextus		

Der **Familienname** ist für den Römer die wichtigste Angabe: Er zeigt, zu welcher **gēns** (Geschlecht, Sippe) jemand gehört.
Die **Beinamen** wurden oft der entscheidende Bestandteil, um Personen zu unterscheiden, weil viele Familiennamen sehr häufig vorkamen. Beinamen konnten einen Beruf angeben (**Agricola**: Bauer), eine Eigenschaft widerspiegeln (**Caecus**: der Blinde, **Catō**: der Schlaue, **Tacitus**: der Schweigsame) oder manchmal auch weniger schmeichelhafte Spitznamen sein (**Crassus**: der Dicke, **Brūtus**: der Tölpel). Diese Ursprungsbedeutungen verloren sich im Lauf der Zeit; denn die Beinamen wurden wie der Familienname vererbt.
Für Frauen galt diese Namensgebung nicht. Sie hatten nur einen offiziellen Namen, und zwar die weibliche Form des Familiennamens (**Iūlia, Claudia**). Wurden mehrere Töchter geboren, so wurden sie mit Zahlen versehen: **Iūlia Prīma, Iūlia Secunda** etc. Als Rufnamen gab es natürlich vielerlei Formen von Kosenamen.
In den Inschriften sind viele Namen zu finden, die „unrömisch“ sind, z.B. Claudia Eustachys oder Claudius Zosimus. Es handelt sich dabei um „Ausländer“ aus Griechenland, Syrien usw., die aus der Sklaverei entlassen wurden und als **liberti** zu Wohlstand gekommen waren.

Grabstein des Claudius Zosimus. Der Vorkoster war auf einem Feldzug Domitians gegen die Germanen in Mainz gestorben und dort begraben worden. Der Text auf dem Mainzer Grabstein lautet: DIS MANIBUS. TI(berio) CLAUDIO AUG(usti) L(iberto) ZOSIMO PROC(uratori) PRAEGUSTATORUM IMP(eratoris) DOMITIANI CAESARIS AUG(usti) GERMANICI. H(oc) M(onumentum) H(eredem) N(on) S(equetur).
Die Inschrift auf S. 26 gehört zu einem Grabstein, den Frau und Tochter später in Rom errichten ließen.
[Mainz, Landesmuseum]

Bestattung bei den Römern

Am besten sind wir über die Beisetzung von Mitgliedern der Oberschicht informiert. Nach Eintritt des Todes wurde die Leiche gewaschen, gesalbt und angekleidet zu Hause aufgebahrt. Dabei brannten Kerzen und Weihrauch. Die Totenklage wurde von Flötenspiel begleitet, Familienmitglieder hielten die Totenwache und empfingen die Trauergäste. Zum Schluss wurde der Tote in einem feierlichen Leichenzug außerhalb der Stadt in Grabgebäuden beigesetzt, die sich an den Ausfallstraßen hinzogen (s. S. 28, 91).
Ganz anders sahen die Begräbnisse der ärmeren Schichten aus. Um nicht in einem Massengrab verscharrt zu werden, entstanden Begräbnisvereine. Die Mitglieder zahlten monatlich einen festen Betrag; damit erwarben sie das Recht auf eine angemessene Feier und einen Einzelplatz in einer Gemeinschaftsgrabanlage.

Relief mit der Darstellung eines prunkvollen Beerdigungszuges. Vor dem aufgebahrten Leichnam sieht man Klagefrauen und eine Musikkapelle, dahinter die Angehörigen. [L'Aquila (Italien), Nationalmuseum]

DI MANES

Als DI MANES bezeichnete man die Totengeister eines Verstorbenen. Sie hatten nach altem Glauben die Macht, einem Toten den Zutritt zur Unterwelt zu versagen oder ihn dort freundlich aufzunehmen. In der Kaiserzeit sahen die Römer in den Manen auch die Seelen der Verstorbenen, die zu den Göttern gezählt werden konnten.

Ü1 Entscheiden Sie, welche der Möglichkeiten richtig ist. Wenn Sie die Zahlen der Lösungswörter addieren, ergibt sich als Summe **9**.

a) Welche Form kann **nicht** Dativ sein?
1 tabulis 2 sermonibus 3 atrio 4 magistri

b) Welche Form kann nur ein **einziger** Kasus sein?
1 viae 2 manui 3 meridiei 4 numero

c) In welcher Zeile können **alle** Formen Dativ sein?
1 porticui – oratio – vitae – salutis
2 libro – usu – vulpibus – argenta
3 lunae – soli – amicis – studio

Ü2 Welche Formen können Dativ sein?

Die Anfangsbuchstaben der Wörter im Dativ ergeben, hintereinander gelesen, den Namen einer bedeutenden römischen Straße. Diese Straße führte von Rom nach Capua und war ca. 200 km lang.

voluptati – dies – imaginibus – exemplorum – arenae – argento – aestate – sermo – personae – capio – solis – passui – nox – initiis – magistrum – animo – panes

Ü3 Wem gilt die Inschrift, einer Ehefrau oder einem Ehemann?

a) CONIUGI OPTIMO CONIUX FIDELIS
b) CONIUGI OPTIMAE CONIUX FIDELIS

*fidelis, e: treu *optimus, a, um: der beste

Ü4 Deklinieren Sie in allen Kasus:

a) frater mortuus, b) monumentum commune, c) uxor pia.

Ü5 Bilden Sie den Nominativ Singular der folgenden Wortgruppen und übersetzen Sie. Bestimmen Sie dann nach Kasus, Numerus und Genus.

monumenti antiqui – saluti communi – passus omnes (2) – voluptates tantas – initio levi (2) – turba ingenti – panum bonorum

Ü6 Vertauschen Sie Singular und Plural.

imagini meae – coniuges pios – ianuā communi

Ü7 Schreiben Sie die Inschrift ab. Kennzeichnen Sie die verschiedenen Satzglieder mit passenden Buchstaben (Achten Sie dabei auf Wortgruppen!):

L. Plotio Potito domino communi Lydus et Afer,
servi fideles, monumentum dignum fecerunt.

*dominus, i: Herr *fidelis, e: treu *dignus, a, um: würdig fecerunt: sie haben errichtet

Ü8 a) Noch Fragen?

quis? quem? quid? quando? ubi?

b) Noch mehr Antworten:

ego, feminam, nihil, raro, tum, hodie, primum, postremo, ibi, hic, mox, Lares

Ü9 In dieser Lektion haben Sie die folgenden zwei Vokabeln gelernt:

filius: der Sohn filia: die Tochter

Überlegen Sie, was die folgenden Wörter bedeuten:
amica – lupa – serva – dea – domina

Ü10 a) Übertragen Sie die Inschrift des Grabsteins in die heute übliche Schreibweise.
b) Vergleichen Sie die heutige Schreibweise mit der des Originals.
c) Versuchen Sie die Inschrift zu übersetzen.

Grabstein des jungen Sklaven Primulus [Trier, Rheinisches Landesmuseum]

VII STUDIUM IN ATHEN

__Athen, Blick auf den Burgberg (Akropolis):__ links der Zugang mit Treppe und Torbauten (Propyläen), oben der Parthenon, der große Tempel der Athene Parthenos. Diese Bauten wurden im 5. Jahrhundert v. Chr. errichtet. Am Fuß der Akropolis erkennt man die Reste eines Theaters aus römischer Zeit.

T

Aulus Gellius, ein Schriftsteller des 2. Jahrhunderts n. Chr., hat wie viele gebildete Römer der Oberschicht in Athen studiert. In der folgenden Episode berichtet er, wie er dort das Fest der Saturnalien mit seinen Freunden verbracht hat.

Die Saturnalien waren ein ausgelassenes römisches Fest, bei dem viel gegessen und getrunken wurde. Es wurde über mehrere Tage hin zu Ehren des Gottes Saturn gefeiert.

Sātūrnālia Athēnīs agitābāmus hilarē ac modestē. nōn remittēbāmus animum (nam „remittere animum" – inquit Mūsōnius philosophus – „quasi āmittere est"), sed eum iūcundīs honestīsque sermōnibus et quaestiōnibus laxābāmus. conveniēbāmus autem ad cēnam complūrēs Rōmānī; nam eāsdem audītiōnēs eōsdemque doctōrēs colēbāmus.

tum is, quī cēnam cūrābat, quaestiōnēs prōpōnēbat. librum veteris scrīptōris vel

Die Akademie Platons. Die sieben bärtigen, griechisch gekleideten Männer werden meist als der athenische Philosoph Platon (427–347 v. Chr.) im Kreise seiner diskutierenden Schüler gedeutet, weil der Kopf des dritten Mannes v. links Platon ähnelt. [Neapel, Nationalmuseum]

Graecum vel Latīnum et corōnam lauream praemium pōnēbat; tot rēs quaerēbat, quot hominēs ibī erāmus.

quaestiō solūta corōnā et praemiō dōnābātur; nōn solūta autem trāmittēbātur ad proximum amīcum. sī nēmō dissolvēbat, corōna deō Sāturnō dicābātur. inter aliās rēs quaerēbantur autem captiōnēs hūiusmodī:

„quod nōn perdidistis, habētis. cornua nōn perdidistis. habetis igitur cornua."

„quod egō sum, id vōs nōn estis; homō egō sum. hominēs igitur vōs nōn estis."

E1 Gellius erzählt von sich und seinen Freunden. Über welche Handlungen berichtet er? (Zeilen 1–9)
Welches Zeichen in den Prädikaten steht für die 1. Person Plural („wir")? Welches Zeichen gibt an, dass die Ereignisse in der Vergangenheit liegen?

E2 Welche Wörter in den ersten beiden Sätzen geben Hinweise, wie die Freunde die Saturnalien gefeiert haben?

E3 Bei den Aufgaben werden die Gäste angesprochen. Welches Zeichen in den Prädikaten steht für die 2. Person Plural („ihr")?

E4 Erläutern Sie, warum Gellius bei den Aufgaben von Trugschlüssen spricht.

Die Saturnalien

Urlaub in unserem Sinne kannten die Römer nicht. Aber es gab viele Tage, an denen aus religiösen Gründen die Geschäfte ruhten: diēs nefāstī. Auch die Festtage selbst (fēriae) zählte man zu den diēs nefāstī.

Liebespaare beim Feiern [Neapel, Nationalmuseum]

Eins der beliebtesten und ausgelassensten Feste waren die Saturnalien, die zu Ehren des Gottes Saturn vom 17.–23. Dezember gefeiert wurden. Der Dichter Martial nannte sie „die feuchten Tage". Bei diesem Fest schenkte man einander kleine Tonpuppen oder Kerzen.
Saturn war der Gott der Saaten und hatte im „Goldenen Zeitalter" geherrscht. Das war in der Vorstellung der Menschen eine paradiesische Zeit des Friedens unter Mensch und Tier. Die Erde bot allen hinreichend Nahrung. Privateigentum gab es nicht und daher auch keinen Diebstahl. Natürlich gab es auch keine Sklaven (vgl. XVI, S. 68).
In Erinnerung daran, dass damals alle Menschen gleich gewesen waren, wurden an den Saturnalien soziale Unterschiede aufgehoben. Die Herren speisten gemeinsam mit ihren Sklaven, bedienten sie manchmal und ließen sich sogar von den Sklaven kritisieren.

Ü1 Ordnen Sie die einzelnen Verbformen nach den drei Personen im Singular und Plural:

habitabant – exercemus – sciebas – ridebatis – lavant – exspectabam – negat – vocas – videbatis – interrogabant – amo – delectat – ambulabatis – petebamus – agitis – poscebam – mittis – colligebatis – ascendunt – trahebat – facio – restituunt – dispono – relinquebam

Ü2 Suchen Sie aus der folgenden Liste die Verben heraus, die entweder 1. Pers. Pl. oder 2. Pers. Pl. sind. Die Anfangsbuchstaben ergeben dann einen der sieben Hügel Roms.

complemus – domus – optimus – audiebatis – argentis – pervenitis – intramus – sumis – petis – trahimus – animus – occiditis – aestatis – lavamus – ferebat

Ü3 Quintus, der in einem kleinen Ort auf dem Lande lebt, hat Besuch von Freunden aus Rom.

Quintus: quomodo[1] dies consumitis[2]?
amici: mane[3] in schola[4] sumus. ibi libros Latinos vel Graecos legi___.
Quintus: quid deinde agi___?
amici: saepe ludos in amphitheatro visita___.
Quintus: ego spectaculum gladiatorium non am___;
nam saepe gladiatores occiduntur.
cur[5] vos ludos visita___?
amici: in amphitheatro ingentes leones, gladiatores optimos,
feminas pulchras specta___.

[1] quomodo: wie [2] consumere: verbringen [3] mane: früh [4] *schola, ae *f:* Schule [5] *cur?: warum?

a) Setzen Sie bei den Prädikaten die fehlenden Zeichen ein und übersetzen Sie dann das Gespräch!
b) Schreiben Sie aus diesem Text mindestens **sieben** adverbiale Bestimmungen heraus. Notieren Sie jeweils die entsprechende Frage dazu.

Ü4 Übersetzen Sie die Verbformen:

incitamus – cogitabas – vocatis – nuntiant – movetur – sumebam – sciebatis – dormiebat – negantur – curritis – scribebatur – debebam exercere – delectant – volebatis – mittuntur – poscebatur

Ü5 Unterscheiden Sie Attribut und adverbiale Bestimmung.

a) Quintus cenam optimam parat[1]. Quintus cenam optime parat.
b) Aulus horas iucundas cum amicis agit. amici Saturnalia iucunde agunt.

[1] parare: zubereiten

Ü6 a) aus Lektion IV, T 1

in triclinio apponitur cena modesta **in argento antiquo et puro**.
vasibus Corinthiis Spurinna delectatur. **saepe** cena **a comoedis** distinguitur: **sic** voluptates **studiis** condiuntur. **tanta comitate a Spurinna amicisque** convivium trahitur.

Legen Sie eine Liste nach folgendem Muster an:

Adverbiale Bestimmung	Ihre Funktion im Satz	Bildeweise
1. in triclinio	Ortsangabe: Wo?	Präposition + Substantiv

b) aus Lektion IV, T 2

nunc hora balinei nuntiatur. est autem hieme nona hora, aestate octava. in sole ambulat Spurinna, deinde movetur pilā vehementer et diu.

Ergänzen Sie die obige Liste um die acht adverbialen Bestimmungen dieses Textes.

Ü7 Hier verstecken sich lateinische Adverbien der Zeit:

dann – plötzlich – schließlich – zuerst – lange – heute – inzwischen – erneut
bi – de – de – di – di – e – ho – im – in – in – mo– mum – post – pri – re – rur– su – sus – ter – to – u

Ü8 Überlegen Sie, welche lateinischen Wörter den folgenden Fremdwörtern zugrunde liegen. Was bedeuten die Fremdwörter?

Interrogativpronomen – Veteranen – Prämie – Kurs – Januar – Studium – agieren – salutieren – ambulant – audiovisuell

Ü9 Vergleichen Sie die beiden alphabetischen Wortlisten. Wählen Sie eine Liste aus und ordnen Sie ihr die Wörter der anderen zu:

1. zurücklassen	a) ambulare	12. kämpfen	l) disponere
2. lachen	b) habitare	13. schreien	m) dormire
3. denken	c) clamare	14. verwunden	n) interrogare
4. wohnen	d) salutare	15. anfeuern	o) vulnerare
5. fragen	e) ridere		
6. einteilen	f) pugnare		
7. erwarten	g) relinquere		
8. erzählen	h) incitare		
9. schlafen	i) cogitare		
10. grüßen	j) exspectare		
11. spazieren gehen	k) narrare		

Rekonstruktion römischer Buchrollen. Die Rollen wurden aus dem Mark der ägyptischen Papyrus-Staude gepresst. Sie waren im Durchschnitt 6–10 m lang und 25–30 cm breit. Man beschrieb sie in nebeneinander stehenden Kolumnen. Beim Lesen wurden die Rollen von rechts nach links abgerollt. [Rom, Museum der römischen Kultur]

Athen, Hadrianstor. Das Tor bildete den Zugang zu dem neuen Stadtteil, den der griechenfreundliche Kaiser Hadrian (117–138 n. Chr.) anlegen ließ.

VIII JESUS UND ZACHÄUS

T Die Römer nannten die Länder, die sie unterworfen hatten, Provinzen. Diese mussten an Rom enorme Abgaben zahlen. Ein Finanzamt wie heutzutage gab es nicht. Das Einkassieren der Gelder übernahm ein Steuerpächter (pūblicānus, im Neuen Testament als „Zöllner“ bezeichnet). Er zahlte der römischen Staatskasse im Voraus eine festgesetzte Summe an Abgaben. Diese Summe und einen möglichst hohen Gewinn trieb er dann von den Provinzbewohnern ein.

Die folgende Geschichte spielt in Jericho, einer Stadt in Judäa. Damals zog Jesus als jüdischer Wanderprediger durch das Land.

Iēsūs perambulābat Iērichō. et ecce vir nōmine Zachaeus. hic erat prīnceps pūblicānōrum, et ipse dīves. Zāchaeus quaerēbat vidēre Iēsum, sed nōn poterat propter turbam, quia statūrā parvus erat. itaque arborem petīvit et ascendit. tum Iēsūs vēnit ad locum, suspexit vīditque Zāchaeum et dīxit: „Zāchaee, dēscende! nam hodiē in domō tuā manēre volō.“ Zāchaeus festīnāvit et dēscendit. et excēpit Iēsum magnō cum gaudiō.

omnēs autem id vīdērunt et murmurāvērunt et dīxērunt: „ecce! domum hominis peccātōris intrat.“ Zāchaeus autem dīxit ad Dominum: „dīmidium bonōrum meōrum, Domine, dō pauperibus, et sī quem fraudāvī, reddō quadruplum.“ et Iēsūs dīxit ad Zāchaeum: „hodiē salūs domuī tuae facta est.“

E1 Übersetzen Sie die ersten beiden Absätze.

E2 An welcher Stelle beginnt Zachäus seinen Wunsch in die Tat umzusetzen?

E3 Warum, glauben Sie, haben die Leute auf Jesu Verhalten so ärgerlich reagiert?

Jesus und die Römer

Zu der Zeit, als Jesus predigend durch das Land zog, befand sich Judäa unter römischer Herrschaft. Die Juden hassten diesen Zustand. Viele hofften, der von ihren Propheten vorausgesagte *Gesalbte Gottes*, der *Messias*, werde bald kommen, die Römer davonjagen und den Staat des Königs David (um 1000 vor Christi Geburt) wiederherstellen.

Jesu Taten und Predigten ließen viele Juden glauben, er sei dieser Messias und werde der Römerherrschaft ein Ende setzen. Jesus machte aber immer wieder deutlich, dass er mit Politik nichts zu tun haben wollte. „Mein Reich ist nicht von dieser Welt", sagte er.

Einmal wollte man Jesus eine Falle stellen und fragte ihn, ob man dem Kaiser von Rom Steuern zahlen solle oder nicht. Da antwortete er: „Gebt dem Kaiser, was dem Kaiser zusteht; aber gebt Gott, was Gott zusteht."

Schließlich wurde Jesus von seinen Feinden bei Pontius Pilatus, dem Statthalter Roms in Judäa, verleumdet und wegen aufrührerischer Reden angeklagt. Nach einem kurzen Prozess in Jerusalem wurde er zum Tode verurteilt und ans Kreuz geschlagen.

Jesus wird nach der Steuerpflicht gefragt. Bild des italienischen Malers Tizian mit dem Titel „Der Zinsgroschen" (um 1516). [Dresden, Gemäldegalerie]

Bild aus dem Messbuch Kaiser Heinrichs II. (um 1012):
Die zwei Szenen zeigen oben die Begegnung Jesu mit Zachäus, unten das Mahl im Hause des Zöllners. [München, Bayerische Staatsbibliothek]

Ü1 Schreiben Sie die Perfektformen heraus:

mōvit – movet – vēnit – legimus – venīs – ēgistis – dīxit – dīcunt – ascendī – lāvit – dēscendō – vidēmus – vīdimus – agitis

Ü2 Während Jesus sich im Hause des Zachäus aufhält, unterhalten sich die Leute auf der Straße.

Zachaeus publicanus est.
pius non est.
Zachaeus homo bonus non est.
publicani numquam[1] homines boni sunt.
ego domum publicani numquam intro.
Iesus autem cum publicano cenam sumit.
cur domum Zachaei intravit?

[1] *numquam: niemals

Römische Münze aus der Zeit Jesu mit dem Bild des verstorbenen Kaisers Augustus

Ü3 Vertauschen Sie Perfekt und Präsens:

vīdistis – monstratis – descenderunt – pugnant – delectavi – ambulas

Ü4 Präsens oder Perfekt?

venis	venisti	dixerunt	dicunt
egit	agit	legit	lēgit
ascenderunt	ascendunt	vēnimus	venimus
videtis	vidistis	legunt	legerunt

Ü5 Bilden Sie einen Formenquerschnitt der bisher gelernten Aktivformen.

Beispiel: 1. Pers. Sg. von amare: amo, amabam, amavi.
a) 2. Pers. Sg. von pugnare, b) 1. Pers. Sg. von vidēre, c) 3. Pers. Pl. von dicere.

Ü6 Übersetzen Sie:

a) ludi gladiatorii[1] semper[2] a multis spectatoribus visitabantur.
b) omnes spectatores gladiatores incitabant.
c) subito unus[3] ex[4] Pompeianis saxum sumpsit[5] et unum ex Nucerinis vulneravit.
d) Pompeiani multos Nucerinos vulneraverunt, nonnullos[6] occiderunt[7].

[1] ludus gladiatorius: Gladiatorenspiel [2] *semper *(Adv.)*: immer [3] unus: einer [4] *ex *(+ Abl.)*: aus [5] sumpsi: *Perfekt zu* sumere [6] *nonnulli: einige [7] occidi: *Perfekt zu* occidere

Ü7 Übersetzen Sie:

a) libri monstrabantur.
b) liber legebatur.
c) sermo audiebatur.
d) amicus delectabatur.

Tor der römischen Stadt Augustodunum [Autun (Mittelfrankreich)]

IX JESUS UND DER BLINDE

Jesus, gefolgt von einem Jünger, heilt den Blinden. (Mosaik um 500 n. Chr.) [Ravenna (Italien), Sant'Apollinare Nuovo]

T Wenn der Evangelist Lukas von Jesus erzählt, schildert er oft Begegnungen zwischen Jesus und leidenden oder verachteten Menschen. In der folgenden Geschichte ist auch von König David die Rede, aus dessen Familie der Messias kommen sollte.

Iēsūs appropinquābat Ierichō. caecus quīdam sedēbat ad viam et mendīcābat. multī hominēs autem praeterībant. caecus eōs audiēbat et interrogābat: „quid hī volunt?" dīxērunt autem eī: „Iēsūs Nāzarēnus trānsit." et clāmāvit: „Iēsū, fīlī Dāvīd, miserēre meī!" sed hominēs increpābant eum: „tacē!" is autem multō magis clāmābat: „fīlī Dāvīd, miserēre meī!"

Iēsūs autem iussit: „addūcite caecum ad mē!" tum interrogāvit eum: „quid tibī facere possum?" at hic respondit: „Domine, vidēre cupiō." et Iēsūs dīxit huic: „respice! fidēs tua tē salvum fēcit." et statim vīdit et ībat cum Iēsū et magnificābat Deum. et omnis plēbs laudāvit Deum.

E1 a) Unterstreichen Sie auf einem Arbeitsblatt alle Handlungen, die über Jesus, den Blinden und das Volk erzählt werden, jeweils mit einer anderen Farbe. (Lassen Sie dabei die wörtliche Rede unberücksichtigt.)

b) Geben Sie an, welche Person(en) im 1. Absatz mit den Demonstrativpronomina eōs, hī, eī, eum, is jeweils gemeint sind. Erschließen Sie aus dem Zusammenhang jeweils den Kasus, den Numerus und das Genus.

E2 Rahmen Sie alle Aufforderungen ein. An wen richten sie sich?

Die Römer in Vorderasien

63 v. Chr.
Syrien wird römische Provinz.

40–4 v. Chr.
Herodes ist König in Judäa, aber Rom hat die Oberhoheit.

27 v.–14 n. Chr.
In Rom herrscht Kaiser Augustus.

Ungefähr 30 n. Chr.
Jesus wird gekreuzigt.

66 n. Chr.
Aufstand der Juden.
Jahrelange, schwere Kämpfe.

70 n. Chr.
Die letzten Aufständischen geben sich den Tod auf der Festung Massada.
Der jüdische Tempel in Jerusalem wird von den Römern unter Kaisersohn Titus zerstört.

80–90 n. Chr.
In diesen Jahren schreibt Lukas das Lukasevangelium.

Blick auf die Bergfestung MASSADA, wo sich die Juden drei Jahre lang gegen die römischen Belagerer behaupteten. [Israel]

Ü1 Übersetzen Sie:

a) haec via publica[1] est.
b) ea oratio longa, sed perfecta[2] est.
c) hoc atrium grande est.
d) eae imagines pulchrae sunt.
e) id initium leve erat.

[1] *publicus, a, um: öffentlich [2] *perfectus, a, um: vollendet, perfekt

Ü2 Übersetzen Sie:

Lucas haec narrat: Iesus perambulabat civitatem[1] Iericho. haec est civitas in Iudaea provincia. multi homines in viis huius civitatis stabant; nam Iesum videre quaerebant. hac in civitate etiam Zachaeus, princeps publicanorum, habitabat. is quoque Iesum videre quaerebat. Zachaeus, quia propter turbam nihil videre poterat, ascendit arborem. Iesus venit ad hunc locum viditque Zachaeum. tum dixit ad eum: „descende!" Iesus enim in domo huius viri manere cupiebat.

[1] *civitas, civitatis *f:* Stadt

Ü3 Ergänzen Sie die passende Form von hic, haec, hoc.

a) ___ imagines pulchrae b) ___ canem ingentem c) ___ magistrorum grandium
d) ___ signum aureum e) ___ monumenta Graeca f) de ___ tabulis
g) super ___ tabulam

Ü4 Ordnen Sie die Formen von is, ea, id den entsprechenden Substantiven zu.

1. ea	a) pes
2. eo	b) fidem
3. eam	c) nomine
4. eos	d) locis
5. eius	e) dominos
6. eis	f) arboris
7. ei	g) oratio
8. eorum	h) consulem
9. eum	i) saluti
10. is	j) senatorum

Sesterz des Kaisers Titus.
Vorderseite: Kopf des Kaisers.

Ü5 Das Rätsel der Sphinx

primum it quattuor [IV] pedibus, deinde duobus [II], postremo tribus [III]. duobus pedibus autem celerrime[1] ire potest.

[1] celerrime: am schnellsten

Wissen Sie die Lösung? Wenn nicht, dann suchen Sie aus den folgenden Wörtern die vier Formen heraus, die **nicht** Ablativ sein können. Ihre Anfangsbuchstaben ergeben, richtig geordnet, die Lösung des Rätsels der Sphinx.

argento, habito, aureo, maneo, filio, gaudio, oratio, servo, occido.

Rückseite: zwei gefangene Juden.
Die Inschrift IUD(aea) CAP(ta) feiert die Eroberung Judäas. [London, British Museum]

Ü6 Was ist richtig? Es können auch zwei Antworten stimmen.

ac:	**A** aber – **B** auch – **C** und
igitur:	**A** er, sie, es wird getrieben – **B** also – **C** folglich
tum:	**A** dumm – **B** darauf – **C** dein
vel:	**A** er will – **B** Wille – **C** oder
sed:	**A** oft – **B** sondern – **C** aber

Ü7

Wahlaufrufe

Die städtischen Beamten wurden von den Bürgern gewählt. Ein solcher Beamter war der Ädil (aedilis, is *m*), der für die Versorgung mit Lebensmitteln und für die Unterhaltung zuständig war.

1. Sallustium aedilem, caupones[1], facite[2]!
2. Aulum Vettium Firmum aedilem, pilicrepi[3], facite!
3. Sabinum aedilem, Procule, fac!

[1] caupo, cauponis *m:* Kneipenwirt [2] facere: *(hier)* machen zu, wählen als [3] pilicrepus, i *m:* Ballspieler

Relief mit dem Triumphzug des Kaisers Titus. Im Zug wird die Beute aus dem Tempel von Jerusalem mitgeführt: u. a. der siebenarmige Leuchter und die heiligen Trompeten. [Rom, Titusbogen]

Ü8

Grabinschriften

Häufig wendet sich der Tote direkt an die Vorübergehenden.

1. hospes[1], sta! lacrima[2], si homo es!
2. siste[3], viator[4], et cipum[5] cognosce[6]!
3. desinite[7], dulces[8] parentes, me[9] mortuum flere[10]!

[1] hospes, hospitis *m:* Fremder [2] lacrimare: weinen [3] sistere: Halt machen [4] viator: Wanderer [5] cipus, i *m:* Grabstein [6] *cognoscere: zur Kenntnis nehmen [7] desinere: aufhören [8] *dulcis: süß, lieb [9] me: mich [10] *flere: beweinen

Ü9

Wohin geht's?

Schreiben Sie die sechs Verben und ihre Bedeutung auf.

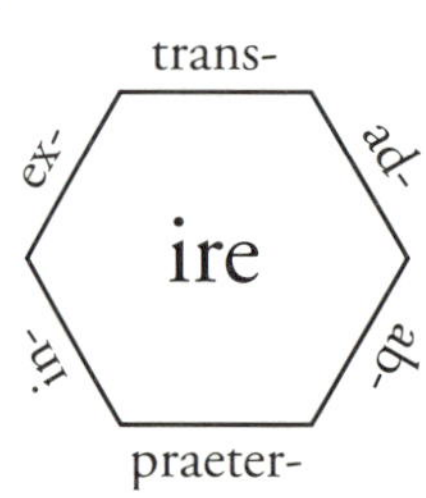

Titus, Sohn Kaiser Vespasians und später selbst Kaiser, hatte i. J. 70 n. Chr. den Aufstand der Juden niedergeworfen. Zu seinen Ehren ließ sein Bruder und Nachfolger Domitian i. J. 82 den Triumphbogen errichten. Die Inschrift lautet:

SENATUS
POPULUSQUE ROMANUS
DIVO TITO DIVI VESPASIANI
F(ILIO) VESPASIANO AUGUSTO

[Rom, Forum Romanum]

X DER TOTE VON NAIM

T Die folgende Geschichte aus dem Lukas-Evangelium spielt vor der judäischen Stadt Naim.

deinde ībat Iēsūs in cīvitātem nōmine Naim, et ībant cum illō discipulī eius et turba magna. cum autem appropinquābat portae cīvitātis, ecce dēfūnctus efferēbātur, fīlius ūnicus mātris suae; et haec vidua erat; et turba cīvitātis magna cum illā. mōtus misericordiā Dominus dīxit illī: „nōlī flēre!“ et accessit et tetigit loculum. virī autem, quī portābant, stetērunt. et Iēsūs ait: „adolēscēns, tibī dīcō: surge!“ tum resēdit adolēscēns, quī erat mortuus, et coepit loquī. et Iēsūs dedit illum mātrī eius. accēpit autem omnēs timor, et magnificābant Deum.

E a) Welche Personen bzw. Personengruppen finden sich in der Erzählung?
b) Was tun diese?

Die Familie als Schutzgemeinschaft

Die Familie bildete in der Antike, wie noch heute in weiten Teilen der Welt üblich, eine enge Gemeinschaft, die ihre Mitglieder gegen die Wechselfälle des Lebens absicherte. Die Familienangehörigen waren zur gegenseitigen Hilfe verpflichtet. Darum war es besonders für die Armen wichtig, möglichst viele Kinder zur Sicherung ihres Alters zu haben. Da die Frauen bei vielen Völkern nicht erbberechtigt waren, gerieten vermögenslose Witwen ohne weitere männliche Verwandte schnell in gefährliche Not, wenn auch noch ihre Söhne vor ihnen starben. Sie waren dann weitgehend ohne Besitz, Rechte und Schutz.

Evangelienbuch Kaiser Ottos III. (um 1000). Die Darstellung zeigt, wie Jesus dem Trauerzug begegnet. Jesus ist größer als die anderen, er hat als Zeichen seiner Würde einen Heiligenschein. Mit der segnenden Hand zieht er gewissermaßen den Jüngling aus dem Totenreich. [München, Bayerische Staatsbibliothek]

Ü1 Setzen Sie zu folgenden Substantiven die richtige Form von ille, illa, illud:

civitati – discipuli (2) – aditu – mentem – lunam – cursuum – rerum

Ü2 Setzen Sie die richtigen Formen von ille, illa, illud ein und übersetzen Sie!

caecus quidam sedebat ad viam et mendicabat[1]. tum Iesus … appropinquavit. caecus vocavit nomen Iesu. itaque homines … increpabant[2]. … autem multo magis clamabat. Iesus iussit: „adducite … ad me!" tum ex … quaesivit: „quid cupis?" – „Domine, videre cupio." et Iesus tetigit oculos …, et caecus vidit.

[1] mendicare: betteln [2] increpare: anschreien

Ü3 Setzen Sie die richtigen Formen von is, ea, id ein und übersetzen Sie die Sätze!

Iesus appropinquabat civitati Naim. ecce adolescens defunctus efferebatur. mater … flebat; nam filius … unicus erat defunctus. Iesus dixit …: „noli flere!" et adolescenti dixit: „surge!" et adolescens surrexit. et Iesus dedit illum matri eius. …, qui (die) cum … erant, magnificabant Deum.

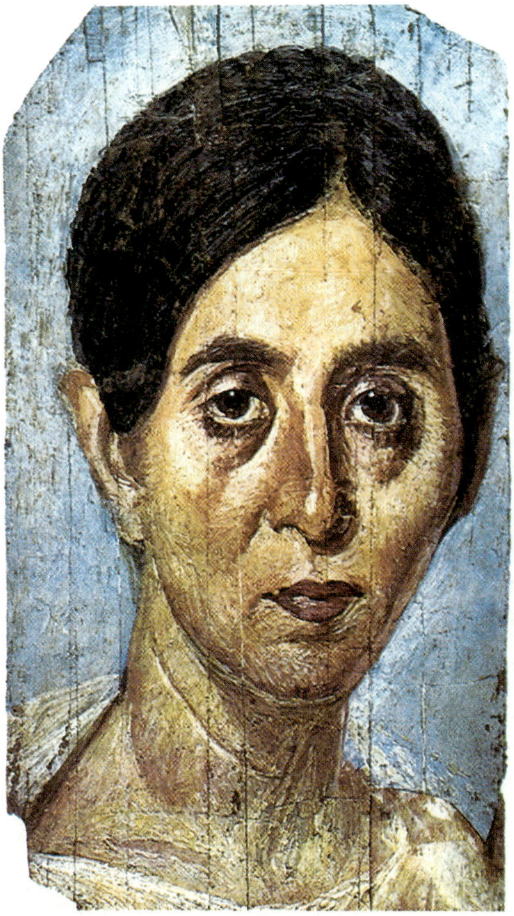

Porträt einer älteren Frau aus der Oase Fayum (Ägypten); die Holztafel wurde auf das Gesicht der Toten gelegt. [Berlin, Antikensammlung]

Mumienporträt eines jungen Mannes. Man verwendete für solche Bilder durch Erhitzen verflüssigte Wachsfarben, die sich beim Malen mit dem Untergrund verbanden. [Kopenhagen, Ny Carlsberg Glyptothek]

Ü4 1. pater amat Primam Secundamque, filias suas.
2. etiam multi adolescentes filias eius amant.
3. Prima et Secunda amicos suos amant.
4. pater amicos earum non amat.

a) Erklären Sie, warum in den Sätzen 1 und 3 Formen von suus, a, um verwendet werden und in den Sätzen 2 und 4 der Genetiv von is, ea, id.
b) Ersetzen Sie im ersten Satz pater durch mater. Übersetzen Sie dann die Sätze 1 und 2. Was fällt Ihnen auf?

Ü5 a) Iesus vidit Zachaeum et in domo eius manere cupivit.
b) Zachaeus descendit de arbore et excepit Iesum in domo sua.

Erklären Sie, warum in a) in domo eius und in b) in domo sua steht.

Ü6 Bilden Sie drei Gruppen! Welche Substantive bezeichnen:
a) ein männliches, b) ein weibliches Wesen, c) Zeitbegriffe?
Schreiben Sie die Bedeutung dazu!

consul – filia – aestas – coniux – frater – dies – filius – libertus – pater – meridies – nox – uxor – vir

Ü7 Hier müssen Sie kombinieren. Schreiben Sie die fehlenden Wörter in Ihr Heft.

a)	argentum Silber	argenteus silbern	e)	______ parvus	groß klein
	aurum Gold	aureus ______	f)	initium finis	______ Ende
b)	fraus Betrug	fraudare betrügen	g)	dives pauper	reich ______
	laus Lob	laudare ______	h)	meus tuus	mein ______
c)	interrogare respondēre	______ antworten	i)	dominus domina	Herr ______
d)	ascendere descendere	hinaufsteigen ______	j)	servus serva	______ Sklavin

Ü8 Welche Perfektbildungen liegen bei den folgenden Formen vor?
Geben Sie auch den lateinischen Infinitiv und seine Bedeutung an.

narravit – scripsi – cepimus – complevit – moverunt – risit – pervenimus – traxit – poposcerunt – collegimus – edidit – misi – perdidistis – egistis – cucurrimus – restituit.

XI TARQUINIUS UND DIE GEHEIMNISVOLLE ALTE

T Die ersten 250 Jahre ihrer Geschichte wurde die Stadt Rom von Königen regiert. Der letzte dieser Könige hieß Tarquinius Superbus.

aliquandō anus incognita ad Tarquinium Superbum rēgem adiit; novem librōs ferēbat. mulier dīxit librōs esse dīvīna ōrācula. rēx anum librōs vendere velle cognōvit; et pretium ex eā quaesīvit. mulier nimium atque immēnsum poposcit. rēx eam dērīsit; nam eam aetāte dēlīrāre putābat. tum illa trēs librōs ex novem ussit et rēgem interrogāvit: „vīsne reliquōs sex eōdem pretiō emere?" sed Tarquinius multō magis rīsit dīxitque anum sine dubiō dēlīrāre.
mulier statim trēs aliōs librōs ussit atque id ipsum placidē rogāvit: „trēs reliquōs eōdem illō pretiō eme!"
Tarquinius eam cōnstantiam cōnfīdentiamque magnī mōmentī esse intellēxit. librōs trēs reliquōs ēmit eōdem pretiō, quod anus prō omnibus poposcerat.

mulier dīxit hoc:
„librī sunt dīvīna ōrācula."
anus librōs vendere volēbat.
hoc rēx cognōvit.

ea aetāte dēlīrābat.
hoc rēx putābat.

Tarquinius ... dīxit hoc:
„anus sine dubiō dēlīrat."

Tarquinius intellēxit: ea cōnstantia cōnfīdentiaque magnī mōmentī est.

Die drei übriggebliebenen Bücher nannte man Sibyllinische Bücher. Man vermutete nämlich, dass die alte Frau eine Sibylle, eine Prophetin, gewesen sei. In Krisenzeiten lasen Priester diese Bücher, um den Willen der Götter zu erkunden.

E1 Welche Wörter bezeichnen die handelnden Personen?

E2 Sammeln Sie die Repetitionen (Wortwiederholungen) für
- Gegenstände,
- Handlungen.

E3 Einige Sätze können Sie leichter verstehen, wenn Sie erst die Fassung in der rechten Spalte übersetzen.

E4 Mit welchen Mitteln arbeitet der Autor auf den Höhepunkt der Geschichte hin?

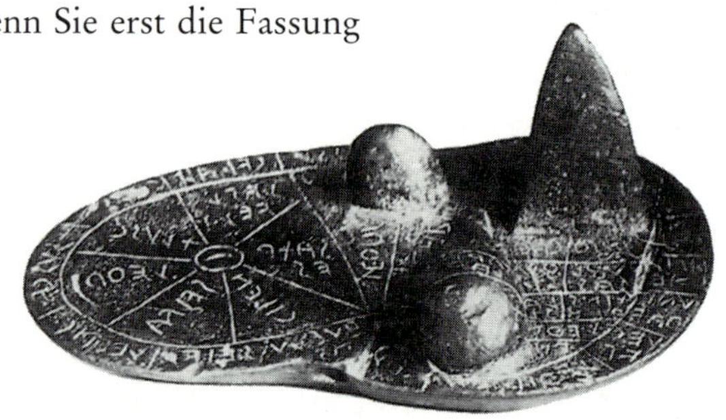

Etruskisches Bronzemodell einer Opferleber, die als Spiegel des Himmelsgebäudes galt. Die Oberseite zeigt die Namen von 40 Göttern, die den einzelnen Feldern zugeordnet sind.
[Piacenza (Italien), Museum]

Wie die Römer den Willen der Götter erkundeten

Die Römer glaubten nicht nur an *einen* Gott, sondern verehrten eine Vielzahl von Göttern. Für einen Römer war es von größter Bedeutung, in Harmonie mit den Göttern zu leben. Religiöse Vorschriften, z.B. wie ein Opfer abzuhalten war, mussten peinlich genau befolgt werden, um nicht durch Fehler den Zorn der Götter heraufzubeschwören. Hatte man alle Verpflichtungen gegenüber den Göttern sorgfältig erfüllt, rechnete man damit, dass sie gnädig gestimmt seien.

Um den Willen der Götter zu erforschen und darauf sein Handeln abzustimmen, gab es verschiedene Möglichkeiten:

1. Befragung der Sibyllinischen Bücher.
2. Sterndeutung (siehe Trimalchio, V, S. 21).
3. Deutung des Vogelfluges. Das bekannteste Beispiel liefert die Geschichte von Romulus und Remus. Dort hatte die Vogelschau darüber entschieden, nach wem die neue Stadt genannt werden sollte (s. Lekt. XII).
4. Aus den Eingeweiden von Opfertieren, vor allem aus der Leber, lasen Priester den Willen der Götter und die Zukunft.

Ein Priester (links), assistiert von Opferdienern, bei der Eingeweideschau. Man glaubte, aus der Beschaffenheit der Eingeweide, besonders der Leber, den Götterwillen ablesen zu können. [Paris, Louvre]

Ü1 servus Tarquinio anum incognitam adesse nuntiat.
„quid vult?"
„eam libros ferre vidi. eam libros vendere velle puto."
propter pretium immensum rex primo[1] mulierem delirare putabat. postremo autem libros magni momenti esse intellexit.

[1] *primo *(Adv.)*:* zuerst

a) Schreiben Sie die Sätze ab.
b) Rahmen Sie jeweils den A c. I. ein. Unterstreichen Sie mit zwei verschiedenen Farben den Subjektsakkusativ und den Prädikatsinfinitiv.
c) Übersetzen Sie.

Rekonstruktion des Gebietes zwischen Tiber-Insel und Kapitol mit Marcellus-Theater und Apollo-Tempel [Rom, Museum der römischen Kultur]

Ü2 Aulus, der Sklave, erhält von seinem Herrn den Auftrag, seinem Geschäftsfreund Marcus Pictor eine Nachricht zu überbringen.

„ubi habitat Marcus Pictor?"
dominus Marcum Pictorem in Aventino[1] habitare respondet.
in Aventino Aulus ex hominibus quibusdam quaerit: „habitatne hic Marcus Pictor?"
vir quidam: „illum prope[2] Fortunae templum[3] habitare puto."
anus quaedam: „deliras! ego audivi eum inter Tiberim et Capitolium habitare."
servus alius Aulum interrogare audit et Marcum Pictorem prope portam Capenam[4] habitare dicit.
nunc Aulus forte virum appropinquare videt: Marcum Pictorem.

[1] Aventinus: Aventin (einer der 7 Hügel), [2] *prope *(+ Akk.):* in der Nähe, [3] *templum, i *n* Tempel, [4] porta Capena: Stadttor in Richtung Capua

Ü3 Übersetzen Sie. Es gibt bei jedem Satz zwei verschiedene Möglichkeiten, den A.c.I. wiederzugeben.

a) Encolpius et amici eius ostiarium[1] in aditu domus Trimalchionis stare vident.
b) ostiarius dominum suum amicos iam exspectare dicit.

[1] ostiarius, i *m:* Pförtner

Münze des Königs Pyrrhus. Vorderseite: Kopf der Göttin Athene mit Helm;

Rückseite: Siegesgöttin (Nike) mit Siegesdenkmal, Inschrift: Pyrrhou Basileos („Münze des Königs Pyrrhus"). [Schweiz, Privatbesitz]

Ü4 **Ein berühmter Orakelspruch**
Er wurde dem König Pyrrhus von Epirus (heute Albanien) erteilt, als er versuchte, die Römer zu unterwerfen:

dico te, Pyrrhe, Romanos vincere[1] posse.

[1] *vincere: besiegen

Pyrrhus verstand den Spruch als günstig für seinen Krieg – und wurde von den Römern besiegt. Hatte das Orakel gelogen?

Ü5 Formen Sie den Aussagesatz in einen A. c. I. um und setzen Sie ihn ein:

cena bona est.

↓

Trimalchio . . . . audivit

hospites veniunt

↓

servus Trimalchioni . . . . nuntiat.

Ü6 Der Dichter Martial macht sich darüber lustig, dass Paula Priscus heiraten will.

nubere[1] vis Prisco: non miror[2], Paula; sapis[3].
ducere[4] te non vult Priscus. et[5] ille sapit.

[1] nubere *(+ Dat.):* (einen Mann) heiraten [2] miror: ich wundere mich [3] sapere: klug sein [4] ducere: (eine Frau) heiraten [5] et = etiam

Ü7 Nennen Sie alle Formen, die Plusquamperfekt sind, und übersetzen Sie diese. Welche Gemeinsamkeit haben alle?

ambulaveram – lavat – ascendebatis – amiseramus – cenas – adduxeras – erat – accesserat – capiebat – audiveratis – portatis – curant – acceperant

Ü8 a) Gaia Lucilia Gaio filio monumentum posuit, quia libertus eum occiderat.
b) caecus[1], quia turbam audiverat, interrogabat homines: „quid hoc est?"
c) discipuli appropinquaverant portae civitatis Naim. ecce, mortuus efferebatur.

[1] caecus: Blinder

Übersetzen Sie die Sätze. Welche der Handlungen geht der anderen jeweils voraus?

Ü9 Was bedeuten die folgenden Fremdwörter? Auf welche lateinischen Wörter gehen sie zurück?

realistisch, akzeptieren, mental, Portal, Tangente, Transit, Unikum.

Ü10 Bilden Sie aus den folgenden Substantiven die Wortfelder a) **Familie**, b) **Bauten**

aditus – atrium – coniux – domus – fenestra – filia – filius – frater – ianua – imago – mater – monumentum – pater – porta – porticus – signum – tabula – triclinium – uxor – villa

Bronzekopf eines verdienten Politikers, sog. „Brutus", aus einer mittelitalischen Werkstatt um 300 v. Chr. [Rom, Konservatorenpalast]

Ü11 Schaffen Sie Ordnung!
a) Ordnen Sie die folgenden Wörter so, dass sich ein sinnvoller Satz ergibt. Übersetzen Sie den Satz.

audit, incitare, magnum, Quintus, Rufum, numerum, spectatorum

b) Bilden Sie aus den folgenden Wörtern einen Satz, indem Sie sie in die richtige Form und Reihenfolge bringen.

Quintus, videre, Rufus, leo, vulnerare, et, occidere, tum

Ü12 Schreiben Sie die jeweils zutreffenden Bedeutungen in Ihr Heft. Die Anfangsbuchstaben ergeben, hintereinander gelesen, einen Sohn des römischen Kriegsgottes Mars.

a) dives	Gott, Tag, reich.
b) saepe	immer, oft, aber.
c) cum	um, wen, mit.
d) atque	und, auch, etwas.
e) ridere	sehen, lachen, erfreuen.
f) incognitus	alt, innerlich, unbekannt.
g) tantus	ganz, Onkel, so groß.

Ü13 **Silbensalat**

Bringen Sie die folgenden Silben jeweils in die richtige Reihenfolge, so dass sie Wörter mit den daneben stehenden Bedeutungen ergeben. Schreiben Sie die lateinischen Wörter in Ihr Heft. Die Anfangsbuchstaben nennen den Namen des obersten Gottes der Römer.

a) ba - i - tis	ihr gingt
b) bi - ur - bus	den Städten
c) mus - pos - su	wir können
d) ius - runt - se	sie haben befohlen
e) i - tis - ba - trans	ihr gingt hinüber
f) ci - ex - o - pi	ich nehme auf
g) spon - de - re - re	antworten

Pons Milvius. Die Brücke wurde 109 v. Chr. erbaut und ist weitgehend in der ursprünglichen Form erhalten. Die römischen Architekten nutzten auch beim Brückenbau das Prinzip des Keilsteinbogens, das relativ große Spannbreiten erlaubt. [Rom, Via Flaminia]

XII DIE SAGE VON DER GRÜNDUNG ROMS

T1 Die antiken Stadtstaaten setzten ihren Stolz daran, möglichst von einem Gott oder einem berühmten Helden gegründet worden zu sein.
Die Römer machten da keine Ausnahme. Sie leiteten ihre Herkunft von dem trojanischen Helden Aeneas ab, dessen Mutter die Göttin Venus war. Aeneas soll bei der Eroberung seiner Heimat Troja (vgl. XVIII) durch die Griechen entkommen und nach langer Irrfahrt in Italien gelandet sein. Dort habe er die Tochter des Königs Latinus geheiratet. Sein Sohn Julus habe dann die Stadt Alba Longa gegründet, deren Könige also die Nachkommen des Aeneas waren.
Einige Generationen später hatte König Procas zwei Söhne: Amulius und Numitor. Als Procas starb, bestimmte er, dass beide Söhne gleichberechtigt im Wechsel die Herrschaft ausüben sollten.

Hier der Bericht des Historikers S. Aurelius Victor:

Rückseite einer Münze mit Aeneas, der seinen alten Vater und die Stadtgötter Trojas (Penaten) rettet. Von Aeneas' Sohn Julus leitete die gens Iulia, der auch der Politiker C. Julius Caesar angehörte, ihre Herkunft ab. [Privatsammlung]

S. Aurēlius Victor in librō suō DĒ VĪRĪS ILLŪSTRIBUS narrat Procam, rēgem Albānōrum, Amūlium et Numitōrem fīliōs habuisse et eīs rēgnum post mortem suam annuīs vicibus relīquisse. sed Amūlium frātrī imperium nōn dedisse et Rhēam Silviam, fīliam eius, Vestae sacerdōtem fēcisse, ut virginitāte perpetuā tenērētur; at illam, ā Marte deō compressam, Rōmulum et Remum ēdidisse.
Aurēlius Victor praetereā scribit Amūlium ipsam in vincula coniēcisse, parvulōs in Tiberim abiēcisse; aquam autem eōs in siccō relīquisse; ad vāgītum eōrum lupam accurrisse eōsque aluisse; mox Faustulum pāstōrem puerōs parvōs collēgisse et cum coniuge suā ēducāvisse.
posteā Rōmulus et Remus Amūlium interfēcērunt ac Numitōrī avō rēgnum reddere potuērunt. ipsī pāstōrēs collēgērunt et cīvitātem condidērunt. illam Rōmulus, augūriō victor, quod ipse XII, Remus autem VI vulturēs vīderat, Rōmam vocāvit.

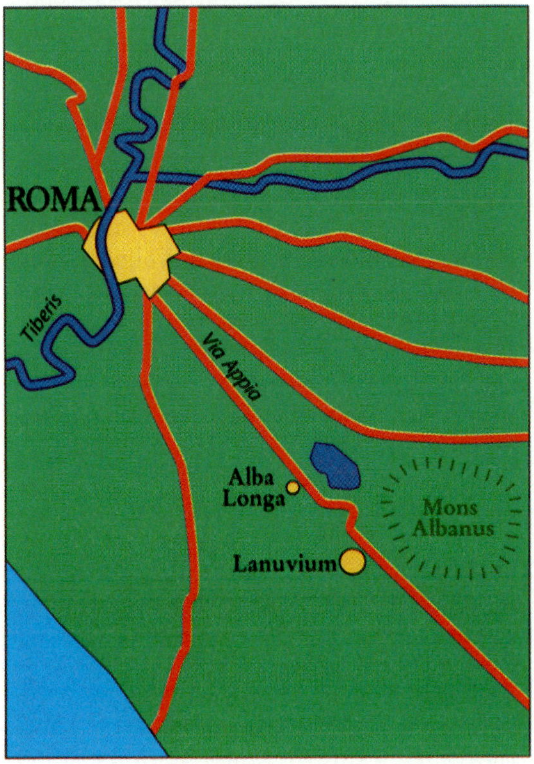

E Im Text werden Sätze durch Wörter verbunden, die einen *Gegensatz* oder eine *zeitliche Reihenfolge* bezeichnen. Schreiben Sie sie heraus und erklären Sie ihre Verwendung im Zusammenhang der Erzählung.
Beispiel: sed – *Gegensatz*; Amulius handelt gegen die Anordnung des Procas.

T2 Romulus zog um die Stadt einen niedrigen Erdwall.

Rōmulus, quod urbem prius lēgibus quam moenibus mūnīre volēbat, ēdīxit: „nōlīte hoc vallum trānsilīre!"
Remus autem irrīdēns vallum trānsilīvit et, ut memoriā trāditur, ā Celere centuriōne rutrō occīsus est.

Faustulus findet die Zwillinge. (Relief aus gebranntem Ton)

E1 Warum wohl begründet der Erzähler das Verbot des Romulus mit dem Satz „quod urbem prius lēgibus quam moenibus mūnīre volēbat"?

E2 Nach den meisten Berichten hat Romulus seinen Bruder mit eigener Hand erschlagen und dazu gesagt: „So soll es jedem gehen, der die Mauern Roms zu übersteigen wagt!" Warum, meinen Sie, haben die Römer die Tat später auch dem Zenturio Celer zugeschrieben?

Die Anfänge Roms und die Etrusker

Nach der antiken Überlieferung wurde Rom im Jahre 753 v. Chr. von Romulus und Remus am Ufer des Tiber gegründet. Archäologische Ausgrabungen zeigen aber, dass auf den Hügeln Palatin und Quirinal schon im 10. und 9. Jahrhundert v. Chr. Menschen wohnten, die zu den Stämmen der Latiner und Sabiner zählten. Diese Siedlungen dehnten sich aus und nahmen um 750 v. Chr. den Charakter einer Stadt an. Ihr Gebiet umfasste sieben Hügel (Aventin, Caelius, Capitol, Esquilin, Palatin, Quirinal und Viminal). Die Stadt und ihr Umland wurden, wie zu dieser Zeit allgemein üblich, von Königen regiert. Der legendären Überlieferung nach waren es mit Romulus sieben. Zeitweise übten die Etrusker, das damals mächtigste Volk Mittelitaliens, die Macht im frühen Rom aus.

Die Etrusker (Etruscī oder Tūscī) sind ein bis heute geheimnisumwittertes Volk. Vermutlich sind sie um 1000 v. Chr. aus Kleinasien nach Mittelitalien (Toscana) eingewandert.
Dass sie eine hohe Kultur hatten, belegen die zahlreichen Grabbeigaben in riesigen Grabkammern. Auch die Sprache kennen wir, können aber nur ca. 200 Wörter deuten.
Die Etrusker bauten von Mittelitalien aus ein großes Herrschaftsgebiet auf, das aus einem Bund von zwölf selbständigen Stadtstaaten bestand. Auch Rom fiel in ihren Machtbereich und wurde von etruskischen Königen regiert. Erst unter ihnen entwickelte sich Rom zu einer richtigen Stadt.
Wir wissen heute, dass viele römische Einrichtungen und Bräuche auf die Etrusker zurückgehen: Hausbau, Entwässerungsanlagen,

Weissagung durch Eingeweideschau, Gladiatorenspiele, Bronzeguss u.a. Auch das Wahrzeichen Roms, die Wölfin, ist ein Beispiel für etruskische Kunst. Die Etrusker wurden ihrerseits stark von griechischer Kultur geprägt. Erst im Jahre 510 v. Chr. konnten sich die Römer von der etruskischen Herrschaft befreien, indem sie den König Tarquinius Superbus aus der Stadt vertrieben (s. XI und XIII). Es folgten harte Jahre, in denen sich die Römer gegen etruskische Städte wie Veji und Tarquinia behaupten mussten.

Etruskische Bronzeplastik einer witternden Wölfin. Die beiden Säuglinge sind um 1500 n. Chr. hinzugefügt worden.
[Rom, Konservatorenpalast]

Die Gründung einer Stadt

Im Rom der Frühzeit herrschte die Vorstellung, dass der Boden, wo Menschen lebten, heilig sei. Ihn galt es vor bösen Einflüssen zu schützen. Daher wurde er durch eine Umzäunung oder eine Mauer von seiner Umgebung abgegrenzt. So hoffte man böse Mächte der Außenwelt fernhalten zu können. Wenn eine Stadt gegründet werden sollte, war dies eine religiöse Handlung. Zunächst steckte man das Gelände ab. Dann pflügte ein Priester mit einem hölzernen Pflug, den eine weiße Kuh und ein weißer Stier zogen, um die Siedlung herum eine Furche, an deren Rand sich die aufgeworfene Erde zu einem niedrigen Wall (vallum) türmte.
Dieser Erdwall galt als Zeichen der unversehrten Reinheit und wurde später durch eine Stadtmauer ersetzt.

Ü1 Übersetzen Sie:

a) quis respondere potest? b) responde, si potes! c) venire non possum. d) me interrogare potestis. e) diu dormire non poteram.

Ü2 Wer hat den Durchblick?
Bilden Sie zu den 6 Verben das Plusquamperfekt. Bilden Sie dabei jede Person einmal. Übersetzen Sie zum Schluss die Formen.

s	t	a	r	e
u	r	b	e	d
r	a	i	d	i
g	d	c	d	c
e	e	e	e	e
r	r	r	r	r
e	e	e	e	e

Ü3 Welche Formen gehören zu ire? Bestimmen Sie sie.

it – id – ii – ei – eo – imus – itur – igitur – eum – iimus – iis

Ü4 Zeichnen Sie die Figur ab und tragen Sie dann die lateinische Übersetzung folgender Formen ein:

1. du gehst 2. sie ist gegangen
3. sie gehen 4. sie gingen
5. sie sind gegangen 6. wir waren gegangen
7. sie waren gegangen 8. ihr seid gegangen
9. ihr geht 10. gehen 11. ich gehe

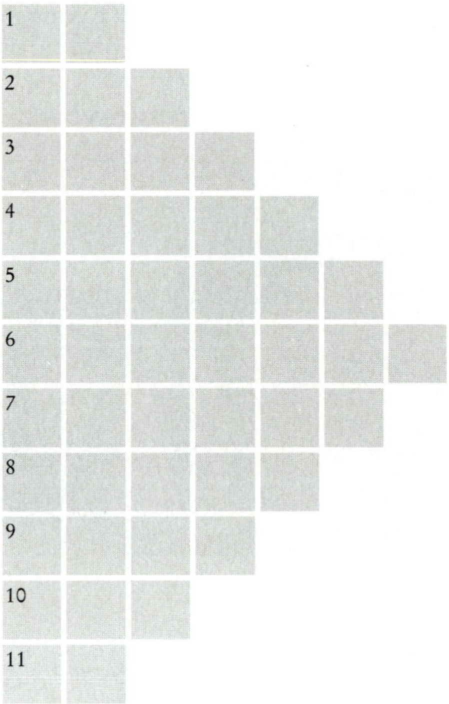

Ü5 Ein guter Vorsatz!

magister Claudiae librum monstrat.
Claudiam interrogat: „legistine hunc librum?"
Claudia respondet: „non legi. volebam legere, sed ..."
magister „voluisse", inquit, „satis[1] non est, mea Claudia."

[1] *satis: genug

Ü6 Achten Sie beim A.c.I. auf das Zeitverhältnis.

Lucas narrat Iesum adolescentem in vitam revocavisse. mortuus, filius unicus matris suae, loculo[1] efferebatur. Iesus matrem de filio suo flere vidit; misericordia motus[2] accessit, tetigit loculum, matri ait: „noli flere!" Iesus adolescentem de mortuis resurgere[3] voluit. itaque eum surgere iussit. omnes adolescentem surgere viderunt.

[1] loculus, i *m:* Bahre [2] motus: bewegt [3] resurgere: auferstehen

Ü7 Was war los in Lektion VII?

a) complures[1] Romanos ad cenam convenisse lēgimus.
b) narrabatur eos Saturnalia[2] agere voluisse et unum ex illis inter cenam quaestiones iucundas proposuisse.
c) non omnes amicos omnes quaestiones solvere[3] potuisse audivimus.

[1] complures: mehrere [2] Saturnalia: Saturnalienfest [3] *solvere: lösen

Ü8 a) Amulius fratri suo imperium non dedit et filiam eius Vestae sacerdotem fecit.
b) aqua pueros in sicco reliquit. ad eorum vagitum[1] lupa accurrit eosque aluit. Faustulus pueros cum coniuge sua educavit.

[1] vagitus: Schreien

Übersetzen Sie die Sätze! Erklären Sie die unterschiedliche Verwendung der Possessivpronomina!

Ü9 Ohne Konnektoren sinnlos!

Setzen Sie ein: at, mox, nam, postea, tum.

Amulius Romulum Remumque in Tiberim abiecit. ________ eos interficere volebat. ________ aqua eos in sicco reliquit. ________ lupa vagitum[1] eorum audivit. accurrit eosque aluit. ________ pastor quidam eos collegit. ________ fratres Romam condiderunt.

[1] vagitus: Schreien

Ü10 Mit Hilfe von Vorsilben können Sie die Bedeutung vieler zusammengesetzter Verben herausfinden.

ab-	ad-	con-	re-	trans-
weg-	hin-, zu-	zusammen	zurück-	hinüber

Erschließen Sie die fehlenden Verben:

a) vocare	rufen
________	zusammenrufen
________	zurückrufen
________	herbeirufen

b) ducere	________
adducere	herbeiführen
reducere	________
abducere	________

c) currere	laufen
accurrere (aus: ad-currere)	________
________	zurücklaufen
concurrere	________

d) venire	________
convenire	________
revenire	________
advenire	________

Ü11 Erinnern Sie sich noch?

ab eo loco – propter nomen tuum – illae arbores – magno cum gaudio – ad rem! – illi tribuni pauperes – filiae parvae (3) – ei filiae parvae – cursus lunae – imagines stellarum

Pons Fabricius. Die Brücke, 62 v. Chr. von L. Fabricius erbaut, verbindet die Tiberinsel (s. Abb. S. 45) mit der Stadt. Die römischen Unterkonstruktionen sind noch vollständig erhalten. Die beiden großen Bögen überspannen jeweils 24,5 m.

XIII DIE HAND IM FEUER

T In Rom regierten anfangs etruskische Könige. Im Lauf der Zeit erstarkte der einheimische Adel so sehr, dass es ihm gelang, die etruskische Herrschaft abzuschütteln: Er vertrieb im Jahre 510 v. Chr. den König Tarquinius Superbus. Doch dessen Verbündeter, der etruskische König Porsenna, versuchte in Rom wieder die Familie der Tarquinier (Tarquiniī) einzusetzen.

Porsenna, rēx Etruscōrum, Tarquiniōs urbe expulsōs in rēgnum restituere temptābat. itaque impetum fēcit et Rōmam obsidēbat. tum Mūcius Cordus senātum adiit et veniam trānsfugiendī petīvit nēcemque rēgis prōmīsit.

postquam senātus eī potestātem fēcit, Mūcius in castra Porsennae vēnit ibīque purpureō vestīmentō dēceptus virum īgnōtum prō rēge occīdit. Mūcius apprehēnsus et ad rēgem dētractus dextram ignī ārae imposuit et supplicium poposcit, quod in nēce errāverat. misericordiā rēgis ab igne retractus āit trecentōs adolēscentēs contrā Porsennam coniūrāvisse. quā rē territus rēx, postquam Rōmānī obsidēs dedērunt, bellum posuit.

ager trāns Tiberim Mūciō dōnō datus est; statua quoque eī honōris causā cōnstitūta est.

Mucius Scaevola (Gemälde von Hans Baldung Grien, 1531). Der Maler stellt, wie damals üblich, Römer und Etrusker in der Kleidung seiner Zeit dar.
[Dresden, Gemäldegalerie]

E1 Sie hören im ersten Satz von zwei Ereignissen. Erläutern Sie, in welchem Zusammenhang sie zueinander stehen.
Wie kann man bei der Übersetzung die Wortgruppe Tarquiniōs urbe expulsōs wiedergeben?

E2 Übersetzen Sie den Text. Achten Sie dabei besonders auf diejenigen Wortgruppen in den Zeilen 7–17, die mit Tarquiniōs urbe expulsōs vergleichbar sind.

Die römische Republik – Ämter und Senat

Der römische Staat kannte keine Verfassung im heutigen Sinn, in der schriftlich und allgemeingültig die Verteilung und Kontrolle der Macht geregelt ist. Die römischen Einrichtungen beruhten auf überlieferten Grundsätzen, entwickelten sich langsam und wurden dabei immer wieder verändert. Für die höchsten Ämter, die gewissermaßen die Regierung bildeten, galt folgendes Grundmuster:

- Die Amtsinhaber, die Magistrate, wurden vom Volk gewählt.
- Ihre Amtsdauer betrug ein Jahr. Wiederwahl war in der Regel nur nach mindestens einem Jahr Pause möglich.
- Jedes Amt wurde von mindestens zwei gleichberechtigten Magistraten bekleidet.
- Jeder Magistrat hatte in seinem Amtsbereich die volle Amtsgewalt. Absprachen mit den „Kollegen" (collēgae) waren also erforderlich, weil jeder das Recht des Einspruchs (Interzession) hatte.
- Es gab Bestimmungen über das Mindestalter. So konnte man erst mit 43 Jahren Konsul werden.
- Alle Ämter waren ehrenamtlich, also ohne Bezahlung; daher hießen sie honōrēs (Ehrenämter).
- Wer eines der vier höchsten Ämter bekleidet hatte, wurde Mitglied des Senats (vgl. XVII, S. 73).

Die Zahl der Senatoren schwankte zwischen 300 und 600 Mitgliedern. Anfangs durften nur Patrizier Mitglied des Senats werden.
Da die Senatoren lebenslang Mitglied blieben, war der Senat gegenüber den jährlich wechselnden Magistraten der feste und dauernde Kern des Staates. Die Beschlüsse des Senates galten zwar offiziell nur als Ratschläge, ihr Gewicht war aber so groß, dass ein Magistrat kaum wagen konnte anders zu handeln, als der Senat es für richtig hielt. Man kann den Senat daher als die eigentliche Regierung Roms bezeichnen.
Die hohe Bedeutung des Senats zeigt sich auch in der offiziellen Bezeichnung des römischen Staates:
SENATUS POPULUSQUE ROMANUS – SPQR.

Etruskischer Tonsarkophag in Form eines Liegesofas (Kline) mit Ehepaar [Rom, Museum Villa Giulia]

Ü1 Ordnen Sie die Partizipien den entsprechenden Infinitiven zu. Notieren Sie dann die Bedeutung des Infinitivs und übersetzen Sie das P. P. P.

1. cognitus	a) urere
2. emptus	b) promittere
3. ustus	c) cognoscere
4. collectus	d) emere
5. interfectus	e) expellere
6. traditus	f) colligere
7. expulsus	g) tradere
8. obsessus	h) interficere
9. promissus	i) obsidēre

Rom: *Moderner Kanaldeckel*

Ü2 Nennen Sie den Infinitiv Präsens zu den folgenden Partizipien lateinisch und deutsch! Bestimmen Sie dann Kasus, Numerus und Genus der Partizipien; bei einigen gibt es mehrere Möglichkeiten.

cogitatum – amata – salutati – intellectos – conditam – munito – factum – spectatos

Ü3 Übersetzen Sie:

a) reges expulsi sunt.
b) donum promissum est.
c) domus vendita est.
d) territi estis.
c) urbs condita est.
f) delectati sumus.
g) dona data sunt.
h) epistulae lectae sunt.

Ü4 Was passt zusammen? Übersetzen Sie dann.

1. discipulus
2. corpus
3. praeda
4. liberi
5. initia
6. mulieres
7. orationes
8. libri

a) interrogatae sunt.
b) scriptae sunt.
c) vocatus est.
d) vulneratum est.
e) donata est.
f) lecti sunt.
g) capti sunt.
h) facta sunt.

Ü5 a) Nennen Sie zunächst in jedem Satz das P. P. P. und sein Beziehungswort.
b) In jedem Satz sind zwei Vorgänge enthalten. In welchem logischen Verhältnis stehen sie zueinander?
c) Übersetzen Sie.

1. Amulius timore motus[1] Romulum et Remum in Tiberim abiecit.
2. lupa quaedam fratres in Tiberim abiectos servavit[2].
3. pastor quidam pueros a lupa altos[3] invenit[4].
4. Romulus et Remus a pastore eiusque uxore educati Amulium e regno expulerunt.

[1] motus: *P. P. P. zu* movēre [2] *servare: retten, bewahren [3] altus, a, um: *P. P. P. zu* alere [4] *invenire, invenio, inveni, inventum: finden

Ü6 Ordnen Sie den ersten Satz in den zweiten ein. Übersetzen Sie dann den neu gebildeten Satz.

Beispiel:
Tarquinius urbe expulsus est. Tarquinius ad Porsennam fūgit[1].
Tarquinius urbe expulsus ad Porsennam fūgit.
Nachdem Tarquinius aus der Stadt vertrieben worden war, floh er zu Porsenna.

a) gladiatores in arenam ducti sunt[2]. gladiatores contra leones pugnabant.
b) leo in arenam tractus est. leo pugnare noluit.
c) villa multis statuis ornata est[3]. Trimalchio villam emit.

[1] *fugere, fugio, fugi: fliehen [2] *ducere, duco, duxi, ductum: führen [3] ornare: schmücken

Ü7 Mucius, Porsenna und der A. c. I.

a) rex audiverat Mucium unum e viris suis interfecisse.
b) Mucius multos adolescentes Romanos Porsennam interficere velle dixit.
c) rex Mucium dextram igni imponere vidit.

Ü8 Welche 15 Mengenbegriffe verstecken sich hier?

semper – mille – ante – nihil – quem? – subito – tot … quot – ergo – nemo – cur? – nonus – nonnulli – quando? – multi – magis – hodie – contra – plurimus – ibi – quoque – octavus – tibi – secundus – plerique – proximus – quartus – optimus – unus – publicus – primus

Ü9 Welche Begriffe stören in diesem „Zoo“?

agnus – canis – equus – iterum – leo – lupus – persona – sic – spectator – vulpes

Ü10 Testen Sie Ihren Wortschatz!

Visite – Negation – salutieren – Komponist – spektakulär – Dr. h.c. (honoris causa) – exerzieren – Terrorist

Sog. „Grab des Triclinium“: Moderne Wiedergabe eines etruskischen Freskos mit der Darstellung eines Festmahls [Tarquinia, Italien]

XIV TAPFERE FRAUEN

T1 Porsenna hatte mit den Römern Waffenstillstand geschlossen. In seinem Lager, das sich auf der anderen Seite des Tiber befand, hielten sich die römischen Geiseln auf.

Cloelia, virgō nōbilis, inter obsidēs ā Porsennā accepta in castrīs eius versābātur; mox custōdēs dēcēpit et noctū castrīs ēgressa est. equum, quem fors dederat, arripuit et Tiberim trāiēcit.

Cloelia ā Porsennā per lēgātōs repetīta reddita est. rēx, quod virtūtem eius admīrābātur, eī lībertātem pollicitus est; nōnnūllōs puerōs virginēsque ē numerō obsidum ēligere et cum eīs in patriam redīre eī permīsit.

Cloeliae statua equestris in forō posita est.

Kopf eines römischen Mädchens aus Terrakotta (gebrannter Ton). Der Ton ermöglichte eine feine Modellierung des Gesichts mit besonders lebensnahem Ausdruck.
[Berlin, Antikensammlung]

E1 Was wird über Cloelia erzählt (1. Absatz)?
Beachten Sie dabei auch das Participium coniunctum.

E2 Berichten Sie, was Porsenna tut (2. Absatz).

T2 Caecina Paetus war wegen einer Verschwörung gegen den Kaiser Claudius (41–54 n. Chr.) zur Selbsttötung verurteilt worden. Als er zögerte, nahm seine Frau Arria einen Dolch, durchbohrte sich selbst und gab ihrem Mann die Waffe mit den Worten „Paete, nōn dolet.“ Durch diese Tat wurde sie sehr berühmt. Für bedeutender aber hält der Schriftsteller C. Plinius (vgl. III und IV) ein anderes Ereignis, das er von Arrias Enkelin Fannia erfahren hat.

aegrōtābat Caecīna Paetus, marītus ēius, aegrōtābat etiam fīlius, uterque mortiferē, ut vidēbātur. fīlius mortuus est, puer eximiā pulchritūdine et parentibus cārus. huic māter sēcrētō fūnus parāvit, quia marītō aegrōtō mortem fīliī cēlāre volēbat. quīn immō, quotiēns cubiculum ēius intrābat, vīvere fīlium atque etiam revalēscere simulābat. ac saepe marītō, cum interrogābat: „quid agit puer?“, respondēbat: „bene dormīvit, libenter cibum sūmpsit.“ ubī autem diū cohibitae lacrimae vīcērunt ac prōrumpere coepērunt, ēgrediēbātur et dolōrī sē dabat. posteā siccīs oculīs redībat, tamquam orbitātem forīs relīquisset.

praeclāra quidem sunt illa verba paene dīvīna: „Paete, nōn dolet.“ quō māius est hoc: sine praemiō aeternitātis, sine praemiō glōriae abdere lacrimās ac, postquam fīlius āmissus est, mātrem adhūc agere.

E1 Warum wohl verhält sich Arria so?

E2 Was meint Plinius mit „sine praemiō aeternitātis, sine praemiō glōriae“?
Nehmen Sie zu seiner Wertung der beiden Taten Stellung.

Zur Rolle der Frau in Rom

Die römische Frau stand zeitlebens unter der Herrschaft (potestās) eines Mannes: als Mädchen unter der ihres Vaters, als Ehefrau unter der ihres Ehemannes. Immerhin durften römische Mädchen die Schule besuchen.

Porträt eines pompejanischen Ehepaars. Während der Mann eine Buchrolle hochhält, weist die Frau ihre Bildung durch Schreibtafel und stilus aus. [Neapel, Nationalmuseum]

Zwar war der Römerin der Zugang zu politischen Ämtern verschlossen und ihre Aufgaben lagen vor allem in der Verwaltung des großen Haushalts und der Erziehung ihrer Kinder. Doch als Ehefrau besaß sie schon früh eine geachtetere und freiere Stellung als die Frauen der meisten anderen antiken Völker. Sie konnte z.B. mit ihrem Mann zusammen in der Öffentlichkeit, im Theater oder bei Einladungen auftreten und vor Gericht aussagen. Frauen der niederen Schichten übten auch einfache Berufe aus, viele leiteten ein Geschäft. Im Verlauf der Republik wurden die Rechte der Römerinnen umfangreicher. Sie konnten ihr Vermögen selbst verwalten, konnten es beliebig vererben, konnten auch ihre Ehe von sich aus lösen und wurden in vieler Hinsicht den Männern ebenbürtiger.
In der Staatsreligion spielten Frauen von Anfang an eine wesentliche Rolle: Als Vestalinnen, Priesterinnen der Vesta, der Schutzgottheit Roms, hüteten sie das ewige Feuer im Vestatempel und standen in höchstem Ansehen (vgl. L. XII). So besaßen sie, wie die anderen Priester, Ehrenplätze im Theater und im Zirkus, die Oberpriesterin durfte in Rom auch tagsüber in der Kutsche fahren.

Ladenschild an einem Gemüse- und Geflügelladen (3. Jh. n. Chr.). Das Relief betont die führende Rolle der Frau. Der Laden bietet neben Schnecken, Honig und Hasen sogar als Haustiere Affen an. Die drei Kunden tragen gallische Kapuzenmäntel, die damals Mode waren. [Ostia (Italien), Museum]

Ü1 Immer „i" – und doch nicht dasselbe!

egredi – dedi – versari – delectari – accipi – accepi – amisi – amitti – clamavi – lavari – ascendi – compleri – polliceri – eligi – elegi – lavi

Ü2 Bestimmen Sie, setzen Sie dann die lateinische Form in den Plural und übersetzen Sie.

respondeo – terreris – egrederis – versor – electa sum – expulsus es – erat – viderat – putavit – venit

Ü3 Ordnen Sie die Formen nach den Tempora und nach Aktiv/Passiv.

lavor – pugnabatur – cogitaveras – negati sunt – delectamur – visitabamini – vulneratis – salutant – spectabantur – salutaris – curati estis – donamus – paravisti – portata es – riserunt – sedit – fletae sunt – complebantur – manebatis – incitamini – debuerant

Ü4 Deponens oder nicht: Das ist hier die Frage!

a) Cloelia egreditur. – custos decipitur.
b) praemium promissum est. – praemium pollicitus est.
c) in urbe versabamur. – in urbe relinquebamur.

Ü5 Übersetzen Sie so, dass die inhaltliche Beziehung zwischen Partizip und Prädikat deutlich wird.

a) Cloelia castris egressa postea a senatu reddita est. sic fides a Romanis servata est.
b) rex virtutem Cloeliae admiratus ei Romam redire permisit.
c) puella[1] denique[2] in patriam missa[3] ab omnibus laudata est.

[1] *puella, ae *f:* Mädchen [2] denique: zuletzt, schließlich [3] missus, a, um: *P. P. P. zu* mittere

Ü6 Übersetzen Sie. Welche Wörter stehen im Ablativus separativus?

a) postquam Romani Tarquinios Roma expulerunt, Porsenna, Etruscorum rex, Romam obsidebat.
b) Mucius urbe egressus castra Porsennae intravit.
c) Porsenna virtute Cloeliae adductus nonnullis obsidibus castris exire[1] permisit.

[1] *exire: hinausgehen

Ü7 Der Dichter Martial, der im 1. Jh. n. Chr. in Rom lebte, vergleicht zwei Frauen miteinander: Thais und Laecania:

Thais habet nigros[1], niveos[2] Laecania dentes[3].
quae ratio est?[4] emptos[5] haec habet, illa suos.

[1] niger, nigra, nigrum: schwarz [2] niveus, a, um: schneeweiß
[3] *dens, dentis *m:* Zahn [4] quae ratio est? Woran liegt das?
[5] emptus, a, um: *P. P. P. zu* emere

Wachsfarbenporträt aus Fayum (Ägypten). Die junge Frau trägt einen Goldkranz, Perlenohrringe und eine Halskette mit Rubin und Smaragden. [London, British Museum]

Ü8 Arme Claudia!

Claudia tristis[1] domi[2] versabatur. medicus[3] enim omnes dentes[4] traxerat. amica[5] quaedam „eme dentes", inquit, „sic pulchritudo[6] tua restitui potest".

[1] tristis, e: traurig [2] domi: zu Hause [3] medicus: Arzt [4] *dens, dentis *m:* Zahn [5] amica, ae *f:* Freundin [6] pulchritudo, -dinis *f:* Schönheit

Ü9 Übersetzen Sie:

a) abicere vincula
cursus solis
pueros alere
in fide manere
prius posteaque
urbem moenibus munire

b) epistulas scribere
animum exercere
exemplum dare
ferrum sumere
praemia petere

c) gaudia nimia
silentium tantum
saxum proximum
argentum plurimum
ludi publici

Ü10 Schreiben Sie die Komposita von ducere und ihre Bedeutungen auf:

ab-
e- pro-
per- ducere re-
tra- con-
ad-

Ü11 Wovon leiten sich die englischen Wörter ab und was bedeuten sie?

noble – to admire – to repeat – liberty – virtue – election – virgin – vivid – to simulate – verb – glory – to permit

Ehepaar, von zwei Sklaven begleitet, lässt sich vom Stoffhändler die Ware zeigen. Die Frau führt offensichtlich das Kaufgespräch. An einer Stange des Ladens hängen Zierkissen und Stoffbahnen. [Florenz, Uffizien]

XV WOLF UND LAMM

T

ad rīvum eundem lupus et agnus vēnerant sitī compulsī.
superior stābat lupus longēque īnferior agnus.
tum latro iurgiī causam īnferēns
„cūr“, inquit, „tū turbulentam fēcistī mihi aquam bibentī?“
lāniger contrā timēns:
„quī possum, quaesō, facere, quod quereris, lupe?
ā tē dēcurrit ad meum haustum liquor.“
repulsus ille vēritātis vī: „ante sex mēnsēs“, ait, „maledīxistī mihi!“
respondit agnus: „egō tum nātus nōn eram.“
„pater – hercle! – tuus“, ille inquit, „maledīxit mihi!“
atque ita correptum lacerāns iniūstē necat.

E1 Welche Wörter stehen
- für den Wolf,
- für das Lamm,
- für das Wasser?

E2 In den beiden Sätzen der Zeilen 3 und 4 gibt es jeweils zwei Handlungen. In welchem Zusammenhang stehen sie zueinander?

E3 Wie begegnet das Lamm den Vorwürfen des Wolfes?

Wolf und Lamm. Aus der Faksimileausgabe von: Heinrich Steinhöwel, Aesopus: Vita et Fabulae, Ulm 1476. Steinhöwel hat als erster den lateinischen Text in die deutsche Volkssprache übersetzt. Von dem mit 191 Holzschnitten illustrierten Orginal existieren nur noch 10 Exemplare, davon 2 in Farbe.

Der Fabeldichter Phädrus

Phädrus wurde einige Jahre vor Christus in der römischen Provinz Makedonien im Norden Griechenlands geboren. Schon als Kind geriet er in die Sklaverei. Er kam nach Rom und diente als Sklave im Haus des Augustus, des ersten römischen Kaisers (27 v. Chr.–14 n. Chr.). Dort war er als Lehrer tätig und wurde aufgrund seiner Leistungen von Augustus freigelassen.
Sein erstes Buch mit Fabeln veröffentlichte Phädrus unter Kaiser Tiberius, dem Nachfolger des Augustus. Viele seiner Motive hat Phädrus vom griechischen Fabeldichter Äsop übernommen. Sein Ziel war es, wie er selbst sagte, seine Leser zum Lachen zu bringen und ihnen Ratschläge für eine kluge Lebensführung zu geben. Missgünstige Neider versuchten die Moral mancher Fabeln als Kritik am Kaiserhaus hinzustellen und klagten Phädrus wegen „Majestätsbeleidigung“ an. Er wurde zwar verurteilt, kam aber glimpflich davon und veröffentlichte noch weitere vier Bücher mit Fabeln.

Gestorben ist der Dichter etwa 50 n. Chr. Phädrus hat seine Fabeln in Gedichtform geschrieben. Römische Gedichte reimen sich nicht. Ein römischer Dichter ordnete die Wörter so an, dass sich ein bestimmter Rhythmus ergab (Versmaß). Das erreichte er dadurch, dass er die langen und kurzen Silben auf eine vorgegebene Weise anordnete. Wir drucken hier von der Fabel *Wolf und Lamm* die ersten zwei Zeilen der Originalfassung mit der Betonung des Versmaßes ab. In jeder Zeile gibt es sechs Betonungsstellen.

ad **rī**vum e**ún**dem **lú**pus et **ág**nus **vḗ**ner**ánt**
si**tī́** com**púl**sī; **sú**peri**ór** stā**bát** lu**pús** …

Ü1 Nennen Sie die Formen, bei denen es sich um ein Partizip Präsens Aktiv handelt.

venientes – ventis – venite – argenti – amanti – ascendo – cogitatis – cogitantis – dentes – dantes – amatis – amantis – laudas – laudans – delectant – delectantium – mens – flens – exercetis – exercentis – querente – territi – pollicentes – ingentia – petunt

Ü2 Geben Sie den Nom. Sg. der folgenden Partizipien an. Schreiben Sie dazu, von welchem Verb die Partizipien stammen und was diese Verben bedeuten.

tangentem – audienti – accipientibus – admirantis – permittentium – efferentes – vincentis – rediens

Ü3 Welche Formen gehören zu ferre oder seinen Komposita?

tulimus – elatus est – electus est – fero – forte – tulerunt – intuli – inferiores – inferebas – foro – lata sum

Ü4 Deponens oder nicht Deponens?

a) agnus ad rivum versatur.
b) agnus a lupo spectatur.
c) mater de filio querebatur.
d) mulier de pretio librorum quaerebatur.

Ü5 Bestimmen Sie Kasus, Numerus und Genus:

a) eodem pretio
b) idem pretium
c) eosdem libros
d) eadem mulier
e) eadem dona
f) eandem rem

Ü6 a) 1. lupus et agnus ad rivum venerant siti compulsi.
2. lupus agno aquam bibenti timorem iniecit[1].
3. repulsus lupus veritatis vi ait: „maledixisti mihi."

[1] inicere: hineinwerfen, *hier:* einflößen, einjagen

b) 1. pica[1] amicos domum intrantes salutavit.
2. Encolpius subito magnum canem videns territus est.
3. amici Encolpium a cane picto[2] territum riserunt.

[1] pica, ae *f:* Elster [2] pictus, a, um: gemalt

– Schreiben Sie die Sätze ab! Kennzeichnen Sie die Beziehungen der Partizipien zu ihrem Beziehungswort durch Pfeile!
– In welchem logischen und zeitlichen Zusammenhang zum Prädikat stehen die Partizipien?
– Übersetzen Sie die Sätze mit mehreren Varianten.

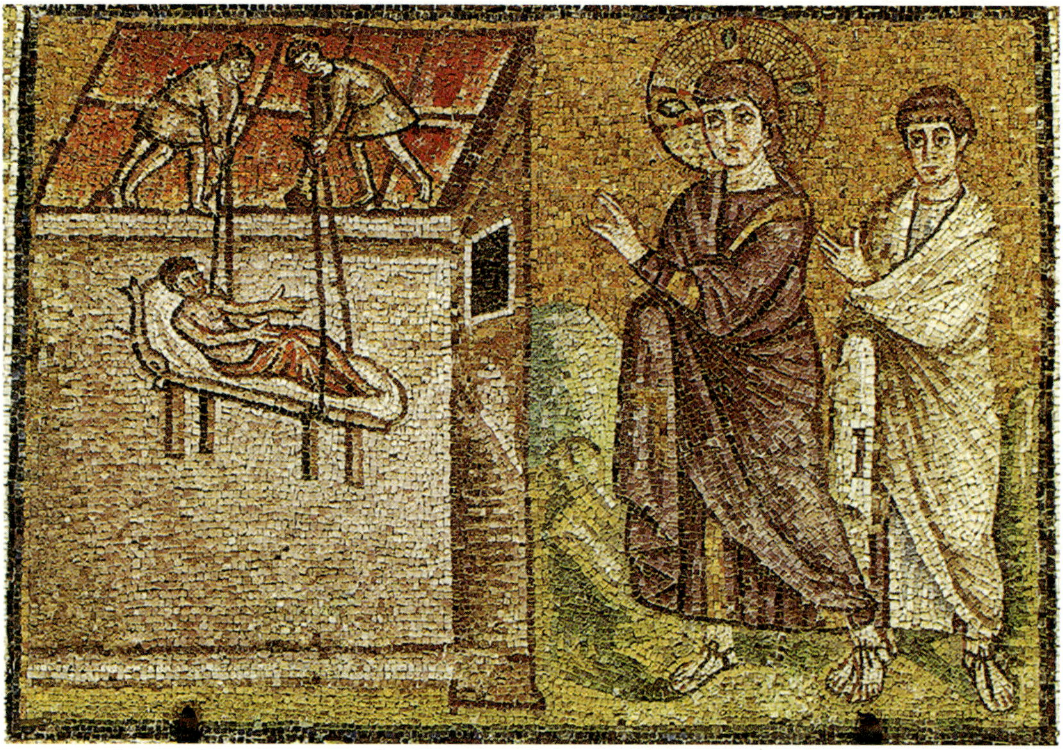

Jesus heilt den Gelähmten. Die Figur hinter Jesus stellt einen seiner Jünger dar, der auf die Szene hinweist. (Mosaik um 500 n. Chr.) [Ravenna (Italien), Sant'Apollinare Nuovo]

Ü7 Jesus und der Gelähmte

aliquando adibant Iesum quattuor viri paralyticum[1] lectico[2] ferentes. quod magna turba hominum ante domum stabat, amici eius eum non per portam intulerunt, sed tectum[3] aperientes[4] eum ad Iesum submiserunt[5]. is videns illum dixit: „dico tibi: surge!" et paralyticus usque ad[6] hunc diem ab amicis suis lectico latus surrexit, e domo exiit, lecticum nunc ipse tulit, rediens in domum suam Deum laudavit.

[1] paralyticus, i *m:* Gelähmter [2] lecticus, i *m:* Trage [3] *tectum, i *n:* Dach [4] *aperire: öffnen [5] submittere: herunterlassen [6] usque ad *(+ Akk.):* bis zu

Ü8 Was schützt eine Stadt?

Romulus urbem non modo[1] vallo, sed etiam legibus munire volens[2] edixit[3]: „omnes leges servare debetis!"

[1] modo: nur [2] volens: *P. P. A. zu* velle [3] edicere: bekannt geben

Ü9 Porsenna cum Cloelia loquitur[1].

P.: virtutem tuam admiror.
C.: tu admirarisne me?
P.: nos omnes te admiramur. nam custodes decipere[2] potuisti.
C.: noctu egressa sum. custodes me egredi non viderunt.
P.: propter virtutem tuam libertatem tibi polliceor.
C.: potesne polliceri libertatem etiam aliis obsidibus Romanis?
P.: non omnibus, sed nonnullis. tibi permitto eligere nonnullos ex numero obsidum, qui[3] in castris versantur.

[1] *loqui *(Dep.):* sprechen [2] decipere: täuschen [3] qui: die; welche

Ü10 vis oder vir? Übersetzen Sie:

a) vir tibi vim inferre vult.
b) gladiator omnibus viribus pugnavit.
c) vires viri magnae erant.
d) Tarquinii vi urbe pulsi[1] sunt.

[1] *pellere, pello, pepuli, pulsum: vertreiben

Ü11 Die folgenden Sätze ergeben eine Fabel nach Phädrus, wenn man sie in die richtige Reihenfolge bringt.

1 sed speculo[1] deceptus carnem[2] ex ore[3] amisit.
2 is in speculo aquae vidit imaginem suam.
3 itaque canis aliam praedam ab altero cane ferri putans
4 canis per flumen[4] natans[5] carnem ore ferebat.
5 eam praedam eripere[6] volebat.

[1] speculum, i *n:* Spiegel [2] caro, carnis *f:* Fleisch, Fleischstück [3] *os, oris *n:* Mund [4] *flumen, fluminis *n:* Fluss [5] *natare: schwimmen [6] *eripere: entreißen

Ü12 Gehen Sie die folgenden Formenpaare von oben nach unten durch und schreiben Sie die Anfangsbuchstaben der Formen, die **nicht** von einem Deponens stammen, nebeneinander. Sie ergeben den Namen eines Fabeldichters.

adducta es	versata es
queritur	editur
versantur	spectantur
occiduntur	queruntur
pugnatur	admiratur
egreditur	uritur
sumebantur	pollicebantur

Ü13 Was haben die Wörter jeweils inhaltlich gemeinsam?

a) vendere – pretium – emere – forum
b) cognoscere – intellegere – putare – dubitare – cogitare – errare
c) tantus, a, um – nimius, a, um – immensus, a, um – magnus, a, um – plurimus, a, um

Karikatur des griechischen Fabeldichters Äsop, der sich angeregt mit einem Fuchs unterhält. (Innenbild einer Trinkschale, um 450 v. Chr.) [Rom, Vatikanische Museen]

Ü14 Erklären Sie die Fremdwörter:

Der Mann ist nicht auf *legale* Weise, sondern mit *dubiosen* Geschäften zu *immensem* Reichtum gekommen.
Eine *intelligente* Frau reiste *incognito*.

Ü15 Brush up your English!

to promise, to educate, statue, hour, person, science, common, second, nude, total, interlude, fortune, school

Erklären Sie die Abkürzungen *a.m.* und *p.m.*

Ephesos (Türkei): *Eingang zum kleinen Tempel des Kaisers Hadrian* (117–138 *n. Chr.*)

XVI SEHNSUCHT NACH FRIEDEN

Jerusalem (Israel): *Tempelberg. An der Stelle des Tempels, den die Römer zerstörten, erheben sich heute zwei Moscheen.*

T1 Wenn Menschen leiden, hoffen sie meist auf Besserung. Das kleine Volk der Juden hatte immer wieder unter seinen mächtigen Nachbarn zu leiden, denen die Unabhängigkeit Israels und sein Glaube an nur *einen* Gott ein Ärgernis waren. Doch Israel gab die Hoffnung auf Schutz durch seinen Gott Jahwe nie auf.
Diese Hoffnung hielten vor allem die Propheten lebendig. Das waren Menschen, die von Gott ergriffen waren und mit dem Anspruch auftraten, im Namen ihres Gottes zu sprechen. Ein solcher israelischer Prophet war Jesaja, lat. Isaias (etwa 765–700 v. Chr.). Er rief in einer schwierigen Situation – Israel drohte vom assyrischen König unterworfen zu werden – zum Glauben an Frieden und Rettung auf.

dīxit Īsāiās prophēta: mōns domūs Dominī ēlevābitur super collēs, et fluent ad eum omnēs gentēs. ībunt populī multī et dīcent: „venīte et ascendite ad montem Dominī et ad domum Deī, et docēbit nōs viās suās, et ambulābimus in sēmitīs eius." gentēs cōnflābunt gladiōs suōs in vōmerēs et lanceās suās in falcēs. nōn levābit gēns contrā gentem gladium, nec exercēbuntur umquam in proelium.

E1 Jesaia prophezeit den Israeliten eine glücklichere Zukunft. Nennen Sie die einzelnen Ereignisse.

E2 Ordnen Sie die Verbformen nach Konjugationen und bestimmen Sie die Tempuszeichen.

T2 Einige Kapitel weiter heißt es im Jesaja-Buch angesichts der von Feinden drohenden Gefahr:

laetābitur dēserta terra, et exsultābit sōlitūdō et flōrēbit quasi līlium. gentēs vidēbunt glōriam Dominī et decōrem Deī nostrī. dīcite pusillanimīs: „cōnfortāminī et nōlīte timēre! ecce, Deus ipse veniet et salvābit vōs." tunc aperientur oculī caecōrum, et aurēs sūrdōrum patēbunt. tunc saliet claudus sīcut cervus, et aperta erit lingua mūtōrum: ait Dominus omnipotēns.

E1 Welche Auswirkungen wird die Rettungstat Jahwes haben?

E2 Was fällt an Jesajas Ausdrucksweise auf?

T3 Auch in der folgenden Stelle macht Jesaja dem Volk Israel Mut und verkündet ihm Gottes Wort:

tū exsultābis in Dominō et laetāberis:
pauperēs quaerunt aquās, at aquae nōn sunt. lingua eōrum sitī āret.
egō Dominus exaudiam eōs, nōn relinquam eōs.
aperiam in collibus flūmina et in mediō campōrum fontēs.
pōnam dēsertum in stāgna aquārum et terram inviam in rīvōs aquārum.
dabō in sōlitūdine cedrum et spīnam et myrtum et olīvam.

E Stellen Sie Wörter zusammen,
a) die etwas mit Trockenheit zu tun haben,
b) die etwas mit Wasser zu tun haben.

Paradies und Friedensreich

Die meisten Völker der Antike glaubten, dass am Anfang der Menschheitsgeschichte eine glückliche Zeit des Überflusses, des Friedens und der Gerechtigkeit gestanden hat. Sie nannten diese Zeit „Paradies“ oder „goldenes Zeitalter“.
Der römische Dichter Ovid (43 v.–17 n. Chr.) rühmte den Frieden dieser Tage:

Es gab keine Helme, kein Schwert. Ohne dass es eines Kriegers bedurft hätte, lebten die Völker sorglos in friedlicher Muße.
Frei von Zwang, von keiner Hacke berührt, von keiner Pflugschar verwundet, gab von sich aus alles die Erde.
Ewig währte der Frühling und linder Westwind fächelte mit lauen Lüften die Blumen …
Schon flossen Ströme von Milch, schon Ströme von Nektar dahin, und von den grünen Eichen träufelte goldener Honig.

Doch verschlechterte sich die Welt. Auf das goldene folgte das silberne Zeitalter, auf das silberne das bronzene, auf dieses schließlich

Allegorie des Friedens (Gemälde von B. Dossi, 1544). Der Friede ist dargestellt als reich gekleidete Frau mit Füllhorn (Zeichen des Überflusses) und als Vermittlerin zwischen Schaf (l.) und Wolf (r.).
[Dresden, Gemäldegalerie]

das eiserne: die von Krieg, Machtgier, Grundbesitz und Raffsucht geprägte Gegenwart.
In der Regierungszeit des Augustus, des ersten römischen Kaisers, glaubten viele Römer, das goldene Zeitalter sei zurückgekehrt. In einem seiner berühmtesten Gedichte schildert der Dichter Vergil (70–19 v. Chr.) die kommende Glückszeit unter anderem so:

Freiwillig tragen die Ziegen nach Haus milchstrotzende Euter,
und die Rinder fürchten sich nicht vor mächtigen Löwen;
dann gehen die Schlangen ein, und trügerisch-giftige Kräuter
welken dahin, und überall wächst assyrischer Balsam.

Die Juden unterschieden sich von den anderen Völkern in der Antike auch dadurch, dass sie sich mit dem Verlust des Paradieses nicht abfanden. Die Welt werde sich wieder zum Guten wandeln, weil Gott machtvoll eingreifen und den Messias, seinen Gesandten und „Gesalbten“, schicken werde. Er solle als „Friedensfürst“ ein Reich des Friedens und der Gerechtigkeit gründen, das zum Vorbild für die übrigen Völker wird. Nach jüdischem Glauben ist der Messias bis heute noch nicht erschienen. Die Christen sehen in Jesus Christus den geweissagten Messias.

Ü1 Legen Sie eine Tabelle nach folgendem Muster an und tragen Sie die Verbformen in die jeweils richtige Spalte ein:

temptabis – obsidebatis – expellunt – adibo – promittimus – terrent – adeo – terrebunt – temptabas – promittemus – terrebant – obsidetis – expellet – obsidebitis

Präsens	Imperfekt	Futur

Ü2 Kettenaufgabe:

a) traho → Fut. → 2. Pers. → Pass. → Präs. → Imperf.
b) rogatis → Fut. → 1. Pers. → Pass. → Präs. → Perf.

Ü3 Aktiv, Passiv – und dann auch noch Futur!

magistrum interrogamus. magistrum interrogabimus.
a magistro interrogamur. a magistro interrogabimur.

Ü4 dicit propheta:
pauperes quaerentes aquam non invenient. sed Dominus eos non relinquet aperiens flumina in collibus. dabit in deserto[1] rivos[2] ac arbores. tunc laetans terra florebit quasi lilium.

[1] desertum, i *n:* Wüste [2] rivus, i *m:* Bach

a) Nennen Sie die Partizipien, bestimmen Sie Kasus, Numerus und Genus und das Beziehungswort.
b) Welches Zeitverhältnis zum Prädikat liegt vor?
c) Welche Möglichkeiten finden Sie, die Partizipien sinnvoll wiederzugeben?

Ü5 Zu welchen Verben passt urbem als Akkusativobjekt?

adesse – adire – condere – imponere – convenire – currere – intrare – munire – obsidēre

Ü6 Plinius hat viel vor!

Ergänzen Sie die fehlenden Formen im Heft und übersetzen Sie dann den Text.

amicus cum Plinio loquitur:
quando cras[1] surges?
  _____ (surgere) hora prima vel secunda.
quid deinde _____ (agere)?
  deinde servum _____ (vocare) eique epistulam _____ (dictare).
quid facies post meridiem?
  vel _____ (ambulare) vel _____ (dormire) vel _____ (legere).
quid _____ (legere)?
  orationem Graecam vel Latinam legam.
  praeterea cras amici me _____ (visitare).
  sermones iucundos habebimus.

[1] *cras: morgen

„Und sie werden ihre Schwerter zu Pflugscharen schmieden und ihre Lanzen zu Sicheln.“ (Is. 2, 4)
[New York, UN-Gebäude]

Ü7 Achtung: Passiv!

1. a) gladiatores a magistro exercentur.
   b) gladiatores gladio exercentur.
2. a) puella ab amico floribus[1] delectata est.
   b) dono tuo valde[2] delector.
3. a) infantes[3] a matre plerumque[4] lacte[5] aluntur.
   b) nonnulli homines non carne[6], sed fructibus[7] aluntur.
4. **tempora[8] mutantur[9], et nos mutamur in illis.**

[1] *flos, floris *m:* Blume [2] *valde: sehr [3] infans, infantis *m/f:* kleines Kind, Baby [4] *plerumque: meistens [5] lac, lactis *n:* Milch [6] caro, carnis *f:* Fleisch [7] *fructus, ūs *m:* Frucht [8] *tempus, temporis *n:* Zeit [9] *mutare: ändern

Ü8 Krieg und Frieden

Viele Staaten vertreten den römischen Grundsatz:

si vis pacem[1], para bellum.

Über den Toren des Friedenspalastes in der niederländischen Stadt Den Haag steht:

si vis pacem, cole iustitiam[3].

[1] *pax, pacis *f:* Friede [2] iustitia, ae *f:* Gerechtigkeit

Ü9 Sortieren Sie die Wörter in zwei Gruppen und nennen Sie die deutschen Bedeutungen.

flumen – forum – fons – condere – monumentum – via – bibere – fluere – domus – aqua – natare – lavare – porta – sitis – urbs – moenia – amphitheatrum

Ü10 Ab geht die post! Unterscheiden Sie:

post (Präp. + Akk.) – postea (Adv.) – postremo (Adv.) – postquam (Konjunktion)

XVII UNRUHEN IN ROM

T1 Etwa 500 Jahre nach der Vertreibung der Könige und der Einführung der Republik war der römische Staat in einer schweren Krise. Die Vorherrschaft des Adels löste sich auf. Der Senat zerfiel in politische Gruppen. Ehrgeizige Politiker strebten nach Alleinherrschaft und scheuten nicht davor zurück, Gewalt einzusetzen.
So erregte auch Publius Clodius Pulcher Aufruhr und Unruhe. Im Volkstribunen Milo fand er einen harten Gegner.
Die folgenden Ereignisse spielten sich im Jahre 52 v. Chr. ab.

saepe inter sē Milō et Clōdius cum suīs factiōnibus Rōmae pūgnāverant. in eundem annum cōnsulātum Milō, Clōdius praetūram petēbat.
ante diem XIII Kalendās Fēbruāriās Milō Lānuvium prōfectus est. occurrit eī circā hōram nōnam Clōdius rediēns ab Arīciā apud Bovillās prope eum locum, in quō Bonae Deae sacellum est. vehēbātur Clōdius equō, quem servī ferē XXX gladiīs cinctī sequēbantur, ut illō tempore mōs erat eīs, quī iter faciēbant. Milō raedā vehēbātur cum uxōre Faustā, cuius pater fuit L. Sulla dictātor. sequēbātur eōs magnum servōrum agmen, inter quōs gladiātōres quoque erant, ex quibus duō nōtī: Eudamus et Birria.
iī in ultimō agmine tardius euntēs cum servīs P. Clōdī rīxam commīsērunt. Birria umerum Clōdiī, quī ad eum tumultum minitābundus respexerat, trāiēcit. inde orta est pūgna. Clōdius vulnerātus in tabernam proximam dēlātus est. Milō ubī cōgnōvit vulnerātum esse Clōdium, exturbārī tabernam iussit. atque ita Clōdius latēns extractus est multīsque vulneribus cōnfectus.

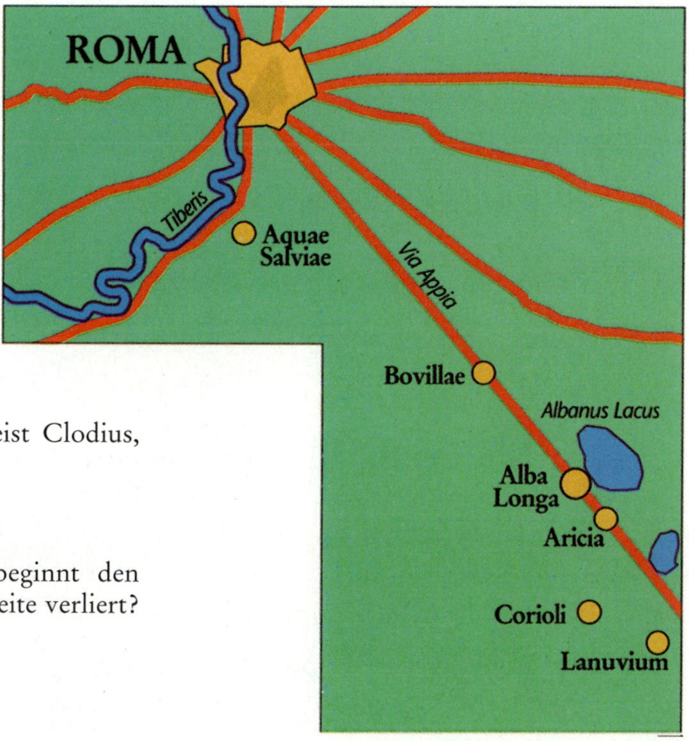

E1 Zum zweiten Abschnitt: Wie reist Clodius, wie Milo? Wer begleitet sie?

E2 Zum dritten Abschnitt: Wer beginnt den Streit? Wie verläuft er? Welche Seite verliert?

T2

cadāver Clōdiī, quod in viā erat relictum, Sextus Teidius senātor, quī forte ex rūre in urbem revertēbātur, sustulit et lectīcā suā Rōmam ferrī iussit.

īnfimae plēbis et servōrum maxima multitūdō magnō lūctū corpus in ātriō domūs positum circumstetit. augēbat autem factī invidiam uxor Clōdiī, Fulvia, quae cum effūsā lamentātiōne vulnera eius ostendēbat.

posterō diē vulgus corpus nūdum et calcātum, sīcut in lectō erat positum, in forum dētulit et in rōstrīs posuit. ibī Plancus et Pompēius invidiam Milōnī fēcērunt; quī virī Clōdiō favēbant.

populus corpus P. Clōdiī in cūriam intulit cremāvitque subselliīs et tribūnālibus et mēnsīs et cōdicibus. quō igne et ipsa quoque cūria flagrāvit et item basilica, quae erat eī iūncta, usta est. domum absentis Milōnis eadem illa Clōdiāna multitūdō oppūgnāvit, sed inde sagittīs repulsa est.

incendium cūriae māiōrem indīgnātiōnem cīvitātis mōverat quam interfectiō Clōdiī. itaque Milō nocte eā redierat Rōmam, quā incēnsa erat cūria, petēbatque nihil dēterritus cōnsulātum.

E1 Was passiert mit der Leiche des Clodius? (Absatz 1)

E2 Wer betrauert seinen Tod?
Welche Rolle spielt dabei Clodius' Frau Fulvia? (Absatz 2)

E3 Was geschieht mit der Leiche in Rom? (Absätze 3 und 4)

Das Senatsgebäude im heutigen Zustand. Es wurde von Julius Cäsar anstelle der abgebrannten Kurie erbaut. [Rom, Forum]

Der cursus honorum

Ein Römer, der das höchste Staatsamt, das Konsulat, erreichen wollte, musste die folgenden Ämter in festgelegter Reihenfolge bekleiden. Man nennt diese Ämterlaufbahn cursus honōrum (vgl. dazu XIII, S. 55). Jeder Magistrat war ein Jahr im Amt. Wer schon das unterste dieser Ämter, nämlich das Quästorenamt, innegehabt hatte, wurde Mitglied des Senats.

1. Quästoren
Ihre Hauptaufgabe war die Finanzverwaltung des Staates. Daneben wurden sie in der Verwaltung der Provinzen eingesetzt.

2. Ädilen
Sie hatten die Aufsicht über Straßen, Märkte, Gasthäuser, Wasserleitungen, Thermen und die öffentlichen Spiele. Überall dort sorgten sie für die öffentliche Ordnung. Außerdem hatten sie die Versorgung Roms mit Getreide zu gewährleisten.

3. Prätoren
Die Prätoren waren für die Rechtsprechung zuständig. Sie konnten die Konsuln bei Abwesenheit vertreten. Auch wurden sie als Statthalter in den Provinzen eingesetzt und konnten militärische Aufgaben übernehmen. Je größer das Reich wurde, desto mehr Prätoren wurden geschaffen; zur Zeit Cäsars gab es sechzehn.

4. Konsuln
An der Spitze des Staates standen zwei Konsuln. Die Konsuln beriefen Volksversammlungen und Senatssitzungen ein, schlugen dort Gesetze vor und sorgten für die Ausführung aller Beschlüsse. Im Krieg waren sie die obersten militärischen Befehlshaber.
Um ein bestimmtes Jahr zu bezeichnen gab man an, wie die beiden Konsuln dieses Jahres hießen.
Nach ihrer Amtszeit übernahmen die Konsuln meistens für ein Jahr als prōcōnsul (Statthalter) die Verwaltung einer Provinz.

Liktor mit fascēs (Ruten und Beil); Liktoren begleiteten Prätoren und Konsuln als Zeichen für deren Amtsmacht.
[München, Antikenmuseum]

Rekonstruktionszeichnung des Forum Romanum zur Kaiserzeit. Von li. nach re.: Basilica Iulia, Saturntempel, Vespasianstempel, Concordiatempel, Ehrenbogen des Septimius Severus. Vorn die Rednertribüne (rostra), im Hintergrund das Staatsarchiv (tabularium) und der Jupitertempel auf dem Kapitol.

Patrizier und Plebejer im republikanischen Rom

In Rom standen sich lange Zeit zwei Stände gegenüber: Die Patrizier, der Adel Roms, und die Plebejer. Zwischen ihnen bestanden feste Schranken. So war in der Anfangszeit der Republik sogar eine Heirat zwischen Plebejern und Patriziern verboten.

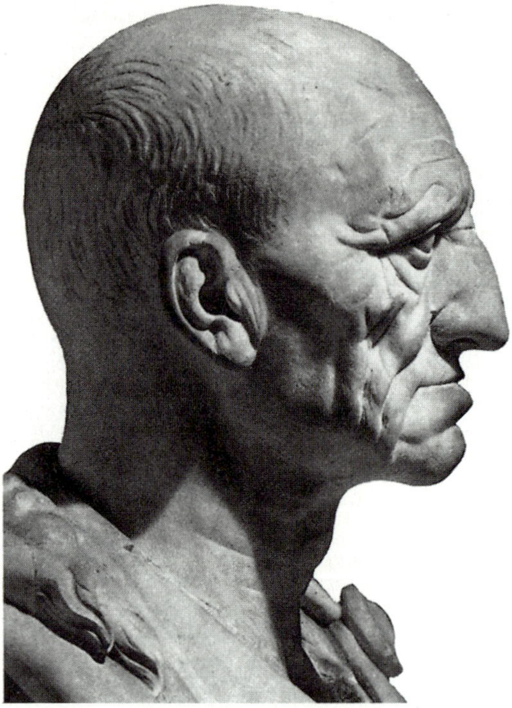

Kopf eines unbekannten Patriziers mit strengen Gesichtszügen. [Rom, Museum Torlonia]

Die Patrizier hatten zunächst die alleinige Macht. Sie vor allem besaßen die Äcker und das Weideland; sie allein sprachen Recht; sie allein besetzten die hohen Staatsämter. Doch bald forderten auch zu Ansehen und Vermögen gekommene Plebejer politische Mitsprache. In einem fast zweihundert Jahre dauernden „Ständekampf" errangen sie schließlich die politische Gleichberechtigung. Doch das höchste Amt, das Konsulat, zu bekleiden gelang nur wenigen Plebejern. Im Verlauf der Ständekämpfe war ihnen zugestanden worden, eigene „Beamte" zu wählen, die tribūnī plēbis (Volkstribunen). Sie übernahmen den Schutz der Plebejer.

Wollte z. B. ein staatlicher Beamter (Magistrat) einen Plebejer verhaften, konnte der Volkstribun dazwischentreten und so die Amtshandlung verbieten. Dieses Recht heißt „Interzessionsrecht" (intercēdere: dazwischentreten). Außerdem konnte der Volkstribun durch das Wort vetō (ich verbiete) alle Amtshandlungen der Magistrate und sogar Senatsbeschlüsse verbieten.

Der Volkstribun genoss sogar religiösen Schutz: Ein Bürger, der sich an einem Volkstribunen vergriff, hatte damit ein Verbrechen gegen die Götter begangen.

Ü1 a) Welche Genera können die Beziehungswörter der folgenden Relativpronomina haben?

cuius – quorum – quo – cui – quae – quibus

b) Welchen Numerus hat das Beziehungswort? Achten Sie auf mehrere Möglichkeiten.

qui – quos – quod – quae – quarum

Ü2 Bestimmen Sie zuerst jeweils das Relativpronomen und sein Beziehungswort. Übersetzen Sie dann die Sätze.

a) servi Clodii, qui in tabernam fugerant, cadaver in via reliquerunt.
b) servorum multitudo corpus Clodii, quod in atrio erat positum, circumstetit.
c) populus corpus in forum, in quo rostra erant, detulit.
d) vulgus corpus mensis, quae in curia erant, cremavit.

Ü3 So ein Angeber!

Claudia: vidistine, Marce, templa, quae Romani in foro aedificaverunt[1]?
Marcus: scilicet[2] omnia aedificia[3] vidi, quae totā urbe sunt.
Claudia: vidistine etiam statuam, quae in arcu[4] Titi posita est?
Marcus: omnes statuas vidi, quae in urbe sunt.
Claudia ridet.
Marcus: cur rides, Claudia?

[1] *aedificare: bauen [2] scilicet: natürlich [3] aedificium, i *n:* Bauwerk [4] *arcus, ūs *m:* Bogen

Titusbogen

Übersetzen Sie das Gespräch. Bestimmen Sie in jedem Satz Kasus, Numerus und Genus von quae.
Warum lacht Claudia?

Ü4 Worauf bezieht sich jeweils der relativische Anschluss?

a) Milo Lanuvium profectus est. cui occurrit Clodius.
b) Eudamus et Birria cum servis P. Clodii rixam[1] commiserunt. ad quem tumultum respexit Clodius.
c) Clodius vulneratus in tabernam delatus est. quam Milo exturbari[2] iussit.

[1] rixa, ae *f:* Streit [2] exturbare: verwüsten

Ü5 Übersetzen Sie die folgenden Sätze. Bestimmen Sie jeweils das Satzglied, das durch das Relativpronomen gebildet wird.

a) hoc monumentum Gaia Lucilia filio suo posuit, quem libertus occidit.
b) Albus monumentum posuit Crispinae coniugi, quae duos senatores aluit.
c) Eltern beklagen in einer Grabinschrift den frühen Tod ihres Sohnes Tettius Alexander: deis iniquis[1], qui rapuerunt[2] animulam[3] tam[4] innocuam[5] L. Tetti Alexandri.

[1] *iniquus, a, um: ungerecht [2] *rapere: rauben [3] animula, ae *f:* kleine Seele [4] *tam: so [5] innocuus, a, um: unschuldig

d) Manche Herren hängten ihren Sklaven für den Fall eines Fluchtversuches eine Marke um den Hals, auf der der Name und die Adresse seines Herrn standen. Eine dieser Marken enthielt folgende Information:

Ianuarius dicor.
servus sum
Dextri[1] exceptoris senatus[2],
qui manet[3] in regione[4] quinta.

[1] Dexter, Dextri: Name des Herrn
[2] exceptor senatūs: Senatsprotokollant
[3] manēre: *hier:* wohnen
[4] *regio, regionis *f:* Bezirk

Sklavenmarke und eisernes Halsband. Auf der Marke lässt sich ab der Mitte gut lesen: TENE M(E), QUIA FUGI. REDUC ME. AD FLORA. AD TO(N)SORES [Paris, Louvre]

Ü6 Ordnen Sie die Infinitive nach Aktiv und Passiv, Präsens und Perfekt.

inferre – pelli – compulsos esse – pellere – reppulisse – compelli – pulsam esse – inferri – repellere – compulisse – illatum esse – intulisse

Ü7 Nennen Sie jeweils den A.c.I., bestimmen Sie sein Zeitverhältnis und übersetzen Sie die Sätze.

a) comites Clodium vulnerari viderunt.
b) Milo Clodium vulneratum esse cognovit.
c) senatores Cloeliam castris Porsennae egressam esse sciebant.
d) Porsennam, regem Etruscorum, Cloeliae libertatem promisisse legimus.
e) Arria filium bene dormire simulabat.

Ü8 Noch mehr Ablative! Bestimmen Sie ihre Funktion.

a) Clodius rediit ab Aricia.
b) servi gladiis cincti sequebantur.
c) vehebatur Clodius equo.
d) Clodius multis vulneribus confectus est.

Ü9 Wer folgt hier wem?

a) servorum agmen Milonem secutum est, etiam Fausta eum est secuta.
b) Iesus, quem multi homines videre cupiebant, Zachaeum cum discipulis suis secutus est.

Ü10 Erschließen Sie vom bekannten Wort das unbekannte:

a) communis, e — communio, communionis *f*
b) obsidēre — obsidio, obsidionis *f*
c) promittere — promissio, promissionis *f*
d) invenire — inventio, inventionis *f*
e) ponere — positio, positionis *f*

Was fällt bei den Substantiven auf?

Ü11 Substantive der konsonantischen Deklination auf -tudo bezeichnen eine **Eigenschaft**. Beispiel:

multus, a, um: viel — multi**tudo**, multi**tudinis** *f*: Menge

Ergänzen Sie die fehlenden Angaben:

...:	...	*magnitudo:	Größe
...:	...	pulchritudo:	...
longus, a, um:	lang	...:	...

Ü12 Substantive der konsonantischen Deklination auf -tas bezeichnen eine Eigenschaft oder einen Zustand.

cupidus, a, um: begierig | *cupiditas, cupiditatis *f:* Gier, Begierde

*verus:	…	veritas:	…
…:	frei	…:	…
nobilis:	…	*nobilitas:	…
…:	…	paupertas:	…
dignus:	…	*…:	…
pius:	…	*pietas:	…

Ü13 Mann oder Frau?

adolescens – femina – filia – filius – frater – mater – mulier – pater – puella – puer – uxor – vir – virgo

Celsus-Bibliothek. Die von österreichischen Archäologen wieder aufgebaute, reich gegliederte Fassade erinnert an die Bühnenwand eines Theaters. Die Bibliothek wurde von C. Iulius Aquila zu Ehren seines Vaters Celsus, der 106/107 n. Chr. Statthalter der Provinz Asia war, gestiftet. Rechts das Tor zum Marktplatz der Stadt. [Ephesos, Türkei]

XVIII ODYSSEUS – IN DER FERNE VERSCHOLLEN

T Der Dichter Publius Ovidius Naso (43 v.–17 n. Chr.) erfand Liebesbriefe, die berühmte Frauen der griechischen Sagenwelt an ihre Männer oder Geliebten schrieben. Die Briefsammlung beginnt mit einem Brief Penelopes an Odysseus.
Auf Ithaka wartet Penelope sehnsüchtig auf die Rückkehr ihres Mannes aus Troja. Viele Männer bewerben sich inzwischen um die Hand der reichen Fürstin. Auch ihr Vater Ikarios bedrängt Penelope, endlich wieder zu heiraten. Doch unbeirrt hält sie an Odysseus fest.
Um Zeit zu gewinnen hat sich Penelope eine List ausgedacht. Sie verspricht wieder zu heiraten, aber erst, wenn sie das Leichentuch für ihren alten Schwiegervater zu Ende gewebt habe. Was sie tagsüber gewebt hat, trennt sie nachts jedoch heimlich wieder auf. Aber ihre List wird von einer Dienerin verraten und Penelope muss das Tuch vollenden.
In dieser Lage lässt Ovid sie schreiben:

hanc epistulam tua Pēnelopē tibi mittit, Ulixe. nōlī mihi rescrībere, sed ipse venī! Trōia iacet certē, Graecīs invīsa puellīs.

ō utinam tum, cum Paris Spartam petēbat, īnsānīs adulter obrūtus esset aquīs! nōn egō dēsertō lectō vidua iacuissem, nec quererer relicta tardōs īre diēs, nec quaererem fallere spatiōsam noctem, nec mihi tēla lassāvisset viduās manūs.

ō utinam stārent etiam nunc moenia Trōiae! scīrem, ubī pūgnārēs, et tantum bella timērem et mea querēla cum multīs iūncta esset.

nunc victor abes, nec scīre mihi licet aut causam aut locum. mē pater Īcarius discēdere viduō lectō cōgit et immēnsās increpat morās. ille tamen pietāte meā precibusque pudīcīs frangitur. egō tua sum uxor, mē tuam uxōrem dīcī oportet: Pēnelopē semper coniūx Ulixis erō.

E1 Übersetzen Sie zunächst den ersten Absatz. Welche Wünsche äußert Penelope in den Zeilen 3 und 6? Überlegen Sie, ob sie erfüllbar sind.

E2 Überprüfen Sie Penelopes weitere Äußerungen in den Zeilen 4 bis 7 an ihrer wirklichen Lage.

E3 Was sagen die Attribute im zweiten Absatz über Penelopes Gefühle aus?

Penelope (ΠΕΝΕΛΟΠΕ) sitzt nachdenklich vor ihrem Webstuhl, auf dem sie das Leichentuch herstellt. Links ihr Sohn Telemachos, der aufbricht um seinen Vater zu suchen. (Nachzeichnung eines Bildes auf einem attischen Trinkgefäß aus Ton, um 450 v. Chr.) [Chiusi (Mittelitalien), Museum]

Der Trojanische Krieg

Aphrodite, die griechische Göttin der Liebe, hatte dem trojanischen Königssohn Paris die schönste Frau der Welt versprochen. Als Paris einige Jahre später mit einer Gesandtschaft in der griechischen Stadt Sparta eintraf, begegnete er Helena. Paris verliebte sich auf der Stelle in sie. Denn sie war wunderschön, und er wusste: Nur sie konnte die versprochene Frau sein. Allerdings war Helena mit dem Spartanerkönig Menelaos verheiratet. Als Menelaos einige Tage später Sparta verließ, nutzte Paris die Gelegenheit, Helena zu entführen.

Vergeblich forderte Menelaos die Herausgabe seiner Frau. Daher wandte er sich an alle griechischen Fürsten und gewann sie für einen Krieg gegen die Trojaner. Sein Bruder Agamemnon, der König von Mykene, führte als Befehlshaber die Flotte mit einem großen Heer nach Troja.

Zehn Jahre tobte der Krieg unter großen Verlusten für beide Seiten. Endlich brachte eine Kriegslist die Entscheidung: Odysseus, der Herrscher von Ithaka, ließ ein riesiges hölzernes Pferd bauen, in dem sich die tapfersten Krieger der Griechen versteckten. Die Griechen ließen nun die Trojaner wissen, dass das Pferd ein Geschenk an die Götter sei. Sie segelten zum Schein ab und versteckten sich in der Nähe.

Goldene Gesichtsmaske aus einem Grab in Mykene (Peleponnes), um 1550 v. Chr. Der Ausgräber Heinrich Schliemann nannte sie „Maske des Agamemnon". [Athen, Nationalmuseum]

Die Trojaner, froh über das scheinbare Ende des Krieges, zogen das Pferd in die Stadt und feierten ausgelassen ihren vermeintlichen Sieg. Doch in der Nacht verließen die Griechen das Pferd und gaben ihrer Flotte das verabredete Signal. Durch die Mauerlücke, die die Trojaner geschlagen hatten, um das riesige Holzpferd in die Stadt zu bringen, drangen die Griechen ein und machten Troja dem Erdboden gleich. Nur wenige Trojaner überlebten und konnten unter Führung des Äneas fliehen (vgl. XII, S. 49).

Die Griechen machten sich auf die lang ersehnte Heimfahrt. Während die meisten Schiffe bald glücklich heimkehrten, irrte Odysseus noch zehn Jahre über das Mittelmeer, wobei er immer neue Abenteuer zu bestehen hatte (vgl. XXI).

Goldener Halsschmuck aus dem „Schatz des Priamos", den H. Schliemann 1873 in Troja ausgrub.

Das Paris-Urteil: Der Königssohn Paris (sitzend, mit Hosen) wird von Merkur (stehend, nackt) aufgefordert, die schönste Göttin zu wählen. Hinter Paris Minerva (Mit Helm, Schild und Speer) und Juno, rechts Venus mit zwei Begleiterinnen und einem Amor. Über Paris, den ein zweiter Amor berät, schaut Eris auf die Szene. (Attisches Wassergefäß aus Ton, 400 v. Chr.) [Karlsruhe, Badisches Landesmuseum]

Ü1 Worin liegt die Irrealität folgender Beispiele? Welche Beispiele beziehen sich auf die Gegenwart des Sprechers, welche auf seine Vergangenheit?

a) Wenn das Wörtchen „wenn“ nicht wär’, wär’ mein Vater Millionär.
b) Es ist so dunkel, als wäre es schon Nacht.
d) Wir hätten dir gern geholfen, waren aber verhindert.

Ü2 Sortieren Sie nur die Konjunktivformen nach Präsens- und Perfektstamm.

sequeremur – dispono – vixissent – relinqueret – relinquet – solverentur – pollicitus essem – solventur – disposuisset – appropinquaremus – mansit – nati sumus – sequemur – fluet – versaremini – pervenirem – discedere – egredimini – secuta esset – discesserant – flueret

Ü3 Welche Konjunktivformen gelten für die Gegenwart, welche für die Vergangenheit des Sprechers?

cuperem – sequeremur – dispositae essemus – intellexisses – interfecti essetis – monstraretur – nuntiavisset – portatum esset – fluxisset – disposuissemus – intellegeres – monstrata essent – nuntiarent – secuti essemus

Ü4 Von den folgenden Formenpaaren ist immer nur eine Form Konjunktiv II des Präsensstammes. Wenn Sie die Anfangsbuchstaben dieser Formen von oben nach unten lesen, erhalten Sie die Namen von drei römischen Göttinnen.

iacerem	erit	morerer	orietur	vincerem	hominem
egisset	ureres	ires	flores	fuissent	essent
negarent	arbores	oratorem	nolles	narraretur	moritur
curret	obsiderem	interfecerat	esset	loquetur	ureretur
		relinquereris	polliceris	scriberes	egisses
		vellem	alteram		
		flēre	audirem		

Ü5 In welcher Situation passt folgende Redensart? (Achtung: Konjunktiv II des Perfektstamms!)

si tacuisses[1], philosophus mansisses.

[1] *tacēre, taceo, tacui: schweigen

Ü6 An einer Stelle ihres Briefes äußert sich Penelope auch, wie der Brief Odysseus überhaupt erreichen sollte:

quisquis[1] ad haec litora[2] vertit[3] peregrinus[4] navem[5],
illi traditur haec charta[6] scripta manu mea.

[1] *quisquis: jeder, der [2] *litus, litoris *n:* Strand [3] *vertere: wenden [4] peregrinus, a, um: fremd
[5] *navis, is *f:* Schiff [6] charta, ae *f:* Papier, Blatt

Ü7 Interessante Karrieren

a) nuper[1] erat medicus[2], nunc est vispillo[3] Diaulus.
quod[4] vispillo facit, fecerat et[5] medicus. (Martial)

[1] nuper: vor kurzem noch [2] *medicus, i *m:* Arzt [3] vispillo, onis *m:* Leichenträger [4] quod: was
[5] et = etiam

Übersetzen Sie in der zweiten Zeile vispillo und medicus 1. als Subjekte, 2. als Prädikativa. Bei welcher Übersetzung kommt die Kritik an Diaulus besser zum Ausdruck?

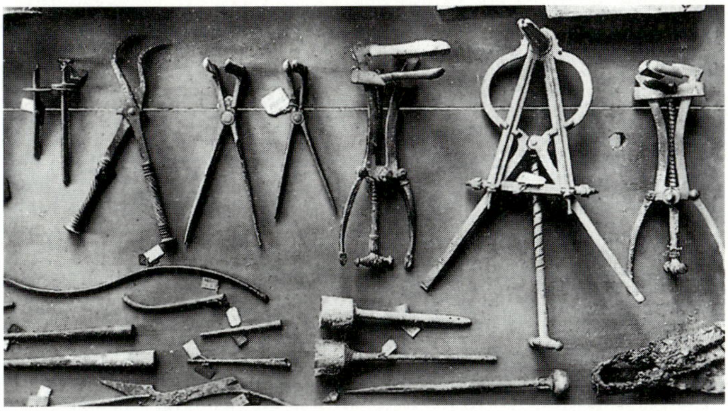

Chirurgische Instrumente aus Pompeji
[Athen, Nationalmuseum]

b) oplomachus[1] nunc es, fueras ophthalmicus[2] ante[3].
fecisti medicus, quod[4] facis oplomachus. (Martial)

[1] oplomachus, i *m:* Gladiator [2] ophthalmicus, i *m:* Augenarzt [3] ante *(Adv.):* vorher

Ü8 Achten Sie in den folgenden beiden Sätzen besonders auf das jeweilige Beziehungswort der prädikativen Adjektive. Welche Bedeutungsunterschiede ergeben sich?

a) hanc epistulam ego primus legi, deinde frater meus legit.

b) hanc epistulam primam legi, deinde epistulam alteram.

Ü9 Was geschah wann und wo?

a) media nocte proelium media in urbe est ortum.

b) in primo agmine Milo vehebatur, in medio servi sequebantur, ibant gladiatores in agmine extremo[1].

c) summo[2] in rogo[3] corpus Clodii positum erat.

[1] *extremus, a, um: der Äußerste [2] *summus, a, um: der Höchste [3] rogus, i *m:* Scheiterhaufen

Ü10 Penelope klagt:

me pater Icarius discedere viduo lecto cogit.

viduo lecto ist der sog. ablativus separativus. Erklären Sie seine Funktion in dieser Aussage.

Vasenbild: Bei der Eroberung Trojas reißt der Grieche Ajax die trojanische Prophetin Kassandra von der Statue der Göttin Athene los, an die sie sich schutzsuchend klammert. Der Tempel ist ohne Wände dargestellt, um den Vorgang im Inneren sichtbar zu machen. [Neapel, Nationalmuseum]

Ü11 Penelope wird von zahlreichen Freiern bedrängt endlich wieder zu heiraten. Sie denkt bei sich:

Ulixem non adesse doleo[1]. qui, si adesset, illos viros facile[2] expelleret.
utinam ne[3] Graeci illud bellum gessissent[4]!
utinam ne Ulixes umquam Troiam profectus esset! at me id frustra[5] cupere scio.
nisi[6] Helena a Paride rapta esset, bellum Troianum[7] commissum non esset. at Paridem uxorem Menelai rapuisse constat[8].

[1] dolēre *hier:* bedauern [2] facile *(Adv.):* leicht [3] ne: nicht *(Verneinung in Wunschsätzen)* [4] *bellum gerere: Krieg führen [5] *frustra *(Adv.):* vergeblich, umsonst [6] *nisi: wenn nicht [7] Troianus, a, um: trojanisch [8] *constat: es steht fest

Ü12 Sortieren Sie die folgenden Substantive in drei Gruppen: Krieg, Körperteile, geographische Begriffe. Geben Sie die Bedeutungen an.

auris, bellum, campus, castra, collis, ferrum, flumen, fons, gladius, impetus, lingua, manus, mons, oculus, regio, os, pes, proelium, pugna, terra, urbs, victor, pax, praeda

Ü13 Schließen Sie vom bekannten Verb auf die Bedeutung des unbekannten Substantivs:

1.	narrare	narratio, narrationis *f* ?	2.	repetere	repetitio ?
3.	eligere	electio ?	4.	proficisci	profectio ?

Ü14 Nennen Sie jeweils den Infinitiv Präsens Aktiv und dessen deutsche Bedeutung.

educavisse, mutari, incitatam esse, spectatos esse, curatum esse, occurrisse, ortum esse, negari, cogitari, delectatas esse, confectum esse, constituisse, portatam esse, sedisse.

Ü15 Nennen Sie zu den folgenden englischen Wörtern das lateinische Ursprungswort und seine deutsche Bedeutung:

language – peace – fruit – medium – mountain – people;
to repel, to repeat, to expel, to except, to accept, to impose, to promise, to permit

Dreitoriger Straßenbogen in der römischen Kolonie Thamugadi. Er markiert den Beginn der Stadterweiterung um 200 n. Chr. [Timgad (Algerien)]

XIX RATSCHLÄGE FÜR VERLIEBTE

T1 Von Ovid (s. XVIII) stammt auch ein Buch mit dem Titel „Liebeskunst" (ars amātōria), in dem er Ratschläge gibt, was man tun muss, um beim anderen Geschlecht Erfolg zu haben.

Der folgende Auszug richtet sich an die jungen Männer.

1 sed tibi nē ferrō placeat torquēre capillōs!
nē tua mordācī pūmice crūra terās!
3 corpora munditiē placeant, fuscentur corpora campō!
sit bene conveniēns et sine lābe toga!
5 linguaque nē rigeat! careant rūbīgine dentēs!
nec vagus in laxā pēs tibi pelle natet!
7 nē male dēfōrmet tōnsūra capillōs!
sit coma, sit scītā barba resecta manū!
9 et nihil ēmineant unguēs! et sint sine sordibus unguēs!

Amor und Psyche („Seele") als Liebespaar: Die beliebte Darstellung der sich küssenden Kinder bezieht sich auf ein antikes Märchen, in dem die Königstochter Psyche nach langen Leiden unsterblich gemacht und mit Amor verheiratet wird. [Rom, Kapitolinisches Museum]

E1 Auf welchen Bereich beziehen sich Ovids Ratschläge?

E2 Alle Prädikate im Text drücken Anweisungen aus. Schreiben Sie sie heraus.

E3 Welche Informationen werden in den Zeilen 6 und 8 durch die Wortstellung besonders betont?

T2 Und jetzt: Tips für junge Frauen

1 sī brevis es, sedeās! nam stāns vidēris sedēre.
(puella,) quae nimium gracilis, plēna vēlāmina sūmat!
3 pēs malus in niveā semper cēlētur alūtā!
(puella,) cuī digitī pinguēs et scabrī unguēs sunt,
5 exiguē sīgnet gestū, quodcumque loquētur!
(puella,) cuī gravis ōris odor, numquam iēiūna loquātur!
7 et semper spatiō distet ab ōre virī!
sī niger aut ingēns aut nōn est ōrdine nātus
9 dēns tibi, rīdēns maxima damna ferēs.
omnibus hīs, quia prōsunt, impendite cūram!
11 discite fēmineō corpora ferre gradū:
est et in incessū pars nōn contempta decōris.
13 sed sit, ut in multīs, modus hīc quoque: rūsticus alter
mōtus, mollior quam licet alter erit.

Junge Frau gießt Parfüm in ein Fläschchen, Fresko aus einer Villa am Tiber. [Rom, Thermenmuseum]

E1 Welche Eigenschaften haben die Frauen, denen Ovid hier Ratschläge gibt? (Z. 1–9)

E2 Welche Empfehlungen gibt er?

Wie sich die Römer kleideten

Kleidung wird bei uns vor allem durch die Mode bestimmt, ist ansonsten Privatsache. In Rom dagegen gab es feste Vorschriften. Dadurch war sogar zu erkennen, welcher sozialen Schicht jemand angehörte.

Die Toga
Die Toga durften nur römische Bürger tragen, so dass sich schon dadurch der Römer von Sklaven und allen Nichtrömern unterschied. Die Römer nannten sich selbst stolz togātī (Togaträger).
Es handelt sich um eine halbrund geschnittene Stoffbahn von ca. 5 × 3 Metern, die nach komplizierten Regeln um den Körper geschlungen wurde. Die Farbe der Toga war weiß. Konsuln und andere hohe Magistrate hatten einen je nach Rang unterschiedlich breiten Purpurstreifen an ihrer Toga (toga praetexta).
Die Toga trug der Römer nur außerhalb des Hauses bei öffentlichen Anlässen. Sie war gewissermaßen das Staatsgewand des freien römischen Bürgers.

Die Tunika
Die Tunika war das Hauptkleidungsstück. Man verwendete sie im Alltag und zur Arbeit. Auch Sklaven trugen die Tunika. Sie war im Grunde nur ein einfaches Hemd, das aus zwei rechteckigen Stücken Stoff bestand, die an den Seiten und an der Schulter zusammengenäht waren. Die Tunika wurde von Männern und Frauen getragen. Die Tunika der Männer ging bis über die Knie, die der Frauen bis zu den Knöcheln.

Die Stola
Die Römerin konnte über der Tunika eine Stola tragen, ein langes Kleid aus Leinen oder Wolle mit einem Gürtel in der Taille. Die vornehme Römerin gab sich nicht mit einer einfachen Stola zufrieden, sondern wollte ihren Wohlstand zeigen, indem sie kostbare Stoffe und Farben zur Schau trug.

Weitere Kleidungsstücke
Als Obergewand – vor allem bei schlechtem und kaltem Wetter – gab es verschiedene Formen von Mänteln und Umhängen. Hosen

Bronzestatue des Aulus Metellus in der Pose eines Redners. Metellus trägt über der kurzärmeligen Tunika die Toga, die stets den linken Arm bedeckt, den rechten aber zum Gebrauch freilässt. Die Füße stecken in hoch geschnürten calcei.
[Florenz (Italien), Archäologisches Museum]

Nachbildung und Original einer Sandale, die in einem Brunnen des röm. Limes-Kastells Saalburg gefunden wurde. Diese Form gehörte zu den einfachsten und verbreitetsten Schuharten. [Bad Homburg (Hessen), Saalburgmuseum]

gab es im privaten Bereich praktisch nicht. Auch Unterwäsche war – bis auf eine Art Büstenhalter für Frauen – unbekannt.

Schuhe

Im Haus trug man Sandalen (sandalia, soleae), die mit einem durch die Zehen geführten oder um den Knöchel gewickelten Lederriemen gehalten wurden. In der Öffentlichkeit waren Sandalen verpönt. Dort zog man feste Schuhe (calceī) an. War man eingeladen, nahm man Sandalen mit.

Pompejanischer Spiegel aus poliertem Silber. Die Rückseite ist mit einem Frauenkopf verziert. [Neapel, Nationalmuseum]

Junge Frau mit der Modefrisur um 70 n. Chr. Das Haar wird zu einem „Lockenwall" aufgetürmt, hinten enden die langen Zöpfe in einem Nest. Dadurch entsteht ein Kontrast zwischen dem Kopf und dem zarten Hals.
[Rom, Kapitolinisches Museum]

Ü1 Ordnen Sie die Formen nach Konjunktiv I und Konjunktiv II.

teneret – statuam – doctae essetis – lavissent – levemus – portentur – deberet – constituta essent – teneas – constituissent – constituantur – tenuisses – laventur – levavissem – levetur – levaretur – debuisset

Ü2 Geben Sie das Moduszeichen in den Prädikaten an und übersetzen Sie.

1. corpus in campo exerceas!
2. stola[1] lavetur!
3. dentes purgentur[2]!
4. capilli inculti[3] ne caput[4] deforment!
5. barba[5] secetur[6]!
6. capilli e naso extrahantur!
7. odor oris ne nasum laedat[7]!
8. si dentes mali aut nigri tibi sunt, ne rideas!

[1] stola, ae *f:* Kleid [2] purgare: reinigen [3] incultus, a, um: ungepflegt [4] *caput, capitis *n:* Kopf [5] barba, ae *f:* Bart [6] secare: schneiden [7] *laedere: verletzen

Ü3 Auf römischen Grabsteinen finden sich oft Inschriften, in denen der Verstorbene gleichsam mit Besuchern oder Vorübergehenden ein Gespräch beginnt. So wünscht der Verstorbene z.B. dem anderen für ein kurzes Gedenken etwas Angenehmes. Um das Grab vor Beschädigungen oder Verschmutzungen zu schützen, werden Missetätern Strafen angedroht.

1
TU, QUI PERLEGES[1]:
VIVAS; VALEAS[2]; AMES; AMERIS
USQUE AD[3] DIEM TUUM.

2
QUI HIC MIXERIT[4],
HABEAT DEOS SUPEROS[5] ET INFEROS[6]
IRATOS[7].

3
Auf dem Grabstein des Ammonius steht:

SIS FELIX[8], QUI DICES:
„AMMONI; AVE![9] SIT TIBI TERRA LEVIS."

[1] perlegere: durchlesen [2] *valēre: gesund sein [3] usque ad: bis zu [4] mingere: pinkeln; mixerit: *Futur II* [5/6] dei superi et inferi: Götter der Ober- und Unterwelt [7] iratus, a, um: zornig [8] *felix: glücklich [9] ave!: sei gegrüßt!

Ü4 Der alte Spurinna gibt einem Freund Ratschläge, wie man sich im Alter fit halten soll. Ergänzen und übersetzen Sie:

multa leg__s (legere). saepe ambul__s (ambulare). et corpus et animus exerce__tur (exercere). cena modesta[1] __ (esse).

[1] modestus, a, um: bescheiden

Ü5 Das folgende Gedicht Martials könnte man ironisch überschreiben mit: „Ein vorzüglicher Doktor". Geben Sie eine Erklärung dieser Überschrift.

lautus[1] nobiscum est, hilaris[2] cenavit[3], et idem
inventus mane[4] est mortuus Andragoras[5].
tam subitae[6] mortis causam, Faustine, requiris[7]?
in somno[8] medicum viderat Hermocratem[9].

[1] lavari, lavor, lautus sum: baden [2] hilaris, e: heiter, fröhlich [3] *cenare: speisen [4] mane: früh morgens [5] Andragoras: *Name eines gemeinsamen Bekannten von Martial und Faustinus* [6] subitus, a, um: plötzlich [7] *requirere: fragen, nachforschen [8] *somnus, i *m:* Schlaf [9] Hermocrates: *der Name des Arztes*

Ü6 Ein Hoch auf die Liebe:

QUISQUIS AMAT, VALEAT[1]! PEREAT[2], QUI NESCIT[3] AMARE!
BIS TANTO[4] PEREAT, QUISQUIS AMARE VETAT[5]! (Pompejanische Wandinschrift)

[1] *valēre: gesund bleiben [2] *perire: zu Grunde gehen [3] *nescire: nicht verstehen [4] bis tanto: doppelt [5] *vetare: verbieten

Ü7 Ein wichtiger Grundsatz des römischen Rechts gilt bis heute:

audiatur et altera pars[1]!

[1] *pars, partis *f:* Teil

Ü8 Der Schriftsteller Marcus Porcius Cato (234–149 v. Chr.) gibt in einem Buch über die Landwirtschaft Gutsbesitzern Ratschläge. Wenn der Herr auf sein Landgut kommt um nach dem Rechten zu sehen, soll er folgendes tun:

Kleine Glasfläschchen (sog. Balsamarien), die zur Aufbewahrung von Salben oder Parfüms dienten. [Aquileia (Norditalien), Nationalmuseum]

dominus, ubi ad villam venit, ubi Larem salutavit, villam eodem die, si potest, circumeat[1], si non eodem, postridie[2]. postridie eius diei vilicum[3] vocet eumque roget de operibus[4] factis.

Nach Cato hat der Verwalter folgende Pflichten:

vilicus disciplinā[5] bonā utatur[6]. feriae[7] serventur. servi ne algeant[8], ne esuriant[9]. servos opere bene exerceat. vilicus ne sit ambulator[10]. sobrius[11] sit semper.

[1] circumire: herumgehen [2] postridie: am nächsten Tag [3] vilicus, i *m:* Verwalter [4] *opus, operis *n:* Werk, Arbeit [5] *disciplina, ae *f:* Ordnung, Disziplin [6] *uti *(Dep. + Abl.):* gebrauchen, *hier:* einhalten [7] feriae, arum *f:* Feiertage [8] algēre: frieren [9] esurire: hungern [10] ambulator, oris *m:* Herumtreiber [11] sobrius, a, um: nüchtern

Ü9 Nur eine Antwort stimmt jeweils. Die Lösungsbuchstaben ergeben, hintereinander gelesen, den lateinischen Titel von Ovids Werk über die Liebeskunst.

a) equus	E du reitest	A Pferd	I Reiter
b) purus	R rein	S klein	T voll
c) notus	S bekannt	V nötig	G geboren
d) vulnus	U Volk	E Fuchs	A Wunde
e) sequi	M begleiten	P begegnen	C beginnen
f) oriri	E hingehen	A entstehen	O geschmückt werden
g) proximus	B der Beste	D der größte	T der nächste
h) honestus	Z zweifelhaft	O angesehen	I übrig
i) occurrere	R begegnen	M weglaufen	N hinlaufen
j) temptare	E fürchten	I versuchen	A erschrecken
k) rursus	F deshalb	A wieder	H sofort

Ü10 Suchen Sie das entsprechende „vierte Wort“:

a)	capere	:	excipere	=	?	:	eripere
b)	antiquus	:	novus	=	?	:	primus
c)	dexter	:	sinister	=	superior	:	?
d)	magnus	:	parvus	=	?	:	pauper

Ü11 Leiten Sie die Bedeutung der Substantive von den Verben ab:

dolēre	–	dolor
timēre	–	timor
amare	–	amor
clamare	–	clamor
favēre	–	favor
terrēre	–	terror

Ü12 Vom P. P. P.-Stamm lassen sich Substantive auf -or bilden.

vincere	→	victor
siegen		Sieger
spectare	→	spectator
betrachten		Zuschauer

Was ist ein
- raptor (rapere)
- cursor (currere)
- emptor (emere)
- venditor (vendere)?

Ü13 Die folgenden Fremdwörter gehen auf lateinische Verben zurück. Nennen Sie das Verb und leiten Sie davon die Bedeutung der Fremdwörter ab:

Motor, Kollektor, Kurator, Repetitor, Traktor, Lektor, Doktor, Amateur, Akteur, Deserteur.

Mosaik aus der Villa des Dominus Iulius mit Szenen des Landlebens (4. Jh. n. Chr.). Oberste Reihe: Zu einem (Verkaufs-?) Tisch werden Tiere und Oliven gebracht; li.: Olivenernte, re.: Kettenhund und Hirte bewachen eine Ziegenherde. Mittlere Reihe: Besucher oder Händler nähern sich dem prächtigen Landsitz, über dessen zweigeschossige Fassade die Kuppeln der Baderäume herausragen; Jäger brechen zur Jagd auf. Unten: Seitwärts bringen Sklaven die Erträge herbei; die Gutsherrin hat sich erhoben um sich zu schmücken, der Gutsherr Iulius empfängt ein Dokument. [Tunis (Tunesien), Bardo-Museum]

XX MEMENTO MORI!

In Lektion V lasen wir, dass der griechische Student Enkolpios mit seinen Freunden bei dem reichen Freigelassenen Trimalchio zum Essen eingeladen war. Das Fest dauert Stunden und wird immer ausgelassener. Trimalchio lässt jetzt auch Sklaven teilnehmen und wendet sich, schon angetrunken, an seine erstaunten Gäste.

„amīcī, et servī hominēs sunt, etiamsī illōs malum fātum oppresserit. omnēs illōs in testāmentō meō manū mittō. Fortūnātam meam hērēdem faciō. et haec omnia ideō pūblicō, ut familia mea iam nunc mē amet tamquam mortuum." tum ille exemplar testāmentī iussit afferrī et tōtum ā prīmō ad ultimum ingemēscente familiā recitāvit. aspiciēns deinde Habinnam „quid dīcis", inquit, „amīce cārissime? aedificāsne monumentum meum, quemadmodum tē iussī? valdē tē rogō, ut secundum pedēs statuae meae catellam pingās et corōnās et unguenta, ut mihi contingat tuō beneficiō post mortem vīvere. cēterum erit mihi cūrae, ut testāmentō caveam, nē mortuus iniūriam accipiam. praepōnam enim ūnum ex lībertīs sepulcrō meō custōdiae causā, nē in monumentum meum populus cacātum currat. ad dexteram meam pōnās statuam Fortūnātae meae columbam tenentem; et catellam cingulō alligātam dūcat. hōrologium in mediō, ut, quisquis hōrās īnspiciet, velit nōlit, nōmen meum legat. vidē dīligenter, sī haec īnscrīptiō satis idōnea est:

17 m hohes Grabmal eines höheren Beamten der Stadt Aquileia. Die Löwen „bewachen" das Monument. Im Rundtempelchen steht eine Statue des Verstorbenen. [Aquileia (Norditalien)]

C. Pompēius Trimalchiō Maecēnātiānus
hīc requiēscit.
pius, fortis, fidēlis,
ex parvō crēvit;
sēstertium relīquit trecentiēs,
nec umquam philosophum audīvit.
valē et tū."

haec ubī dīxit Trimalchiō, flēre coepit ūbertim. flēbat et Fortūnāta, flēbat et Habinnās, tōta dēnique familia, tamquam in fūnus rogāta, lāmentātiōne triclīnium complēvit. iam coeperam etiam egō plōrāre, cum Trimalchiō „nōs omnēs" inquit „morī dēbēre scīmus. ergō vīvāmus, dum nōbīs hodiē licet. sīc vōs fēlīcēs esse videam: coniciāmus nōs in balneum!"

E1 Welche Wörter haben mit dem Nachleben zu tun? Untersuchen Sie die Zeilen 1–12.

E2 Wie stellt Trimalchio sich auf der Inschrift selbst dar?

E3 Erläutern Sie, in welchem logischen Zusammenhang die mit ut eingeleiteten Gliedsätze jeweils zum Hauptsatz stehen (Zeilen 2–22).

Die römische Familie

Der lateinische Begriff familia lässt sich nicht ohne weiteres mit „Familie" übersetzen. Die Römer verstanden nämlich unter familia nicht nur den Kreis der engeren Verwandten, sondern alle Personen, die – oft in einem gemeinsamen Haushalt lebend – dem Familienvater, dem pater familiās[1], unterstanden: Das waren die Ehefrau, die Kinder, deren Frauen und Kinder und vor allem die Sklaven.

Der pater familiās hatte unter anderem das Recht, alle Mitglieder der familia zu bestrafen. Er bestimmte allein über alle Vorgänge und Geschäfte. Auch erwachsene Söhne wurden erst selbständig, wenn sie vom Vater „freigelassen" wurden oder wenn dieser starb.
Die familia bildete zugleich eine religiöse Kultgemeinschaft, die die Laren des Hauses und den genius, den Schutzgeist des pater familiās, verehrte (vgl. S. 21, 23).

1 familias: altlateinischer Genetiv

Weiterleben nach dem Tod

Ursprünglich glaubten die Römer, dass die Toten in ihren Gräbern hausten oder, falls Fehler bei der Bestattung gemacht wurden, in der Oberwelt als Gespenster umgingen. Später übernahmen die Römer griechische Vorstellungen von einem Totenreich, dem Hades (orcus). Dort lebten die Toten als Schatten weiter oder mussten sich einem Gericht stellen. Manche glaubten auch, dass am Rande der Welt eine Art Paradies, das Elysium, oder die „Inseln der Seligen" lägen, die für Helden und besondere Götterlieblinge reserviert seien. All diese Vorstellungen vom Weiterleben nach dem Tod blieben für die Menschen wenig fassbar. Darum versuchten viele im Gedächtnis der Nachwelt weiterzuleben. Manche bauten zu diesem Zweck prächtige Grabanlagen, manche stifteten größere Geldbeträge für öffentliche Bauten oder wohltätige Zwecke.

Statue eines Patriziers mit den Büsten zweier Ahnen. Der verloren gegangene Kopf der Togastatue wurde durch ein anderes antikes Porträt ersetzt, so dass sich die Familienähnlichkeit auf die beiden Büsten beschränkt. [Rom, Konservatorenpalast]

Für Patrizier gab es eine besondere Möglichkeit, die Erinnerung an sich wachzuhalten: Sie hatten das Recht im Atrium Porträtbüsten ihrer Vorfahren aufzustellen (iūs imāginum). Diese Büsten wurden im Leichenzug mitgeführt. Dadurch wurden die anderen Römer an die bedeutenden Leistungen dieses Geschlechts für die Gemeinschaft erinnert. Die Angehörigen fühlten sich verpflichtet ihren Ahnen nachzueifern und so der nächsten Generation als Vorbild zu dienen.

Die Begräbnisstätten von fünf Familien, jeweils abgegrenzt und mit Grabsteinen, Altären und Sarkophagen ausgestattet, wie sie ab 120 n. Chr. zunehmend in Gebrauch kamen. [Aquileia (Norditalien)]

Ü1 Legen Sie im Heft folgendes Schema an und tragen Sie die Formen in die richtige Spalte ein.

Indikativ Präsens	Konjunktiv	Futur I

sunt – lavet – visitant – statuent – clamabis – doleat – complent – errent – sint – erit – errat – mutabunt – statuunt – tradant – cupient – statuant – disponam (2) – eripies – morior – curabo – dono – fleam – excipitis

Ü2 Trimalchio macht sich Gedanken über sein Grabmal. Welche Wünsche und Aufforderungen äußert er?

1. utinam Habinnas monumentum grande aedificet. 2. servi fabros[1] adducant. 3. fabri monumentum ornamentis[2] pulchris afficiant[3]. 4. ne homines scelesti[4] id aliquando laedant. 5. scelesti homines a deis perdantur[5].

[1] faber, fabri *m:* Handwerker [2] *ornamentum, i *n:* Schmuck [3] *afficere: ausstatten [4] scelestus, a, um: verbrecherisch [5] *perdere: verderben, vernichten

Mosaik mit Weinlese. Ein Ochsenwagen bringt die Trauben herbei, die in einer Kelter durch Stampfen gepresst werden. Der Saft läuft aus drei Öffnungen in Tongefäße. [Rom, Santa Costanza]

Ü3 Übersetzen Sie:

dominus vilico[1] scribit, ut ille magna cum diligentia[2] villae provideat[3]: opto[4], ut tu primus surgas et ultimus cubitum eas[5]. prius autem videas, ut villa clausa sit[6] et suo quisque[6a] loco dormiat et iumenta[7] pabulum[8] habeant. caveant servi, ne terram cariosam[9] arent[10]. studeas[11], ut sterculinium[12] magnum habeas.

[1] vilicus, i *m:* Verwalter [2] *diligentia, ae *f:* Sorgfalt [3] *providēre *(+ Dat.):* (für etwas) sorgen [4] *optare: wünschen [5] cubitum ire: schlafen gehen [6] *claudere, claudo, clausi, clausum: schließen [6a] *quisque: ein jeder [7] iumentum, i *n:* Zugtier [8] pabulum, i *n:* Futter [9] cariosus, a, um: staubtrocken [10] arare: pflügen [11] *studēre: sich bemühen [12] sterculinium, i *n:* Misthaufen

Ü4 Geben Sie den doppelten Dativ in angemessenem Deutsch wieder.

1. cena grandis hospitibus gaudio est. sermones quoque eis voluptati sunt.
2. homines aegroti[1] medicis curae esse debent. medici hominibus aegrotis usui[2] sint.

[1] aegrotus, a, um: krank [2] *usus, usūs *m:* Nutzen

Ü5 Suchen Sie aus den folgenden Wörtern die sechs heraus, die etwas mit Religion zu tun haben:

dies – deus – dives – divinus – dens – ars – regio – pius – sacerdos – diu – templum – lares

Rom: Das Pantheon, besterhaltener römischer Tempel, allen Göttern geweiht. Ein rechteckiger Vorbau leitet in einen kreisrunden Saal, der genauso hoch wie breit ist. Er symbolisiert das Weltall. Im Jahre 27 v. Chr. von M. Agrippa, dem Freund und Schwiegersohn des Augustus erbaut, von Kaiser Hadrian nach einem Brand in der jetzigen Form neu errichtet. Die Inschrift lautet: M. AGRIPPA L(UCII)F(ILIUS. CO(N)S(UL) TERTIUM. FECIT

Ü6 Sortieren Sie die folgenden Begriffe in drei Gruppen, und zwar in Vokabeln,

a) die Bauwerke oder deren Teile bezeichnen,
b) die etwas mit dem politischen Leben in Rom zu tun haben,
c) die etwas mit Feuer zu tun haben.

Schreiben Sie die Bedeutungen der Wörter dazu.

publicus – tectum – consulatum petere – cremare – fenestra – consul – monumentum – pax – villa – incendium – curia – plebs – dictator – porta – incendere – rostra – arcus – urere – domus – senatus – constituere – populus – civitas – templum – imperium – porticus – ianua

Ü7 Welche Wörter sind miteinander verwandt? Was bedeuten sie?

nominare – fletus – invidia – fluere – mori – pugnare – aedificium – ludere – mors – vulnus – vivere – uti – pugna – posse – invidere – cenare – ludus – potestas – aedificare – flumen – flere – vita – salus – nomen – vulnerare – cena – usus – salūtare

Ü8 Wie heißt der Infinitiv Präsens und was bedeutet er?

revertor – sustuli– aucta sunt – ostendit – favimus – pulsum erat – rapuerunt – patent – doctae sunt – curavimus – erraverant – remisi

Ü9 Welche Bedeutung ist richtig? Die Buchstaben der richtigen Lösungen nennen einen römischen Gott.

a) vel	V wollen	P oder	S Wille
b) ac	E zu	I aber	L und
c) tam	U so	E zu	P trotzdem
d) satis	S den Satten	A anstatt	T genug
e) aut	E auch	O oder	R aber

Ehrenbogen für Kaiser Augustus. Er wurde anlässlich der Unterwerfung der Alpenvölker um das Jahr 13 v. Chr. von der gallischen Stadt Arausio (Orange) errichtet und demonstriert mit Kampfszenen, Waffen und Beutestücken die römische Überlegenheit.
[Orange, Südfrankreich]

XXI ABENTEUER – NICHT OHNE REIZ

T1 Der zehnjährige Trojanische Krieg ist zu Ende. Während die anderen Griechen schon längst in der Heimat angekommen sind, irrt Odysseus (lat.: Ulixēs) mit seinen Gefährten noch immer über das Mittelmeer. Immer wieder wird er an unbekannte Gestade verschlagen.

Ulixēs in īnsulam Aenāriam ad Circam, Sōlis fīliam, vēnit, quae pōtiōne venēnātā datā hominēs in ferās bēstiās commūtābat. ad quam Eurylochum cum vīgintī duōbus sociīs mīsit, quōs illa ab hūmānā speciē in suēs immūtāvit. Eurylochus, quī nōn intrāverat, timēns inde fūgit et Ulixī nūntiāvit, quī sōlus ad eam sē contulit. sed in itīnere Mercūrius eī remedium dedit mōnstrāvitque, quōmodō Circam dēcipere posset.

Ulixēs, postquam ad Circam vēnit, pōculō vīnī acceptō remedium Mercūriī in pōtiōnem coniēcit; tum gladiō statim strictō sē Circam interfectūrum esse minātus est, nisī ea sociōs sibi restitueret. tunc Circa intellēxit nōn sine voluntāte deōrum id esse factum. itaque sociōs eius ad prīstinam fōrmam restituit.

ipsa cum Ulixe concubuit, ex quō fīliōs duōs prōcreāvit.

E1 Welche Personen werden im 1. Absatz genannt? (Berücksichtigen Sie auch die Relativ- und Demonstrativpronomina.)
Was wird von ihnen berichtet?

E2 Wie verläuft die Begegnung zwischen Odysseus und Circe (2. Absatz)?
Beachten Sie auch die Konnektoren.

E3
a) Welche Handlungen werden durch die Partizipien Perfekt Passiv ausgedrückt?
b) Nennen Sie die Bezugswörter dieser Partizipien.
c) In welchem zeitlichen und logischen Verhältnis stehen die Vorgänge dieser Wortgruppen zu den Prädikaten der Sätze?

Bronzestatuette des Merkur (Hermes) aus dem Schatzfund von Weißenburg. [Weißenburg (Bayern), Römer-Museum]

T2 Odysseus bricht nach einem Jahr wieder auf und muss auf seiner Irrfahrt weitere Abenteuer bestehen.

naufrāgiō factō sociīs āmissīs ēnatāvit in īnsulam, ubi Calypsō, Atlantis fīlia, habitābat; nympha speciē Ulixis capta annō tōtō eum retinuit neque ā sē dīmittere voluit, dōnec Mercūrius Iovis iussū dēnūntiāvit nymphae, ut eum dīmitteret. rate dīligenter factā Calypsō eum omnibus rēbus ōrnātum dīmīsit.

at eam ratem Neptūnus flūctibus disiēcit, quod Ulixēs Polyphēmum Cyclōpem, fīlium eius, ūnicō oculō prīvāverat. natāns in īnsulam Phaeācum vēnit nūdusque arborum foliīs sē obruit eō locō, quō Nausicaa, Alcinoī rēgis fīlia, vestem, ut lavārētur, ad flūmen tūlit. ille ērēpsit ē foliīs et ab eā petīvit, ut sibi opem ferret. illa misericordiā mōta palliō eum operuit et ad patrem suum addūxit, quī eum līberāliter accēpit. omnibus ēventibus narrātīs et Ulixe dōnīs decorātō Alcinous eum in patriam Ithacam dīmīsit. dēnique Ulixēs post vīcēsimum annum sociīs omnibus āmissīs sōlus in patriam rediit.

Homer. Der Dichter soll blind gewesen sein. Seine leidenden Züge spiegeln die Leiden seiner Helden.
[Neapel, Nationalmuseum]

E1 Wie verläuft der Aufenthalt bei Kalypso?

E2 Welche Hilfen bekommt Odysseus von Nausicaa, welche von Alkinous?

E3 Welche Rolle spielen die Götter?

E4 Wen bezeichnen die Reflexivpronomina sē (Z. 3), sē (Z. 11) und sibi (Z. 14)?

Der listenreiche Odysseus

Odysseus hatte auf seinen Irrfahrten im Mittelmeer viele Gefahren und Abenteuer zu bestehen. Nicht alle hatten solche durchaus reizvollen Seiten wie die Aufenthalte bei Kirke und Kalypso. Der einäugige Riese Polyphem aus dem Geschlecht der Zyklopen wollte ihn und seine Gefährten auffressen. Die Sirenen versuchten ihn mit ihrem betörenden Gesang ins Verderben zu locken. Zwischen dem menschenfressenden Ungeheuer Skylla und der Schiffe verschlingenden Charybdis, einem riesigen Strudel, musste er sein Schiff hindurchsteuern.

Diese Geschichten hat uns der griechische Dichter Homer (8. Jahrhundert v. Chr.) überliefert, über dessen Leben wir aber kaum etwas wissen. Wir kennen nur seine beiden großen Werke, die Epen „Ilias“ und „Odys-

see", die man als Beginn der europäischen Literatur bezeichnen kann. In der „Ilias" beschreibt Homer den Kampf um Troja (griech.: Ilion), in der „Odyssee" die zahlreichen Abenteuer des Odysseus auf seiner Irrfahrt und die glückliche Rückkehr nach Ithaka.
Uralte Seefahrermärchen und Erzählungen von kühnen Helden, gefährlichen Abenteuern und Ungeheuern bilden den Kern dieses Epos. Odysseus ist der intelligente, listenreiche Held, dem es immer wieder gelingt auch die gefährlichsten Situationen zu meistern.
Die Griechen liebten die Erzählungen über Odysseus, weil sie in ihm ihre besten Eigenschaften verkörpert sahen. Seine Abenteuer wurden auf vielen Vasen und Gemälden dargestellt. Auch moderne Autoren wählen Odysseus noch oft zum Helden von Bühnenstücken oder Erzählungen. Er gilt als Sinnbild des unruhigen, nach neuen Wegen suchenden Menschen.

Odysseus lässt sich an den Mast binden, nachdem er die Ohren seiner Gefährten mit Wachs verstopft hat. So kann nur er den Zaubergesang der Sirenen hören, mit dem sie Schiffe auf die Klippen locken. Odysseus' Schiff entkommt der Gefahr und die Sirenen stürzen sich aus Verzweiflung ins Meer. (Attischer Weinkrug aus Ton, um 480 v. Chr.) [London, British Museum]

Ü1 Nennen Sie die Partizipien Perfekt Passiv. Geben Sie dazu jeweils den Infinitiv Präsens Aktiv und seine Bedeutung an.

gesti – quasi – positae – lacrimae – intellegentes – incensos – sublatus – raptam – dignitas – egressum – somnum – quaesitas – tradito – legato – coactas

Ü2 Rom in Flammen

Nerone[1] imperatore[2] ignis ingens Romae[3] ortus est in ea parte urbis, ubi plurimae[4] tabernae sitae[5] erant. homines domibus relictis ex ea regione fugere coeperunt. sed multi flammis[6] circumventi[7] perierunt.
Roma in regiones quattuordecim[8] divisa[9] erat. flammis sexto[10] die exstinctis[11] quattuor tantum regiones integrae[12] erant.

[1] Nero, Neronis: *römischer Kaiser (54–68 n. Chr.)* [2] *imperator, toris *m* (als Titel):* Kaiser [3] Romae: in Rom [4] *plurimi, ae, a: die meisten, sehr viele [5] *situs, a, um: gelegen [6] *flamma, ae *f:* Flamme [7] *circumvenire: umzingeln [8] quattuordecim: 14 [9] *dividere, divido, divisi, divisum: teilen, einteilen [10] sextus, a, um: der Sechste [11] *exstinguere, exstinguo, exstinxi, exstinctum: auslöschen [12] *integer, integra, integrum: unversehrt

Ü3 Die Rückkehr

Ulixes, postquam iterum naufragium[1] fecit, Ithacam nudus pervenit: fame[2] sitique confectus casam[3] Eumaei pastoris intravit. specie eius a Minerva[4] mutata Eumaeus eum non recognoscebat. Ulixes ab Eumaeo de patria sua quaesitus se naufragio huc[6] pervenisse respondit; Eumaeum interrogavit, quae res accidissent[7]. omnibus rebus narratis Minerva speciem Ulixi restituit. quo subito recognito Eumaeus illum amplexus est et flere coepit.

[1] naufragium, i *n:* Schiffbruch [2] fames, famis *f:* Hunger [3] casa, ae *f:* Hütte [4] Minerva: *eine Göttin, Griech.: Athene* [5] recognoscere, -nosco, -novi, -nitum: wiedererkennen [6] *huc *(Adv.):* hierher [7] *accidere, accido, accidi: sich ereignen [8] amplecti, amplector, amplexus sum *(Dep.):* umarmen

Ü4 Odysseus und der Zyklop Polyphem

Auf seiner Irrfahrt landete Odysseus auch auf der Insel der Zyklopen. Odysseus betrat die Höhle des Zyklopen Polyphem, als dieser sein Vieh weidete.

Odysseus, von zwei Dienerinnen beobachtet, tötet mit seinem Bogen, den nur er allein spannen kann, die Freier im Festsaal seines Palastes. (Attischer Trinknapf aus Ton, um 440 v. Chr.) [Berlin, Antikenmuseum]

Polyphemus oraculo monitus[1] erat, ut caveret, ne ab Ulixe caecaretur[2]. pecore[3] vesperi[4] in speluncam[5] ducto Polyphemus aditum saxo ingenti claudebat. qua re Ulixes cum sociis in spelunca inclusus[6] est. tunc Polyphemus nonnullos socios Ulixis devorare[7] coepit. Ulixes de nomine interrogatus dolo[8] utens respondit: „mihi nomen est Nemo." Polyphemo vino dulci inebriato[9] Ulixes oculum dormientis Cyclopis trunco[10] traiecit. ceteris[11] Cyclopibus convocatis Polyphemus in spelunca clamavit: „Nemo me caecavit! capite Neminem!" illi eum delirare[12] cogitabant et ridentes in speluncas suas redierunt.

[1] *monēre, moneo, monui, monitum: mahnen, warnen [2] caecare: blind machen, blenden [3] *pecus, pecoris *n:* Vieh [4] vesperi: am Abend [5] spelunca, ae *f:* Höhle [6] *includere: einschließen [7] devorare: verschlingen, fressen [8] dolus, i *m:* List [9] inebriare: betrunken machen [10] truncus, i *m:* Baumstamm [11] *ceteri, ae, a: die Übrigen [12] delirare: spinnen

Ü5 Schaffen Sie Ordnung:

quisquis	wer
quidam	ein gewisser
quod	was
quid	jeder, der
qui	weil
quod	welcher
quis	was

Odysseus bietet Polyphem, der gerade einen Widder roh verschlingt, Wein an (Fußbodenmosaik eines Schlafzimmers, um 310 n. Chr.) [Piazza Armerina (Sizilien), Kaiservilla]

Ü6 Verben und Substantive

a) Was bringen die Verben zum Ausdruck?

pugna	–	pugnare	laus	–	laudare
cura	–	curare	vox	–	vocare
cena	–	cenare	labor	–	*laborare

b) Wie lauten die entsprechenden Verben zu:

bellum – vulnus – donum – forma?

Ü7 Die Vorsilbe in-

a) Die lateinische Vorsilbe in- entspricht bei Adjektiven häufig dem deutschen „un-“. Achten Sie auf die Lautveränderungen.

iustus	**in**iustus
gerecht	**un**gerecht
notus	**ig**notus
bekannt	**un**bekannt

b) Geben Sie die Bedeutungen an:

humanus	**in**humanus	certus	**in**certus
pius	**im**pius	nobilis	**ig**nobilis
felix	**in**felix	perfectus	**im**perfectus

Ü8 Erläutern Sie den Ursprung folgender Wörter:

Partei, Patriot, Dentist, Deodorant, Veto, Pediküre, Maniküre, Null, laborieren, florieren, lädieren, Pietät, Konjunktion, Favorit, Lizenz, Pazifist.

Das Amphitheater der nordafrikanischen Stadt Thysdrus war das zweitgrößte des römischen Imperiums. Wegen einer Wirtschaftskrise wurde es nie vollendet.
[El Djem, Tunesien]

XXII CICERO ALS MENSCH UND POLITIKER

T1 Ein Brief Ciceros an seine Familie

Marcus Tullius Cicero, ein bedeutender römischer Schriftsteller, Anwalt und Politiker, lebte von 106 bis 43 v. Chr. Während seines Konsulats 63 v. Chr. gelang es ihm, einen Staatsstreich des Sergius Catilina zu unterdrücken. Da er die Rädelsführer ohne Gerichtsverfahren – aber mit Billigung des Senats – hinrichten ließ, wurde er schon bald von Sympathisanten Catilinas beschuldigt die Bürgerrechte verletzt zu haben.
Im März 58 zwang ihn der Volkstribun P. Clodius Pulcher (s. XVII) sich ins Exil zu begeben. Nicht nur der Verlust des Vermögens und die Trennung von seiner Familie und dem geliebten Rom schmerzten Cicero, sondern auch die Tatsache, dass ihn die Mehrheit des Senats nicht in Schutz genommen hatte.
In dieser Situation schreibt Cicero unter anderem:

Marmorbüste des M. Tullius Cicero. [Rom, Kapitolinisches Museum]

Tullius s. d. Terentiae et Tulliae et Cicerōnī suīs.

egō minus saepe dō ad vōs litterās quam possum, proptereā quod omnia mihi tempora sunt misera et, cum aut scrībō ad vōs aut vestrās litterās legō, cōnficior lacrimīs. sī haec mala fīxa sunt, egō vērō tē quam prīmum, mea vita, cupiō vidēre et in tuō complexū ēmorī, quoniam neque deī, quōs tu castissimē coluistī, neque hominēs, quibus egō semper servīvī, nōbīs grātiam rettulērunt.

sed quid Tulliolā meā fiet? iam id vōs vidēte, mihi dēest cōnsilium. quid? Cicerō meus, quid aget? nōn possum plūra iam scrībere, impedit maeror.

quod reliquum est: sustentā tē, mea Terentia. vīximus, flōruimus. nōn vitium nostrum, sed virtūs nostra nōs adflīxit. peccātum est nihil, nisī quod animam nōn ūnā cum ornamentīs āmīsimus. sed sī hoc fuit līberīs nostrīs grātius nōs vīvere, cētera ferēmus. cūrā, ut valeās, et exīstimā mē vehementius tuā miseriā quam meā commovērī!

mea Terentia, fīdissima atque optima uxor, et mea cārissima fīlia et spēs reliqua nostra, Cicerō, valēte!

Prīdīe Kalendās Māiās.

E1 Welche Wörter und Formulierungen kennzeichnen die Stimmung Ciceros?

E2 Wie ist das Verhältnis Ciceros zu seiner Frau und seinen Kindern?

T2 Viele römische Statthalter nutzten ihre Amtszeit in den Provinzen um sich schamlos zu bereichern. Mit krimineller Energie durchforschte der Prätor C. Verres in den Jahren 73–71 v. Chr. die Provinz Sizilien systematisch nach Kunstschätzen um sie in seinen Besitz zu bringen. Als die empörten und gequälten Einwohner der Provinz Verres auf Schadenersatz verklagen wollten, nahmen sie sich M. Tullius Cicero als Anwalt, weil er als Quästor des Jahres 75 sein Amt in Sizilien korrekt ausgeübt hatte.

Cicero sammelte so viel erdrückendes Beweismaterial, dass Verres den Ausgang des Prozesses i. J. 70 nicht abwartete und freiwillig ins Exil ging. Er wurde schuldig gesprochen und zur Zahlung einer großen Entschädigungssumme verurteilt.

Im folgenden Fall schildert Cicero die Bemühungen von Verres, sich eine Statue des Gottes Merkur in der Stadt Tyndaris anzueignen.

Ruhender Hermes. Der Gott, in griechischer Manier nackt dargestellt, ist an seinen Flügelschuhen zu erkennen. Er macht nur eine kurze Rast und wird seinen Weg gleich fortsetzen. [Neapel, Nationalmuseum]

Verrēs, ut prīmum in illud oppidum vēnit, statim, ut sīgnum Mercuriī dēmōlīrētur, imperāvit. quod cum omnibus indīgnum et incrēdibile vidērētur, nōn est ab istō prīmō illō adventū persevērātum. discēdēns mandat proāgorō Sōpatrō, ut dēmōliātur. cum recūsāret, vehementer minātur et statim proficīscitur.

posteā Verrēs iterum ad illōs venit, quaerit continuō dē sīgnō. respondētur eī senātum oppidī nōn permittere. simul religiō commemorātur. tum iste: „quae religiō? quī senātus? vīvum tē nōn relinquam, nisī mihi sīgnum trāditur." Sōpater flēns ad senātum rem dēfert, istīus cupiditātem mināsque dēmōnstrat. senātus Sōpatrō respōnsum nūllum dat, sed commōtus perturbātusque discēdit. Sōpater praetōris nūntiō arcessītus rem dēmōnstrat, negat hoc ūllō modō fierī posse.

erat hiems summa, tempestās perfrigida, imber maximus, cum Verrēs imperat līctōribus, ut Sōpatrem dē porticū, in quā ipse sedēbat, in forum dēiciant nūdumque cōnstituant. equestrēs statuae sunt mediō in forō, ex quibus iste C. Marcellī statuam ēlēgit, cuius officia in illam cīvitātem tōtamque prōvinciam recentia erant et maxima. in eā Sōpatrum, hominem nōbilem et summum magistrātum, dēligārī iubet. venīre in mentem oportet omnibus, quō cruciātū ille sit affectus, cum esset vinctus nūdus in aere, in imbrī, in frīgore. neque tamen fīnis huic iniūriae crūdēlitātīque fiēbat, dōnec populus misericordiā mōtus senātum clāmōre coēgit, ut Verrī simulācrum illud Mercuriī pollicērētur. ita Sōpater dē statuā, cum iam paene obriguisset, vix vīvus aufertur.

E1 Was kennzeichnet Verres' Verhalten? (1./2. Absatz)

E2 Wie verhält sich Sopater?

E3 Mit welchen Maßnahmen erreicht Verres sein Ziel? (3. Absatz)

Cicero

Marcus Tullius Cicero wurde 106 v. Chr. in der latinischen Kleinstadt Arpinum geboren. Er stammte nicht aus einer der vornehmen und einflussreichen Familien Roms, sondern aus dem ländlichen Ritterstand. Seine Ausbildung erhielt er in Rhetorik (Redekunst), Rechtswissenschaft und Philosophie um dann die politische Laufbahn einschlagen zu können.

Cicero hatte jedoch keine hilfreichen Verbindungen zu den politisch führenden Kreisen des Adels, die sich bei Wahlen auf ihre umfangreiche Anhängerschaft (Klienten) und ihr Vermögen stützen konnten. Um in Rom bekannt zu werden, bot sich die Tätigkeit als Anwalt an: Siegreiche Prozesse in den öffentlichen Gerichtsverhandlungen machten ihn weithin berühmt; zugleich konnte er sich so einflussreiche Leute verpflichten.

Um vor Gericht erfolgreich zu sein, musste man nicht nur ein guter Jurist, sondern auch ein hervorragender Redner sein. Die Rhetorik hatte in Rom große Bedeutung. Ein guter Redner musste nicht nur den kunst- und wirkungsvollen Einsatz der Sprache beherrschen, sondern auch Kenntnisse aus Geschichte, Philosophie und Literatur besitzen und sie in seine Rede einfließen lassen.

Um seine große rednerische Begabung zu vervollkommnen unternahm Cicero in den Jahren 79 bis 77 eine Bildungsreise nach Griechenland, Kleinasien und Rhodos zu den bedeutendsten Philosophen und Rhetoren der damaligen Zeit.

Der Prozess gegen Verres steigerte sein Ansehen gewaltig, hatte er doch nicht nur gegen einen Repräsentanten der Senatsaristokratie gesiegt, sondern zugleich gegen dessen Verteidiger, den damaligen Staranwalt Hortensius.

Der Höhepunkt in Ciceros politischer Karriere war das Konsulat, das er 63 v. Chr. als „homo novus“ erreichte. Als besondere Leistung hat Cicero selbst immer wieder hervorgehoben, dass er einen geplanten Staatsstreich Catilinas verhindern konnte. Doch die Hinrichtung Catilinas und seiner Komplizen ohne öffentlichen Prozess nutzten seine politischen Gegner aus, so dass Cicero für ein Jahr ins Exil gehen musste.

Nach seinem Konsulat wurde der politische Einfluss Ciceros immer geringer. Er widmete sich jetzt verstärkt staatstheoretischen und philosophischen Fragen. Es entstehen seine großen Werke über den Staat, über die Rhetorik und über Fragen der menschlichen Existenz. Etwa 800 Briefe geben uns Einblick in sein Privatleben.

In den Wirren nach Cäsars Ermordung i. J. 44 v. Chr., in denen Cicero für die Cäsarmörder Partei ergriffen hatte, wurde er selbst im Dezember 43 v. Chr. ermordet.

Marmorstatue der Göttin Artemis. Römische Kopie eines griech. Originals aus dem 4. Jh. v. Chr. Die Hirschkuh, ein Erkennungszeichen für Artemis, die Göttin der Jagd, ist wahrscheinlich von dem röm. Künstler hinzugefügt worden. [Paris, Louvre]

Ü1 Wie viele adverbiale Bestimmungen gibt es hier?

a) caecus Deum valde laudabat, quia subito videre poterat.
b) Zachaeus verbis Domini movebatur; itaque Iesum in domo sua excepit.
c) tuis litteris valde laetatus sum; nam eas diu exspectaveram.
d) Terentia usque[1] ad horam septimam[2] in urbe morata[3] erat; hora septima urbe egressa est.

[1] usque ad: bis zu [2] septimus, a, um: der siebte [3] morari, moror, moratus sum: sich aufhalten

Ü2 Um welche Art von Adverbialsatz handelt es sich?

a) Plinius servum vocavit, postquam epistulam scripsit.
b) fenestrae non aperiuntur, dum Plinius cogitat.
c) amici libros emerunt, quia Spurinnam libris delectari audiverant.
d) Plinius servum vocat, quod epistulam ad consulem mittere cupit.
e) Plinius, cum in villa habitat, ambulat.

Dorischer Tempel bei der sizilischen Stadt Segesta, um 420 v. Chr. begonnen. An der Stirnseite befinden sich 6, an der Längsseite 14 Säulen. Eine Cella wurde nicht errichtet, der Bau blieb unvollendet. [Nordwest-Sizilien]

Ü3 Der Dichter Martial übte in seinen Gedichten mit spitzer Zunge Kritik an seinen Mitmenschen.

a) omnia promittis, cum tota nocte bibisti;
mane[1] nihil praestas[2], Pollio[3], mane bibe!

[1] mane: morgens [2] praestare: geben [3] Pollio: *römischer Name*

b) semper pauper eris, si pauper es, Aemiliane.
dantur opes[1] nullis[2] nunc nisi divitibus.

[1] opes, opum *f.*: Reichtum [2] *nullus nisi: keiner außer

Ü4 Die Revanche

Nasica[1] cum ad poetam[2] Ennium venisset, eum in aditu quaerebat[3]. cum ancilla[4] dixisset eum domi[5] non esse, sensit[6] illam domini iussu dixisse et illum adesse. paucis[7] diebus post cum ad Nasicam venisset Ennius et eum ad ianuam quaereret, exclamat Nasica se domi non esse. tum Ennius: „quid?" inquit, „ego cognosco vocem[8] tuam." tunc Nasica: „homo es impudens[9]: ego cum te quaererem, ancillae tuae credidi[10] te domi non esse, nonne[11] tu mihi credis ipsi?"

[1] Nasica: *ein Bekannter des Dichters Ennius* [2] poeta, ae *m:* Dichter [3] quaerere: *hier:* nach jem. fragen [4] ancilla, ae *f:* Dienerin [5] *domi: zu Hause [6] *sentire, sentio, sensi, sensum: fühlen, merken [7] *pauci, ae, a: wenige [8] *vox, vocis *f:* Stimme [9] impudens: unverschämt [10] *credere, credo, credidi, creditum: glauben [11] *nonne: etwa nicht?

Ü5 In der Grabinschrift des jungen Lucius Caecilius heißt es:

Lucius Caecilius, Lucii libertus, natus est mense Maio, horā noctis sextā[1], die Mercurii[2]. vixit annos sex, dies XXXXIII[3]. mortuus est ante diem quartum Kalendas Iulias[4], horā decimā[5]. elatus est horā tertiā[6], frequentiā[7] maximā.

[1] sextus, a, um: der sechste [2] dies Mercurii: Tag des Merkur (Mittwoch) [3] *lies:* quadraginta tres [4] ante diem ... Iulias: 28. Juni [5] decimus, a, um: der zehnte [6] tertius, a, um: der dritte [7] frequentia, ae *f:* Menge, Anteilnahme

Ü6 Vom P. P. P.-Stamm lassen sich Substantive auf -or oder -io bilden.

Die folgenden Fremdwörter gehen auf lateinische Verben zurück. Nennen Sie das Verb und leiten Sie davon die Bedeutung der Fremdwörter ab:

Imperator, Vektor, Auktion, Vision, Visitation, Simulation, Mutation, Traktion, Repetition, Fraktur, Version, Affekt.

Ü7 a) Was bedeuten die Komposita von mittere?

b) Erläutern Sie folgende Fremdwörter:

Mission, Missionar, Kommission, Immission, Emission.

c) Übersetzen Sie:

proelium committere, ludos committere, iniuriam committere.

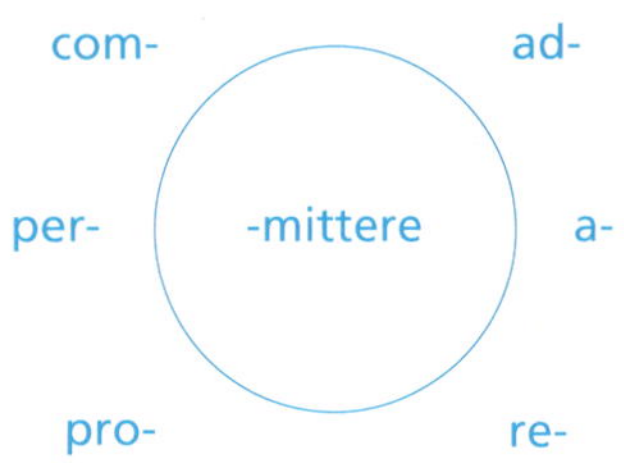

Ü8 Nennen Sie die Bedeutung der folgenden Verben und ihrer Komposita:

a) currere
decurrere
concurrere
recurrere
accurrere

b) pellere
compellere
repellere
impellere
depellere

XXIII AUGUSTUS – KAISER UND MENSCH

Cäsar hatte sich zum Alleinherrscher in Rom gemacht. Nach seiner Ermordung im Jahre 44 v. Chr. gab es jahrelange, blutige Machtkämpfe um die Nachfolge. 31 v. Chr. siegte Cäsars Adoptivsohn Octavian, der seit 27 v. Chr. den Ehrentitel „Augustus“ („der Erhabene“) führte.

Porträtbüste des Kaisers Augustus (63 v. Chr.–14 n. Chr.) Das Gesicht des Kaisers wurde stets gleich jugendlich dargestellt. [Arsinoe, Ägypten]

T1a Augustus sorgte großzügig für das Wohlergehen seiner Soldaten. Besonders lag ihm die Versorgung der ehemaligen Soldaten, der Veteranen, am Herzen. Sie blieben ihrem Feldherrn auch nach ihrer Militärzeit eng verbunden.

Augustus etiam mīlitis nōn lībertātem tantum, sed et temeritātem tulit. in quādam vīllā inquiētās noctēs agēbat rumpente somnum eius noctuae cantū. prehendī iussit noctuam. mīles aucupiī perītus et incitātus spē ingentis praemiī pertulit. laudātō mīlite imperātor mīlle nummōs darī iussit. ille ausus est dīcere: „mālō, ut vīvat.“ avemque dīmīsit. quis nōn mīrātus est nōn offēnsō Caesare abīsse mīlitem contumācem?

E1 Von welchen Personen ist in den Zeilen 1–7 die Rede? Was tun sie?

E2 In welchem zeitlichen und logischen Verhältnis steht die Aussage der Wortgruppe rumpente cantū zum Prädikat?

E3 Wie beurteilt der Autor das Verhalten des Soldaten? Woran kann man das erkennen?

T1b

veterānus cum diē sibi dictō perīclitārētur, accessit in pūblicō ad Caesarem rogāvitque, ut sibi adesset. ille advocātum, quem ex comitātū suō ēlēgerat, sine morā dedit. exclāmāvit ingentī vōce veterānus: „at egō, Caesar, perīclitante tē Actiacō bellō nōn quaesīvī vicārium, sed prō tē ipse pūgnāvī!“ dētēxitque impressās cicātrīcēs. ērubuit Caesar vēnitque in advocātiōnem, quia verēbātur nōn superbus tantum, sed etiam ingrātus vidērī.

T2 Augustus erhob Cäsar, seinen Adoptivvater, unter die Götter. Als dessen Sohn genoss auch er selbst religiöse Verehrung. Auf Altären wurden ihm Brandopfer dargebracht.

Augustus nūntiantibus Tarracōnēnsibus palmam in ārā eius crēvisse „appāret", inquit, „quam saepe accendātis."

Münze der Stadt Tarraco (Spanien) mit dem Altar für Augustus. Auf dem Altar ist die Wunderpalme zu sehen. [London, British Museum]

E Worin liegt die Pointe dieser Anekdote?

T3 Zu den Pflichten des antiken Herrschers gehörte die Wohltätigkeit. Manche Leute versuchten sich durch originelle Ideen ein Geschenk des Kaisers zu verdienen.
Augustus wohnte auf dem Palatin. Wenn er sich von seinem Haus zum Forum begab, konnten ihn trotz seines großen Gefolges Bürger ansprechen und ihm ihre Bitten vortragen.

solēbat dēscendentī ā Palātiō Caesarī honōrīficum aliquod epigramma porrigere Graeculus. id frūstrā saepe fēcerat. Augustus cum eum iterum sibi appropinquāre vīdisset, breve Graecum epigramma suā manū scrīpsit et Graeculō obviam mīsit. ille epigrammate lēctō laudāre, mīrārī tam vōce quam vultū. cum accessisset ad Caesarem, dēmissā in fundam pauperem manū paucōs dēnāriōs prōtulit, ut prīncipī daret, adiciēns haec verba: „νὴ τὴν σὴν τύχην, Σεβαστέ · εἰ πλέον εἶχον, πλέον ἐδίδουν."[1] omnibus rīdentibus dispēnsātōrem Caesar vocāvit et sēstertia centum mīlia numerāre Graeculō iussit.

[1] Lies: Nä tän sän týchän, sebasté; ei pléon éichon, pléon edídun.
Übersetzung: Bei deinem Glücksstern, Augustus: Wenn ich mehr hätte, würde ich dir mehr geben.

E1 Mit welchem Einfall versucht der Grieche Geld zu verdienen? (1. Absatz)

E2 Wie reagiert Augustus?

E3 Warum lachen die Leute?

Blick vom Cäsar-Tempel (vorn l.) über den Vesta-Tempel auf den Hügel Palatin, wo man die Grundmauern des von Kaiser Tiberius erbauten Palastes erkennt. [Rom, Forum Romanum]

T4 Das Verhältnis zwischen Augustus und seiner Tochter Julia war gespannt, weil ihm ihre lockere Lebensweise nicht gefiel.

Iūlia mātūrē habēre coeperat cānōs capillōs, quōs legere sēcrētē solēbat. subitus interventus patris aliquandō oppressit ōrnātrīcēs. dissimulāvit Augustus dēprehēnsīs super vestēs eārum cānīs capillīs et – aliīs sermōnibus tempore extrāctō – indūxit aetātis mentiōnem interrogāvitque fīliam, utrum post aliquot annōs cāna esse māllet an calva. et cum illa respondisset: „egō, pater, cāna esse mālō", sīc illī mendācium obiēcit: „quid ergō istae servae tē calvam tam citō faciunt?"

E1 Welche Wörter gehören zum Thema „Haar und Frisur"?

E2 Zählen Sie die Handlungen des Augustus in Z. 2–6 nacheinander auf. Beziehen Sie dabei auch die Ablativi absoluti ein.

Relief aus Neumagen (bei Trier). Vier Sklavinnen bedienen ihre Herrin bei der Toilette.
[Trier, Rheinisches Landesmuseum]

Augustus – der erste römische „Kaiser"

C. Iulius Caesar (100–44 v. Chr.) beendete durch seine Alleinherrschaft die republikanische Epoche Roms. In einem letzten Aufbäumen versuchten republikanisch gesinnte Senatoren vergeblich, die Republik durch Cäsars Ermordung zu retten.
In die Nachfolgekämpfe griff auch Cäsars Adoptivsohn C. Octavius ein. Der Achtzehnjährige nannte sich fortan C. Iūlius dīvī Iūlī fīlius Caesar Octāviānus. Er verbündete sich mit Cäsaranhängern, rächte den Tod seines Adoptivvaters und besiegte die Verschwörer in blutigen Kämpfen. Dann setzte er sich in weiteren Bürgerkriegen gegen seine ehemaligen Verbündeten durch. Nach dem Sieg bei Aktium 31 v. Chr. über seinen letzten Gegner Antonius und dessen Geliebte Kleopatra, die Königin von Ägypten, war Oktavian Alleinherrscher.
Nun begann eine lange Periode des Friedens und des Wohlstands im Römischen Reich (vgl. XXV, S. 120). Im Jahr 27 v. Chr. verlieh der Senat dem „ersten Bürger" (princeps) den Ehrentitel Augustus („Der Erhabene"). Dieser Titel wurde Bestandteil seines Namens.
Augustus versteckte seine tatsächliche Macht geschickt hinter den alten republikanischen Ämtern und Institutionen, die er alle weiterbestehen ließ. Er selbst ließ sich „nur" die Amtsgewalt eines Volkstribunen übertragen; damit hatte er das Recht, Senat und Volksversammlung einzuberufen. Der Senat tagte wie in alten Zeiten – und billigte die Vorlagen des Prinzeps. Die Volksversammlung wählte die Magistrate – natürlich die von Augustus vorgeschlagenen Kandidaten.

Daneben schuf sich Augustus einen Stab von Fachleuten und Beratern, vergleichbar den heutigen Ministern. Vor allem hatte er das Oberkommando über die etwa 160 000 Mann starke Berufsarmee und verfügte über eine eigene Finanzkasse.
Gesetze gegen Luxus und Ehescheidung, Förderung religiöser Kulte, Propagierung altrömischer Tugenden wie Sparsamkeit, Treue und Genügsamkeit in Verbindung mit einem bescheidenen Lebensstil des Prinzeps sprachen konservative Schichten an. Berühmte Dichter wie Vergil, Horaz und Ovid feierten den pater patriae als Friedensbringer und Förderer der Künste (vgl. XVI, S. 69). In den Provinzen und in vielen italischen Städten wurde er oft wie ein Gott verehrt.
Während sein politisches Werk gedieh, musste Augustus im familiären Bereich viele Enttäuschungen und Schicksalsschläge hinnehmen: Er hatte keinen Sohn und die adoptierten Enkel starben alle jung. Seine Tochter Julia verbannte er wegen ihrer zahlreichen Affären aus Rom.
Als Augustus 14 n. Chr. im Alter von fast 77 Jahren starb, hatte er die Monarchie in Rom fest verankert, weshalb man ihn später als „Kaiser“ bezeichnete.

Augustus als Feldherr und Herrscher. Der Kaiser, im Muskelpanzer und mit Feldherrnmantel, wird durch Verzicht auf Schuhe in die Sphäre griechischer Heroen und Götter gehoben. Ein Delphin und der auf ihm reitende Amor erinnern daran, dass die gens Iulia ihre Herkunft auf die Göttin Venus zurückführte (vgl. S. 49). [Rom, Vatikanische Museen]

Ü1 Welches Zeitverhältnis drücken die Ablativi absoluti jeweils aus?

corpore valde laeso – discipulis sedentibus – pastoribus versatis – veste pulchra empta – praetereunte puella – plebe clamante – Romano victo

Ü2 Nennen Sie die Ablativi absoluti, bestimmen Sie ihr Zeitverhältnis und übersetzen Sie möglichst mit Varianten:

a) duobus litigantibus[1] tertius gaudet[2].

[1] litigare: streiten [2] *gaudēre: sich freuen

b) igne ardente[1] fumus[2] videtur.

[1] *ardēre: brennen [2] fumus, i *m:* Rauch

c) cenantibus autem discipulis accepit Iesus panem et benedixit[1] ac fregit deditque eis et ait: „accipite et comedite[2]: hoc est corpus meum."

[1] benedicere: segnen [2] comedere *entspricht* edere

d) Tiberio Caesare imperatore Iesus cruci[1] fixus est[2].

[1] *crux, crucis *f:* Kreuz [2] *figere, figo, fixi, fixum: anheften, anschlagen

Ü3 Die ewig Jungen

Cicero Vibio Curio[1] multum[2] de annis aetatis suae mentiente[3] dixit: „tum ergo, cum una[4] declamabamus[5], non eras natus."

idem Fabiā[6] dicente triginta[7] se annos habere: „verum est", inquit, „nam hoc illam iam viginti[8] annis dicere audio."

[1] Vibius Curius: *Schulfreund Ciceros* [2] *multus, a, um: viel [3] *mentiri *(Dep.)*: lügen [4] una *(Adv.)*: gemeinsam [5] declamare: (in der Schule) Übungsreden halten [6] Fabia: eine Bekannte Ciceros [7] triginta: 30 [8] viginti: 20

Ü4 Aulus Gellius erzählt aus seiner Studentenzeit in Athen:

dies Saturnalium[1] Athenis agitabamus[2]. ibi amore studiorum versabamur. laxabamus[3] vires animi iucundis quaestionibus[4]. is, qui cenam curabat, praemia quaestionum ponebat. tot res quaerebat, quot homines eramus. nemini hoc longum erat, sed nos omnes gaudium solutionis[5] movebat.

[1] Saturnalia, ium *n:* Saturnalienfest [2] agitare: feiern [3] laxare: entspannen [4] quaestio, tionis *f:* Rätselfrage [5] solutio, tionis *f:* Lösung

Welche Genetivattribute sind als Genetivus obiectivus zu übersetzen?

Ü5 Von Kaiser Hadrian (117–138 n. Chr.) berichtet sein Biograph:

Hadrianus, cum cuidam homini capite cano[1] aliquid negavisset, eodem homine iterum petente[2], sed infecto[3] capite, „iam hoc", inquit, „patri tuo negavi."
tamen dicebat se graviter ferre[4], si quem[5] tristem[6] videret.

[1] canus, a, um: grau [2] *petere: bitten [3] infectus, a, um: gefärbt [4] *graviter ferre: schwer ertragen, darunter leiden [5] *aliquis, quis: jemand [6] *tristis, e: traurig

Ü6 Was ihr wollt!

Ordnen Sie nach Indikativ und Konjunktiv:

vis – nolis – nollet – non vult – velim – volo – velletis – nolunt – velint – vult – nollemus – vellem

Ü7 Bilden Sie die Komposita und nennen Sie die Lautveränderungen.

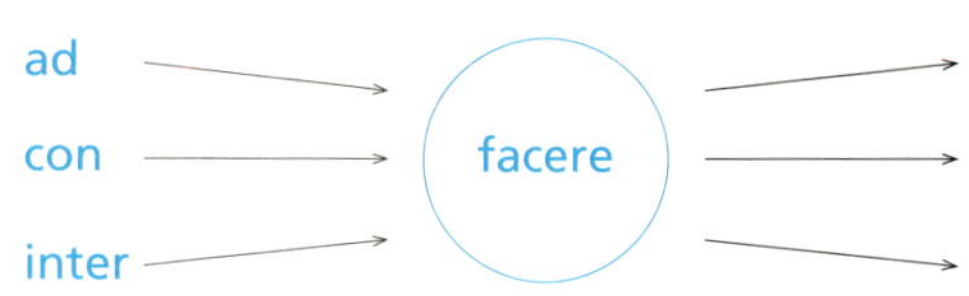

Ü8

a) Die Vorsilbe re- bedeutet in Verbindung mit Verben häufig „zurück".

	ferre	=
	ponere	=
re +	pellere	=
	currere	=
	ducere	=

b) Die Vorsilbe de- bedeutet in Verbindung mit Verben häufig „hinab" oder „weg".

	mittere	=
	ponere	=
	trahere	=
de +	currere	=
	ducere	=
	portare	=
	cedere	=

Ü9 Immer wieder afficere

aliquem → gaudio → afficere
aliquem → iniuria → afficere
aliquem → beneficio → afficere
aliquem → praemio → afficere
aliquem → honore → afficere
aliquem → laude → afficere
aliquem → vulnere → afficere

Ehrenbogen für Kaiser Augustus, anlässlich der friedlichen Eingliederung des Bergvolks der Cottier im Jahre 8 v. Chr. errichtet. [Susa, Norditalien]

XXIV WASSER IM ÜBERFLUSS

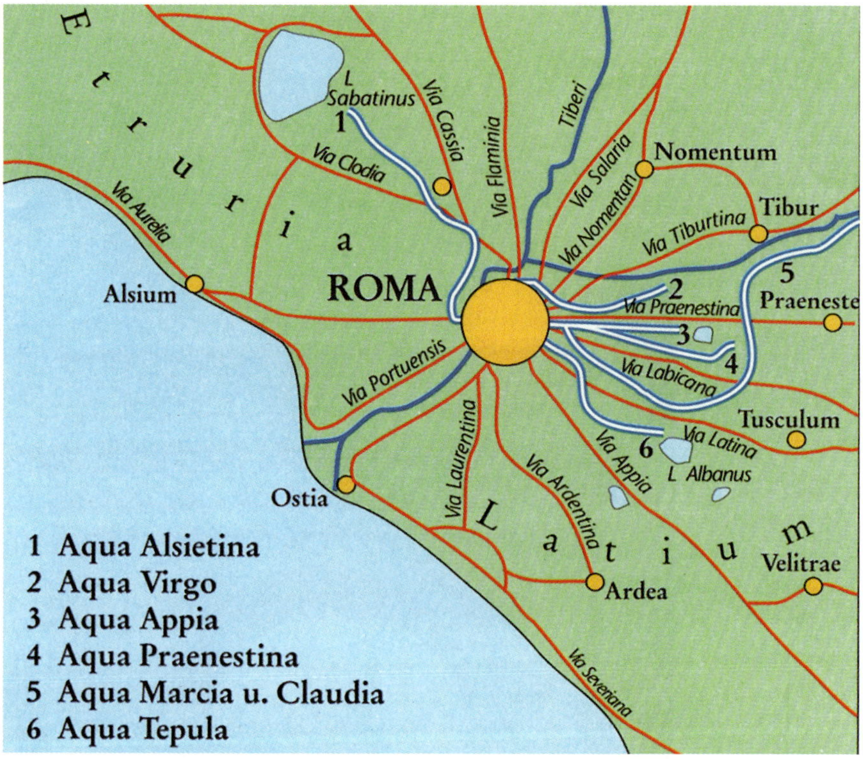

T1 Schon das antike Rom wurde reichlich mit Wasser versorgt. Zahlreiche Aquädukte führten das Wasser zum Teil von weit her in die Stadt. Ein hoher Beamter hatte die Aufsicht über die Wasserversorgung. Einer von ihnen war Sextus Iulius Frontinus (40–103 n. Chr.), der sogar ein Buch über die Wasserleitungen verfasst hat.

ab urbe conditā per annōs CCCCXLI contentī fuērunt Rōmānī ūsū aquārum, quās aut ex Tiberī aut ex puteīs aut ex fontibus hauriēbant. fontium memoria cum sānctitāte adhūc exstat et colitur: salūbritātem enim aegrīs corporibus afferre fontēs crēduntur. nunc autem in urbem īnfluunt: aqua Appia, Mārcia, Tepula, Iūlia, Virgō, Alsietīna, Claudia, Aniō Vetus, Aniō Novus.

Agrippa, cum iam tertium cōnsul fuisset, aquam Virginem Rōmam perdūxit. Virgō appellāta est, quod quaerentibus aquam mīlitibus puella virguncula vēnās quāsdam mōnstrāvit: quās secūtī mīlitēs ingentem aquae modum invēnērunt. aedicula fontī apposita hanc orīginem pictūrā ostendit.

E1 Sammeln Sie Wörter und Wortgruppen zum Thema Wasserversorgung.

E2 Wie hat sich die Wasserversorgung Roms seit den Anfängen der Stadt bis zur Zeit Frontins verändert? (1. Absatz)

E3 Auf welche Begebenheit geht der Name der Wasserleitung aqua Virgō zurück? (2. Absatz)

T2 Im gesamten Reich sorgten die Römer für die Wasserversorgung der Städte. Auch Plinius hat sich während seiner Amtszeit als Statthalter in Kleinasien in Briefen an den Kaiser Trajan immer wieder für den Bau von Aquädukten eingesetzt.

C. Plīnius Trāiānō Imperātōrī

Sinōpēnsēs, domine, aquā dēficiuntur; quae vidētur et bona et cōpiōsa ab sextō decimō mīliāriō posse perdūcī. est tamen statim ab initiō locus suspectus et mollis; quem egō intereā explōrārī modicō impendiō iussī, an sustinēre opus possit. pecūnia cūrantibus nōbīs nōn dēerit, sī tū, domine, hoc opus valdē sitientī colōniae indulseris.

Der Kaiser genehmigte in seinem Antwortschreiben das Projekt.

Rom, Fontana di Trevi: *Der Trevi-Brunnen, 1758–62 erbaut, fasst heute das Ende der von M. Agrippa im Jahre 19 v. Chr. angelegten Wasserleitung der Aqua Virgo ein. Er gehört zu den beliebtesten Treffpunkten für Römer und Touristen.*

E1 Welche Argumente sollen Trajan zur Zustimmung veranlassen?

E2 Welche Faktoren sind beim Bau zu berücksichtigen?

T3 Die Einwohner von Nicomedia hielten eine Wasserleitung für erforderlich, hatten aber bisher noch keine fertiggestellt.

C. Plīnius Trāiānō Imperātōrī

in aquae ductum prīmum, domine, Nīcomēdēnsēs pecūniam multam impendērunt; quī imperfectus adhūc, omissus, dēstrūctus etiam est. rūrsus in alium aquae ductum multum impēnsum est. hōc quoque relictō opus est novō impendiō, ut aquam habeant, quī tantam pecūniam male perdidērunt.

ipse pervēnī ad fontem pūrissimum; ex quō aqua perdūcī arcuātō opere dēbet, nē tantum ad humilēs cīvitātis regiōnēs perveniat. manent adhūc paucissimī arcūs; possunt et ērigī quīdam lapide quadrātō, quī ex superiōre opere reliquus est. aliqua pars, ut mihi vidētur, testāceō opere aedificārī dēbet; id enim et facilius et vīlius est. sed imprīmīs necessārium est mittī ā tē architectum, nē rūrsus ēveniat, quod accidit.

egō illud ūnum affirmō et ūtilitātem operis et pulchritūdinem saeculō tuō esse dīgnissimam.

Trajan genehmigte den Bau, ermahnte aber zu gewissenhaftem Umgang mit dem Geld.

E1 Welche Wortfelder charakterisieren den Inhalt des 1. Absatzes?

E2 Welche Faktoren für den Bau der Wasserleitung erwähnt Plinius im 2. Absatz?

a) Warum soll die Wasserleitung auf Bögen geführt werden?
b) Welche Bauteile sind noch vorhanden?
c) Was fehlt noch?

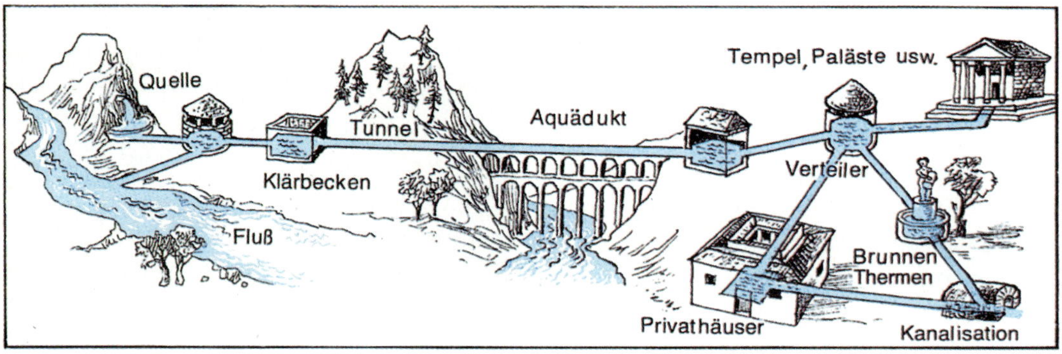

Schema der römischen Wasserversorgung

Die Aquädukte

Noch heute prägen zahllose prächtige Brunnen das Stadtbild Roms, genau wie in der Antike. Und wo immer die Römer in ihrem großen Reich siedelten, sorgten sie dafür, dass ausreichend Wasser vorhanden war: Wasserleitungen – teils unterirdisch, teils Aquädukte als kühne Bogenkonstruktionen – leiteten das Wasser in große Reservoirs. Von dort wurde es zu öffentlichen Wasserstellen, in die Häuser reicher Leute oder zu Springbrunnen geführt. Zur Zeit des Kaisers Trajan versorgten 10 Wasserleitungen mit einer Gesamtlänge von 404 km, von denen 47 km auf Bogenkonstruktionen verliefen, Rom mit Wasser. Der damalige Pro-Kopf-Verbrauch entsprach etwa dem heutigen in Deutschland. Allerdings verschlingt davon heute den größten Teil die Industrie.

Mérida (Spanien): *30 m hoher Aquädukt über das Flussbett des Albarregas. Das Mauerwerk besteht aus Quadersteinen (opus quadratum) und Ziegelschichten (opus testaceum). Die Wasserleitung lag auf der obersten Bogenreihe. Aquädukte führten die Leitungen über Täler oder durch Ebenen.*

T4 Auch die Thermen benötigten viel Wasser.

C. Plīnius Trāiānō Imperātōrī

Prūsēnsēs, domine, balineum habent et sordidum et vetus. itaque magnī aestimant novum fierī. tū vidēris mihi dēsīderiō eōrum indulgēre posse. erit enim pecūnia etiam prīvāta, ex quā fiat balineum. quod et dīgnitās cīvitātis et saeculī tuī nītor postulat.

In einem kurzen Schreiben gestattete der Kaiser den Bau, verlangte aber keine öffentlichen Gelder dafür aufzuwenden.

E1 Welche gedankliche Verbindung stellen die Konnektoren itaque und enim her?

E2 Mit welchen Argumenten am Ende der Texte 3 und 4 versucht Plinius Trajans Zustimmung zu erlangen?

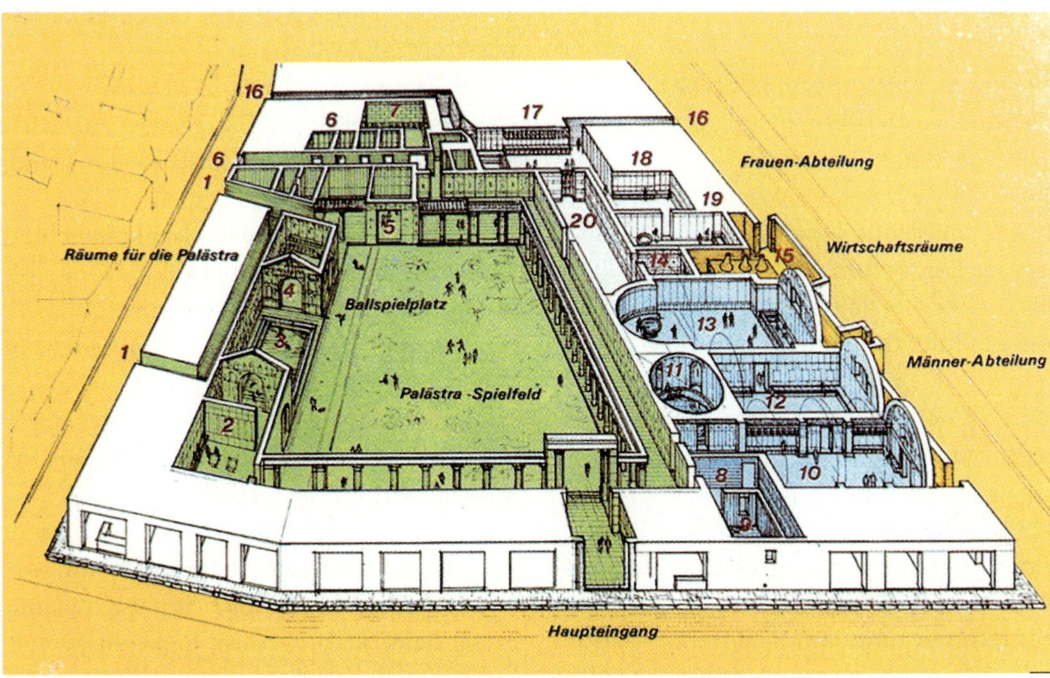

Pompeji, Stabianer Thermen (Grund- und Aufriss): *Die Stabianer Thermen sind die größten und ältesten Badeanlagen Pompejis, die aber die Ausmaße der später von den Kaisern erbauten Bäder nicht erreichten.*
Palästra. 1) Nebeneingang, 2) Waschbecken, 3) Schwimmbecken, 4) Umkleideraum für das Schwimmbecken, 5) Wirtschaftsräume, 6) Eingang und Einzelbäder, 7) Latrine
Männerabteilung: 8) Eingang, 9) Warteraum, 10) Umkleideraum und Garderobe, 11) Frigidarium, 12) Tepidarium, 13) Caldarium, 14) Laconium (Räume mit hoher Temperatur, ähnlich wie die heutige Sauna) 15) Eingang zu den allgemeinen Wirtschaftsräumen und den Öfen zum Beheizen des Wassers und der Luft in verschiedenen Temperaturstufen
Frauenabteilung: 16) Eingang, 17) Umkleideraum und Kaltwasserbecken, 18) Tepidarium, 19) Caldarium, 20) Deambulatorium (Umgang)

T5 Der Philosoph Seneca (gestorben 65 n. Chr.) wohnte in Baiae, einem Badeort in der Nähe Neapels. Er vermisste dort die nötige Ruhe, wie er in einem Brief an seinen Freund Lucilius klagt.

Seneca Lūcīliō suō salūtem

Seneca grüßt seinen Lucilius

ecce undīque mē varius clāmor circumsonat: supra ipsum balineum habitō.

Sieh, von überall her umdröhnt mich vielfältiger Lärm: Ich wohne direkt oberhalb einer Badeanstalt.

prōpōne nunc tibi omnia genera vōcum, quae in odium possunt aurēs addūcere!

Stell dir nun alle Arten von Geräuschen vor, die einen dazu bringen können, die eigenen Ohren zu hassen!

cum fortiōrēs exercentur et manūs plumbō gravēs iactant, cum aut labōrant aut labōrantem imitantur, gemitūs audiō, quotiēns retentum spīritum remīsērunt, sībilōs et acerbissimās respīrātiōnēs.

Wenn Kraftprotze trainieren und ihre mit Bleigewichten beschwerten Hände schwingen, wenn sie sich abmühen oder wenigstens so tun, als ob, dann höre ich Ächzen; jedes Mal, wenn sie den angehaltenen Atem wieder ausstoßen, (höre ich) Zischen und wildes Atmen.

cum in aliquem inertem et hāc plēbēiā ūnctiōne contentum incidī, audiō crepitum inlīsae manūs umerīs.

Wenn ich an einen Faulpelz geraten bin, der mit dieser plebejischen Eincremerei zufrieden ist, dann höre ich das Klatschen der Hand, die auf die Schultern schlägt.

sī vērō pilicrepus supervēnit et numerāre coepit pilās, āctum est.

Wenn aber ein Ballspieler dazukommt und die Ballschläge zu zählen beginnt, ist es aus!

adice nunc scordalum et fūrem dēprehēnsum et illum, cuī vōx sua in balineō placet.

Nimm jetzt noch einen Streithammel hinzu, einen ertappten Dieb und den Typ, dem beim Baden seine eigene Stimme gefällt.

adice nunc eōs, quī in piscīnam cum ingentī inpulsae aquae sonō saliunt.

Nimm jetzt die Leute hinzu, die unter ungeheurem Lärm des aufgewühlten Wassers ins Schwimmbecken springen!

praeter istōs, quōrum rēctae vōcēs sunt, ālipilum cōgitā tenuem et strīdulam vōcem, quō sit notābilior, subinde exprimentem nec umquam tacentem, nisī dum vellit ālās et alium prō sē clāmāre cōgit.

Außer denen, deren Stimmen normal sind, stell dir noch einen Haarausrupfer vor, wie er mit hoher und schriller Stimme, nur um besser bemerkt zu werden, immerzu herumkreischt und nie schweigt, außer wenn er einem die Achselhaare ausrupft und den dann statt seiner zu schreien zwingt.

iam biberārī variās exclāmātiōnēs et botulārium et crūstulārium et omnēs popīnārum īnstitōrēs mercem suā quādam et īnsīgnītā modulātiōne vēndentēs.

Schließlich die vielfältigen Reklamerufe des Getränkehändlers, der Wurstverkäufer, der Zuckerbäcker und all die Helfer der Imbissbuden, die ihre Waren mit jeweils verschiedenem Tonfall verkaufen.

E Suchen Sie aus einem Lexikon alle Ihnen fremden Vokabeln heraus. (Achtung: Die Verben sind in der 1. Pers. Präs. notiert!)
Wo weicht der Übersetzer besonders weit vom lateinischen Text ab? (Beachten Sie besonders Wortgruppen mit Partizip.)

Die Thermen

Große Mengen Wasser benötigten die Thermen, die römischen Badeanlagen (von griech. thermos: warm). Neben kleineren privaten gab es in nahezu jeder römischen Stadt größere öffentliche Bäder. Auch in den Provinzen errichteten die Römer viele Thermen. So sind in Trier noch heute die gewaltigen Überreste von zwei Anlagen zu besichtigen. (s. S. 118)
Man ging in die Thermen nicht nur um sich zu reinigen, um zu baden oder auf dem großen Freigelände, der palaestra, Sport zu treiben. Man traf dort auch Freunde oder Geschäftspartner. So bildeten die Thermen ein regelrechtes Freizeit- und Kommunikationszentrum.
In der Kaiserzeit gab es Thermenanlagen von riesigen Ausmaßen. Das Gelände der Caracallathermen umfasste z. B. eine Fläche von 337 × 328 m. Das Badegebäude war 220 m lang und 114 m breit. Die Kuppel über dem caldārium reichte mehr als 30 m hoch.
Ein Besuch in den Thermen verlief fast überall gleich: Man begab sich, nachdem man beim Pförtner Eintritt bezahlt hatte, zunächst in die palaestra, einen offenen Platz, um den ein Säulengang herumführt. Hier traf man seine Bekannten, plauderte, trieb ein wenig Sport oder nahm einen Imbiss ein. Dann zog man sich im apodytērium aus. Die Kleidung wurde in kleine Nischen gelegt (vgl. S. 122) oder beim Personal abgegeben.
Eigene Badekleidung kannten die Römer nicht. Daher badete man meist nackt.
In der Regel begab man sich nun in das tepidārium, einen lauwarmen Raum, um den Körper an die höheren Temperaturen zu gewöhnen. Nach einiger Zeit suchte man das caldārium auf, das Warmbad, wo man in heißem Wasser baden konnte. Ein erfrischendes Bad im frīgidārium, dem Kaltbad, gehörte ebenfalls zum Thermenbesuch. Manche Gäste zogen das sūdātōrium vor, einen heißen, unserer Sauna ähnlichen Raum.
Daneben bestand die Möglichkeit, sich von Sklaven mit wohlriechenden Ölen einreiben und massieren zu lassen. Das diente auch der Reinigung, denn Seife kannte man noch nicht. Das Öl wurde dann mit der strigilis („Striegel") abgeschabt.
In vielen Thermen hatten Frauen eigene Abteilungen. In kleineren Anlagen gab es getrennte Badetage. Allerdings war es nicht selten, dass Männer und Frauen gemeinsam badeten, auch wenn es eigentlich untersagt war.
Ein Heer von Sklaven sorgte für den ordnungsgemäßen Betrieb: Das Kanal- und Rohrnetz der Wasserversorgung, die Magazine für das Heizmaterial (Holz oder Holz-

Junge Frauen im Bikini üben mit Hanteln und Diskus. Die Hanteln wurden zum Lauf- und Sprungtraining benutzt. (Mosaik um 310 n. Chr.)
[Piazza Armerina (Sizilien), Kaiservilla]

kohle), die Öfen und die Heizungsanlagen mussten betreut werden. In großen Thermenanlagen wie z. B. in Trier diente ein unterirdisches Netz von Gängen und Räumen diesen Aufgaben.
Das Wasser wurde in Behältern über dem Feuer erhitzt und dann in die Becken geleitet. Die Räume wurden durch heiße Luft erwärmt, die unter dem Fußboden oder in Hohlziegeln die Wände empor strömte.

Öffentliche Latrine. Die 20 marmornen Toilettensitze sind auch vorn ausgebuchtet, so dass man sich mit einem Schwamm, der an einem Stab befestigt war, reinigen konnte. Der Schwamm wurde im Wasser, das in der Rinne vor den Sitzen floss, nass gemacht und gereinigt. Unter den Sitzen spülte ein Wasserstrahl die Exkremente in die Kanalisation. Die Benutzer saßen unbefangen nebeneinander und unterhielten sich. [Ostia (Hafenstadt Roms), Forumsthermen]

Ü1 Sortieren Sie die Formen nach Perfekt Indikativ, Konjunktiv I Präsensstamm, Futur I und II. Wie heißt der jeweilige Infinitiv und dessen Bedeutung?

donem – oppugnabis – iaceas – disposuerimus – traham – poposci – levaverit – colligat – tacuit – proposuerint – putaverunt – exibimus – solvisti – traham – fefelleris – pelletis – repetivimus – eripiant – iunxero – transibunt

Ü2 Suchen Sie die adverbialen Bestimmungen heraus; denken Sie dabei auch an die Adverbialsätze! Auf welche Fragen antworten sie?

Lucius spricht mit Marcus über seine Reise nach Athen:

Lucius: mox Athenas[1] proficiscar.
Marcus: quid ibi ages?
Lucius: Graeciam[2] peto, quia oratores Graecos audire volo.
mense Decembri Saturnalia cum amicis agam.
Marcus: quamdiu[3] in Graecia moraberis?
Lucius: complures[4] menses ibi versabor.
Marcus: quando Graeciam relinques?
Lucius: ubi studia mea finivero[5], Romam redibo.

[1] Athenae, Athenarum *f:* Athen [2] Graecia, ae *f:* Griechenland [3] quamdiu?: wie lange? [4] complures: mehrere [5] *finire: beenden

Ü3 Ein Kaufmann hat neue Sklaven gekauft. Er ermahnt seinen Aufseher zu größter Wachsamkeit, denn:

liber[1] captivus[2] avis similis[3] est: si data est fugae[4] occasio[5], satis est –: numquam postea poteris eum prendere[6].

Der Aufseher, selbst ein Sklave, hat dafür Verständnis:

omnes liberi libentius[7] sumus quam servimus. aliquando avis similem me ipsum faciam.

Darauf sein Herr:

ita fac, ut dicis! sin[8] feceris, te in caveam[9] dabo. sed satis verborum est; cura, quod iussi, atque abi!

[1] *liber, a, um: frei [2] captivus, i *m:* Gefangener [3] *similis, e *(+ Gen.):* ähnlich (wie) [4] *fuga, ae *f:* Flucht [5] *occasio, sionis *f:* Gelegenheit [6] prendere: einfangen [7] libens, libentis: gern [8] sin: wenn aber [9] cavea, ae *f:* Käfig

Ü4 Der Schein trügt!

a) somnus morti videtur similis[1] esse.
b) non omnes felices sunt, qui felices esse videntur.

[1] *similis, e: ähnlich

Ü5 Krieg der Worte

Der Dichter Martial verspottet seinen Berufskollegen Cinna:

versiculos[1] in[2] me narratur scribere Cinna.
non scribit is, cuius carmina[3] nemo legit.

[1] versiculus, i *m:* Verslein [2] in *(+ Akk.): hier:* gegen [3] *carmen, carminis *n:* Gedicht

Ü6 Bitte bleifrei!

Der Architekt Vitruv (1. Jh. v. Chr.) warnt:

multo salubrior[1] est ex tubulis[2] aqua quam per fistulas[3] adducta, quia plumbum[4] videtur esse ideo[5] vitiosum[6], quod ex eo cerussa[7] nascitur; haec autem dicitur esse nocens[8] corporibus humanis. si id est vitiosum, quod ex plumbo procreatur[9], ipsum quoque non est salubre. exemplum autem ab plumbariis[10] possumus accipere, quod pallentem[11] habent corporis colorem[12]. itaque minime[13] fistulis aqua duci videtur[14], si volumus eam habere salubrem.

[1] saluber, -bris, -bre: gesund [2] tubulus, i *m:* Tonrohr [3] fistula, ae *f:* Bleirohr [4] plumbum, i *n:* Blei [5] ideo: deshalb [6] vitiosus, a, um: schädlich, gefährlich [7] cerussa, ae *f:* Bleiweiß *(weißer Belag, der entsteht, wenn Wasser durch die Bleirohre fließt)* [8] nocens: schädlich [9] procreare: hervorbringen [10] plumbarius, i *m:* Bleiarbeiter [11] pallens, pallentis: bleich, blass [12] *color, coloris *m:* Farbe [13] minime *(Adv.):* keineswegs [14] videri: *hier:* richtig erscheinen

Ausgegrabenes Teilstück der unterirdisch verlaufenden Eifel-Wasserleitung, die das röm. Köln versorgte. Das Wasser lief ohne Rohre durch den gemauerten Kanal, der frostsicher 1 m unter der Erde lag. In der Mitte ein Einstiegschacht für Wartungs- und Reparaturarbeiten. [Mechernich (Nordrhein-Westfalen)]

Ü7 Welches Verb gehört zu welchem Substantiv? Was bedeuten sie jeweils?

fuga – portare – statua – donum – finire – florere – fugere – flumen – nuntiare – flos – fluere – gaudere – porta – finis – nuntius – gaudium – donare – statuere

Ü8 Geben Sie die deutsche Bedeutung der folgenden Wörter an. Acht davon sind Präpositionen. Welche?

ante – aut – apud – ceterum – raro – dum – ergo – hunc – inde – interim – ne – magis – postea – propter – quia – per – prope – si – simul – contra – super – tantum – ut – circa

Ü9 Achtung – Verwechslungsgefahr!

Ähnlich, aber nicht **gleich**:

ac ?	aut ?	dum ?	ergo ?	ibi ?	tu ?
ad ?	autem ?	tum ?	ego ?	ubi ?	ut ?
at ?					
vel ?	si ?	fere ?	tum ?	mos ?	
velle ?	sic ?	ferre ?	tam ?	mors ?	

Kaiserthermen in Trier (4. Jh. n. Chr.): 2 Apsiden (halbrunde Nischen) des Caldariums. In dem Rundbau dazwischen führte eine Treppe auf das Dach. Im 12. Jh. n. Chr. wurde das Caldarium als Teil der Stadtmauer genutzt.

XXV EIN DELPHIN SORGT FÜR UNRUHE

T Seinem Freund Caninius, der Erzählungen schreibt, schickt C. Plinius den Stoff für eine interessante Geschichte.

C. Plīnius Canīniō suō salūtem

incidī in māteriam vēram, sed simillimam fictae dīgnamque tuō laetissimō plānēque poēticō ingeniō. incidī autem, dum inter cēnam varia mīrācula referuntur.

est in Āfricā Hippōnēnsis colōnia marī proxima. omnēs hīc cīvēs piscandī, nāvigandī atque etiam natandī studiō tenentur, maximē puerī, quōs ōtium lūsusque sollicitat. hīs glōria et virtūs est altissimē prōvehī. victor est ille, quī longissimē et lītus et simul natantēs relīquit.

hōc certāmine puer quīdam audācior cēterīs in ulteriōra tendēbat. delphīnus occurrit: et nunc praecēdere puerum, nunc sequī, nunc circumīre, postrēmō subīre trepidantemque ferre prīmum in altum; mox flectit ad lītus redditque puerum terrae et aequālibus.

serpit per colōniam fāma. concurrere omnēs, ipsum puerum tamquam mīrāculum aspicere, interrogāre, audīre, narrāre. posterō diē obsident lītus, prōspectant mare. natant puerī, inter hōs ille, sed cautius. delphīnus rūrsus ad tempus, rūrsus ad puerum. fugit ille cum cēterīs. delphīnus, quasi invītet et revocet, exsilit mergiturque.

hoc alterō diē, hoc tertiō, hoc plūribus, dōnec puerōs subīret delphīnī timendī pudor. accēdunt et allūdunt et appellant, tangunt etiam delphīnum. crēscit audācia experiendō. maximē puer, quī prīmus expertus est, adnatat natantī, īnsilit tergō, fertur referturque. agnōscī sē, amārī putat, amat ipse; neuter timet, neuter timētur.

cōnfluēbant omnēs ad spectāculum capiendum magistrātūs, quōrum adventū et morā rēs pūblica modica novīs sūmptibus atterēbātur. postrēmō locus ipse quiētem suam sēcrētumque perdēbat. placuit delphīnum occultē interficī.

Plinius beendet seinen Brief mit der Bemerkung:
„Mit welcher Ergriffenheit, mit welchem Wortreichtum wirst du diese Begebenheit beklagen, ausschmücken, steigern! Doch brauchst du im Grunde nichts hinzuzufügen oder dazuzudichten. Es genügt das, was wirklich geschah, richtig zur Geltung zu bringen. Leb wohl."

Münze der griech. Stadt Tarent (Unteritalien): Ein Delphin trägt den Stadtgründer Taras nach einem Schiffbruch an Land. (Um 480 v. Chr.) [Neapel, Nationalmuseum]

E1 Welche Personen erwähnt Plinius im 2. Absatz?

E2 Welches Thema geben die Repetitionen im 3. und 4. Absatz an?

E3 Nennen Sie die Wörter im 5. Absatz, die ein Gefühl ausdrücken. Wie entwickelt sich die Beziehung zwischen dem Jungen und dem Delphin?

E4 Wie erklären Sie sich das Ende der Geschichte?

Kindersarkophag mit Nussspielen. Links: zwei Mädchen, von drei Freundinnen beobachtet, spielen mit Nüssen „Gleich – Ungleich". Zwei Jungen, vor denen Nüsse liegen, raufen sich. Sie gehören zur Gruppe rechts, die nuces castellatae (Nüsse-Türmen) spielt. Von vier Türmchen ist das rechte schon zerstört. Ein Junge holt gerade aus um ein zweites zu treffen, die anderen ereifern sich. [Rom, Vatikanische Museen]

Die Romanisierung der Provinzen

Hippo an der nordafrikanischen Küste war eine römische Kolonie (colōnia). Kolonien waren ursprünglich Ansiedlungen römischer Bürger, oft von Veteranen, zunächst in Italien, dann auch in den eroberten oder angegliederten Gebieten. Sie waren Stützpunkte des römischen Handels, des römischen Militärs, aber auch der römischen Verwaltung in den Provinzen.

Sämtliche Kolonien wurden nach einem festen Grundmuster angelegt. So hatte jede Kolonie ein Forum, ein Kapitol mit Jupitertempel, ein Theater, meist auch ein Amphitheater, ein rechtwinkliges Straßennetz, öffentliche Wasserversorgung sowie Thermen.

Die Einwohner vieler Provinzen lernten ihnen bisher unbekannte, komfortablere Häuser kennen. Sie erlebten, wie das römische Militär das Land mit festen Straßen durchzog, und bestaunten Steinbrücken und Aquädukte. Der Handel blühte auf und veränderte das Leben. In Gallien und Britannien finden wir Glas aus Ägypten, Keramik aus Griechenland, Marmor aus Italien, Oliven und Wein. Römische Münzen wurden zum Zahlungsmittel. Und selbstverständlich war Latein überall Verwaltungssprache. Viele Einheimische versuchten die Sitten und Gebräuche der Römer nachzuahmen. So wurden die Kolonien zum weit ausstrahlenden Mittelpunkt römischer Lebensweise und Kultur.

Mit der Herrschaft des Augustus (vgl. XXIII) begann für den Mittelmeerraum eine lange Periode des Friedens und des Wohlstands. Die Kolonien wurden zu Städten, die alle ein ähnliches Bild boten und immer mehr Bewohner anzogen („Urbanisierung"). Zur Zeit des Kaisers Trajan (98–117 n. Chr.) erreichte das Imperium Romanum seine größte Ausdehnung. Eine Sprachgrenze aber durchzog das Reich: Westlich von Griechenland sprach man hauptsächlich Latein, östlich davon hauptsächlich Griechisch. Dennoch traf ein Reisender in den römischen Städten des gesamten Imperiums ähnliche Lebensverhältnisse an.

Modell einer röm. Großbaustelle. Bau der Stadtmauer und eines Tores der Colonia Ulpia Traiana (Xanten). Große Steinblöcke werden mit Schiffen angefahren (l.), am Ufer zurecht geschnitten und mit Tret-Kränen und Flaschenzügen befördert. Die straffe Organisation solcher Großbaustellen und die entwickelte Technik gewährleisteten hohe Effektivität. [Bonn, Rheinisches Landesmuseum]

Die von Kaiser Trajan um 100 gegründete Veteranenkolonie Ulpia Traiana. Die Stadt mit etwa 10 000 Einwohnern war wie alle Kolonien nach dem Muster der Militärlager angelegt (vgl. Abb. auf S. 141). Heute ist das Gelände ein archäologischer Freizeitpark mit schönen Rekonstruktionen. [Xanten (Nordrhein-Westfalen)]

Ü1 Welche der nd-Formen werden substantivisch und welche adjektivisch verwendet?

signum proelii committendi – ad ludos edendos – abeundi spes – delphino incitando – in dono portando – gaudium homines delectandi – ad docendum – potestas argentum augendi – occasio litterarum scribendarum

Ü2 Schreiben Sie die folgenden Redensarten ab. Unterstreichen Sie die nd-Wortgruppen und kennzeichnen Sie eine eventuelle Erweiterung (Objekt: O, adverbiale Bestimmung: A).

a) sarcina[1], quam multa colla[2] sustinent, fit ad portandum facilis.
b) gutta[3] cavat[4] lapidem non vi, sed saepe cadendo[5].
sic addiscit[6] homo non vi, sed saepe legendo.
c) nihil agendo homines male agere discunt.

[1] sarcina, ae *f:* Gepäck, Last [2] collum, i *n:* Nacken, Hals [3] gutta, ae *f:* Tropfen [4] cavare: aushöhlen [5] *cadere: fallen [6] addiscere: hinzulernen

Ü3 Was die Römer beobachtet haben:

a) mores[1] hominum se inter ludendum[2] detegunt[3].
b) virtutes cernuntur[4] in agendo.
c) prudentia[5] ex providendo[6] est appellata.
d) philosophia[7] est ars[8] vera et falsa[9] diiudicandi[10].
e) breve vitae tempus satis est ad bene beateque[11] vivendum.

[1] mos, moris *m:* Sitte; *Pl.:* Charakter [2] *ludere: spielen [3] detegere: enthüllen [4] cernere: erblicken [5] *prudentia, ae *f:* Klugheit [6] providēre: *hier:* voraussehen [7] *philosophia, ae *f:* Philosophie, Weisheitslehre [8] *ars, artis *f:* Kunst [9] *falsus, a, um: falsch [10] diiudicare: unterscheiden [11] *beatus, a, um: glücklich

Ü4 In seinem „Buch des Wissenswerten", einem Schulbuch, gibt L. Ampelius (2. Jh. n. Chr.) einen kurzen Abriss über die frühe römische Geschichte:

populus Romanus primum sub[1] regibus fuit. deinde propter superbiam[2] Tarquinii expulsis regibus tutelam[3] suam consulibus commisit[4]. deinde decemviros[5] legum ferendarum[6] et rei publicae constituendae[7] paravit[8].

[1] *sub *(+ Akk. oder Abl.):* unter [2] *superbia, ae *f:* Hochmut [3] tutela, ae *f:* Schutz [4] committere: *hier:* anvertrauen [5] decemviri, orum *m:* Dezemvirn *(Kollegium von 10 Männern zur Erledigung von Sonderaufträgen)* [6] legem ferre: ein Gesetz vorschlagen [7] rem publicam constituere: den Staat neu organisieren [8] parare: *hier:* einsetzen

Ü5 hic und huc

huc venite! hic castra ponemus.
hic locus enim castris faciendis maxime idoneus est.

Ü6 Übersetzen Sie:

a) unus ex pueris melius audaciusque ceteris natabat.
b) puer audax delphinum magnum primo cautissime spectabat.
c) tum appropinquavit delphino caute adnatando.

Ü7 Olympischer Komparativ

altius[1], citius, fortius

[1] altus, a, um: hoch

Herculaneum, Zentralthermen: *Der Ankleideraum des Frauenbades. An der Wand die Nischen für die zusammengefalteten Kleider. Das Fußbodenmosaik zeigt einen Meeresgott (Triton), umgeben von Meerestieren.*

Ü8 Übersetzen Sie die Ausdrücke:

domus in oppido vetere sita – species bestiarum varia – forma navium levium – per voluntatem – pecuniae numerus – in itinere – tot milites gladiis exstincti – pleraque pretia

Ü9 Ordnen Sie die Wörter zu 10 inhaltlich passenden Paaren:

discipulus – femina – rex – nescire – equus – finis – adducere – vox – imperare – advocatus – schola – uxor – inducere – vocare – initium – iniuria – discere – magister – agri – scire

Ü10 Substantive auf -tās und -tūdō

Welches Substantiv gehört zu welchem Adjektiv? Erschließen Sie die Bedeutung der unbekannten Wörter:

similis – humilitas – plenitudo – honestas – fidelis – multus – magnitudo – dignitas – pauper – vetus – dulcedo – felix – nobilitas – brevis – fortitudo – gravis – paupertas – magnus – multitudo – dignus – dulcis – felicitas – novus – vetustas – nobilis – fidelitas – fortis – brevitas – gravitas – honestus – similitudo – plenus – novitas – humilis

Was drücken demnach Substantive auf -tās und -tūdō aus, die von Adjektiven abgeleitet sind?

Ü11 Lexikonübung I

In Lexika werden Verben in der 1. Pers. Sg. Präs. Akt. angegeben. Wie lautet diese Form bei den folgenden Beispielen? Geben Sie auch ihre deutsche Bedeutung an.

a) ruperunt – arserunt – mentiris – pertulissent – ausae estis – mirata sum – adero – accendisse – veritus sum – demisi – senserant – induxit – adiciatur – maluimus – promisi

b) admirabatur – statuit – moratus est – dimiserant – proficiscitur – solverunt – quereretur – defuit – coepisse – imposui – eveniret – pereat

Aquädukt von Segovia. Die trajanische Wasserleitung der Stadt Secobia überquert eine Schlucht mit einem 29 m hohen, 820 m langen Aquädukt aus mörtellos gefügten Granitquadern. [Segovia, Spanien] *Er dient noch heute der städtischen Wasserversorgung.*

XXVI GUTE LEHRER – GUTE SCHÜLER

T1 M. Fabius Quintilianus, der im 1. Jahrhundert n. Chr. lebte, schrieb ein Buch über die Ausbildung von Rednern. Darin gibt er auch Ratschläge, wie ein Lehrer seine Schüler behandeln sollte.

Dazu muss man wissen, dass die Eltern eine Art Lehrvertrag mit dem Lehrer schlossen. Die Schüler wurden allein oder in kleinen Gruppen unterrichtet. Sie kamen in die Wohnung des Lehrers oder in einen kleinen Laden, den der Lehrer gemietet hatte.

trāditō sibi puerō docendī perītus ingenium eius imprīmīs nātūramque perspiciet. ingeniī sīgnum in parvīs līberīs praecipuum memoria est; eius duplex virtūs: facile percipere et fidēliter continēre. proximum sīgnum est imitātiō; nam id quoque est docilis nātūrae.

haec cum animadverterit, perspiciat magister, quōmodo tractandus sit discentis animus. sunt quīdam, nisī īnstiteris, remissī, quīdam imperia indīgnantur. quōsdam continet metus, quōsdam dēbilitat.

mihi ille dētur puer, quem laus excitet, quem glōria iuvet, quī victus fleat. hic erit alendus ambitū, hunc mordēbit obiūrgātiō, hunc honor excitābit, in hōc dēsidiam numquam verēbor.

magistrī austēritās nōn trīstis, nōn dissolūta sit cōmitās, nē inde odium, hinc contemptus oriātur. plūrimus sermō eī dē honestō ac bonō sit. nam quō saepius monuerit magister, hōc rārius castīgābit. minimē irācundus sit, nec tamen ea, quae ēmendanda sunt, dissimulet.

in docendō sit simplex, patiēns, assiduus. in laudandīs discipulīs nec malīgnus nec effūsus sit, quia rēs altera taedium labōris, altera sēcūritātem parit. in ēmendandīs vitiīs, quae corrigenda sunt, nōn acerbus sit minimēque contumēliōsus.

E1 Welche Wörter zeigen, dass es in diesem Text um Unterricht geht?

E2 Auf welche beiden Voraussetzungen wird der erfahrene Lehrer zuerst achten? (Absatz 1)

E3 Wie reagieren die einzelnen Schüler auf die verschiedenen Erziehungsmethoden? (Absätze 2 und 3)

E4 Nennen Sie die Eigenschaften und Verhaltensmuster eines guten Lehrers, wie ihn sich Quintilian vorstellt (Absätze 4 und 5).

Relief mit Schulszene. Der rechte Schüler liest angespannt seinem Lehrer aus der Buchrolle vor, der linke wartet locker, bis er drankommt. Ein dritter, gerade angekommen, steht daneben, die Tasche in der Hand, in der sich sein Schreibgerät befindet. (Um 200 n. Chr.) [Trier, Rheinisches Landesmuseum]

T2

danda est omnibus aliqua remissiō, quia nūlla rēs est, quae perferre possit continuum labōrem. itaque et vīrium plūs afferunt ad discendum recentēs discipulī et acriōrem animum. nec mē offenderit lūsus in puerīs. nam etiam hoc est sīgnum alacritātis.

modus tamen sit remissiōnibus, nē aut negātae odium studiōrum faciant aut nimiae ōtiī cōnsuetūdinem. sunt etiam nōnnūllī acuendīs ingeniīs ūtilēs lūdī, cum positīs invicem quaestiōnibus cuiusque generis aemulantur. mōrēs quoque sē inter lūdendum simplicius dētegunt.

nūlla autem aetās vidētur tam īnfirma, quae nōn prōtinus rēctum prāvumque discat. ergō, nē quid cupidē, nē quid improbē, nē quid impotenter faciat, monendus est puer, habendumque in animō est semper illud Vergiliānum:

„adeō in tenerīs cōnsuēscere multum est."

E1 Wie begründet Quintilian die Notwendigkeit der remissiō? (Absatz 1)

E2 Wie möchte er die Erholungspausen gestaltet sehen? (Absatz 2)

E3 Was rät er für den Umgang mit ganz jungen Kindern, und wie begründet er diesen Rat? (Absatz 3)

Sarkophag des jung verstorbenen M. Cornelius Statius mit Szenen aus seinem Leben. Von links nach rechts: Der Vater schaut dem Stillen des Kleinen zu und hält ihn später auf dem Arm; Marcus fährt auf einem kleinen Rennwagen, den ein Ziegenbock zieht. Er wird von seinem Vater unterrichtet, vor dem er etwas aufsagt. [Paris, Louvre]

Schule und Unterricht

Bei den Römern gab es keine vom Staat eingestellten und bezahlten Lehrer, keine Schulgebäude und keine Schulpflicht. Dennoch schickten die meisten Römer ihre Kinder zumindest in die Elementarschule. Dafür mussten sie dem Lehrer ein geringes Schulgeld zahlen. Wer sich als Lehrer Geld verdienen wollte, mietete sich einen kleinen Laden und wartete auf Kundschaft. Die Lehrer stammten oft aus Griechenland. So wurden die römischen Jungen und Mädchen schon früh mit griechischer Sprache, Literatur und Kultur vertraut.

Ein Sklave (paedagōgus) begleitete die Kinder zur Schule, um sie vor den Gefahren des Schulwegs zu schützen. Der Unterricht begann sehr früh und dauerte bis zum Nachmittag. Die Mittagspause verbrachten die

Kinder zu Hause. An Feiertagen war schulfrei. Man vermutet, dass es von Juli bis Oktober Sommerferien gab. Hausaufgaben kannte man nicht. Disziplin wurde mit strengen Maßnahmen durchgesetzt. Tadel und Schläge waren üblich.

In der römischen „Schule“ gab es drei Phasen:

1) Elementarschule (7.–11. Lebensjahr)

Beim magister lūdī lernten die Kinder lesen und schreiben. Der Rechenunterricht wurde häufig von einem besonderen Lehrer, dem calculātor, erteilt.

2) Literaturschule (11.–16. Lebensjahr)

Der Lehrer dieser Stufe wurde grammaticus genannt. Es ging aber um viel mehr als nur um Grammatik. Die Kinder lernten zunächst die großen Werke der griechischen, dann auch der lateinischen Schriftsteller kennen. Der Unterricht verlief also zweisprachig.

Man interpretierte die Texte, behandelte grammatische, stilistische und inhaltliche Fragen. Dabei wurden gleichzeitig Kenntnisse in Geschichte, Mythologie, Geographie und anderen Dingen vermittelt. Es war üblich, große Passagen der gelesenen Werke auswendig zu lernen.

Diese Stufe besuchten nur noch die Kinder wohlhabender Römer. Mädchen wurden nur selten in die Literaturschule geschickt.

3) Rhetorik-Unterricht (16.–20. Lebensjahr)

Beim rhētor lernte der junge Römer, wie man wirkungsvolle Reden hielt. Für jede Karriere war die Kenntnis der Rhetorik Voraussetzung. Ein Anwalt musste die Richter überzeugen, ein Feldherr die Soldaten motivieren, ein Politiker sich im Senat oder in der Volksversammlung durchsetzen.

Zur Fortsetzung der Ausbildung reisten viele Angehörige der Oberschicht nach Griechenland um dort bei Rhetoren und Philosophen zu lernen (vgl. XXII, S. 101).

Schreibgerät aus der Colonia Ulpia Traiana: Holztafel, Spachtel, Stift und Griffelbüchse. Die Schreibtäfelchen (tabulae) waren mit Wachs gefüllt; die Schrift konnte man mit dem flachen Ende des Stiftes (stilus) oder mit dem Spachtel wieder löschen. Die Stifte sind aus Eisen, Bronze oder Elfenbein. [Xanten, Regionalmuseum]

Ü1 hic exercendum est: nd – mit und ohne esse

1. pacta[1] sunt servanda.
2. libertas defendenda[2] est.
3. in amicis eligendis diligentia adhibenda[3] est.
4. in urbe condenda inter Romulum et Remum rixa[4] orta est.
5. non omnes canes ad custodiendum[5] ideonei sunt.

[1] pactum, i *n:* Vertrag [2] *defendere: verteidigen [3] *adhibēre: anwenden [4] rixa, ae *f:* Streit [5] custodire: bewachen

Ü2 Immerhin etwas!

ut[1] desint vires, tamen est laudanda voluntas.

[1] ut *(+ Konjunktiv):* wenn auch

In welchem Zusammenhang passt diese Redensart?

Ü3 Quintilians Plädoyer für Unterricht in der Gruppe

ante omnia futurus[1] orator, quia in media re publica vivet, consuescat iam a tenero[2] non vereri homines. excitanda mens semper est, sed nimium tribuit[3] sibi ille, qui se nemini comparat[4]. adde[5], quod[6] domi ea sola discere potest, quae ipsi docebuntur, in schola etiam, quae aliis. ibi audiet multa cottidie[7] laudari, multa corrigi.

[1] *futurus, a, um: zukünftig [2] a tenero: von klein auf [3] tribuere: *hier:* zutrauen [4] *comparare *(+ Dat.):* (mit etwas) vergleichen [5] *addere: hinzufügen [6] quod: dass [7] *cottidie: täglich

Ü4 Quintilian über die Prügelstrafe

caedi[1] vero[2] discentes minime volo, primum, quia servile[3] est et certe iniuria. deinde, quod is, qui obiurgatione[4] non corrigatur, etiam ad plagas[5] durabitur[6]. postremo, quod ne[7] opus erit quidem[7] hac castigatione[8], si assiduus paedagogus[9] assistiterit[10].

[1] *caedere: schlagen [2] *vero *(Adv.):* aber [3] servilis, e: sklavisch [4] obiurgatio, onis *f:* Tadel [5] plaga, ae *f:* Schlag [6] durare ad: gegen etwas unempfindlich machen, abstumpfen [7] *ne ... quidem: nicht ... einmal [8] castigatio, onis *f:* Züchtigung [9] paedagogus, i *m:* Pädagoge *(Sklave, dem die Aufsicht über die Kinder anvertraut war)* [10] assistere, assisto, asstiti: dabeistehen, beistehen

Ü5 Immer nur lernen?

a) Ein römisches Sprichwort behauptet:
non scholae, sed vitae discimus.
b) Ein Studentenlied ruft auf:
gaudeamus igitur, iuvenes[1] dum sumus.
c) Was bringt folgende Redensart zum Ausdruck?
docendo discimus.

[1] *iuvenis, e: jung

Fresko aus Pompeji. Ein junges Mädchen, das seine Bildung mit Schreibtafel (codex) und Griffel (stilus) demonstriert. Das Haar wird von einem kunstvoll geknüpften Goldnetz zusammengehalten. [Neapel, Nationalmuseum]

Ü6 Erläutern Sie den Chiasmus.

modus sit remissionibus[1], ne aut negatae **odium studiorum** aut nimiae **otii consuetudinem** faciant.

[1] remissio, sionis *f:* Entspannung, Erholung

Ü7 Warum Konjunktiv im Relativsatz?

1. secutae sunt tempestates, quae naves omnes delerent[1].
2. legati Porsennae ad senatum missi sunt, qui Cloeliam obsidem repeterent.
3. Philippus rex Aristotelem philosophum elegit, qui Alexandrum filium educaret.
4. nullus puer tam audax erat, qui delphino non terreretur.
5. nihil tam difficile[2] est, quod humana mens non vincat.
6. te omnes amant feminae, neque id iniuriā, qui sis tam pulcher.

[1] *delēre: zerstören [2] *difficilis, e: schwierig

Ü8 Welche Verben können durch einen Infinitiv ergänzt werden?

malle – sequi – manere – visitare – ponere – posse – solēre – rumpere – augēre – audēre – parare – patere

Ü9 **Lexikonübung II**

Wie heißen zu den folgenden Partizipien die 1. Pers. Prs. und die Bedeutung des Infinitivs?

donata – retinenti – iacentes – tacentium – territis – debentis – completo – carens – propositum – querentem – eunte – tactorum – ereptos – loquentis – iuncta – bibentes

Ü10 Testen Sie Ihren Wortschatz!

Welche Fremdwörter kann man von folgenden lateinischen Wörtern herleiten?

a) origo – exemplum – materia – mos – civis
b) varius – neuter – plus/plures
c) aspicere – experiri – adicere – corrigere – negare

Ü11 Von welchen lateinischen Wörtern lassen sich folgende englische Wörter ableiten?

a) to favour – to explore – to excite – to invite – to offend – to provide – to exercise
b) prince – event – example – material – fame – origin – space – fate – reign
c) false – recent – various – secret – sited – extreme – perpetual – antique

„Marmorhof" und Eingang des Gymnasiums von Sardes. Gymnasien waren griechische Schulen, in denen neben Literatur und Mathematik viel Sport betrieben wurde. [Sart, Türkei]

XXVII CÄSAR AN RHEIN UND NORDSEE

Gallien zur Zeit Cäsars

C. Iulius Cäsar war seit 58 v. Chr. Statthalter in den beiden Provinzen Gallia Cisalpīna und Gallia Narbōnēnsis. Zwar hatte er schon in den ersten Jahren große Teile des freien Galliens unterworfen, doch drohten immer wieder Aufstände.

T1 Im Jahre 55 waren zwei große germanische Stämme auf der Suche nach neuem Siedlungsgebiet in Gallien eingedrungen. Weil Cäsar befürchtete, es könne zu einem für ihn gefährlichen Bündnis mit den Galliern kommen, unternahm er einen Feldzug gegen die beiden Stämme. In einem gnadenlosen Kampf siegte Cäsar.

Germānicō bellō cōnfectō multīs dē causīs Caesar statuit exercituī Rōmānō Rhēnum esse trānseundum; quārum illa fuit iustissima, quod Germānōs suīs rēbus timēre voluit, cum intellegerent exercitum populī Rōmānī et posse et audēre Rhēnum trānsīre. Caesar enim vīderat Germānōs facile impellī, ut in Galliam venīrent. Ubiī autem, quī ad

Caesarem lēgātōs mīserant, amīcitiam fēcerant, obsidēs dederant, magnopere ōrābant, ut sibi auxilium ferret, quod graviter ā Suēbīs premerentur.

Caesar nāvibus Rhēnum trānsīre nōn satis tūtum esse arbitrābātur, neque suae neque populī Rōmānī dignitātis esse statuēbat. itaque, etsī summa difficultās faciendī pontis prōpōnēbātur propter lātitūdinem, rapiditātem altitūdinemque flūminis, tamen id sibi contendendum aut aliter nōn trādūcendum exercitum exīstimābat. diēbus decem omnī opere effectō exercitus trādūcitur.

Caesar ad utramque partem pontis firmō praesidiō relictō in fīnēs Sugambrōrum contendit. interim ā complūribus cīvitātibus ad eum lēgātī veniunt, quibus pācem et amīcitiam petentibus līberāliter respondet obsidēsque ad sē addūcī iubet.

at Sugambrī fīnibus suīs excesserant suaque omnia exportāverant sēque in sōlitūdinem ac silvās abdiderant. Caesar paucōs diēs in eōrum fīnibus morātus omnibus vīcīs aedificiīsque incēnsīs frūmentīsque succīsīs sē in fīnēs Ubiōrum recēpit. Suēbī, postquam per explōrātōrēs pontem fierī comperērunt, conciliō habitō nūntiōs in omnēs partēs dīmīserant, ut dē oppidīs dēmigrārent, līberōs, uxōrēs suaque omnia in silvīs dēpōnerent atque omnēs, quī arma ferre possent, ūnum in locum convenīrent.

quod ubi Caesar comperit, omnibus rēbus iīs cōnfectīs, quārum causā trādūcere exercitum cōnstituerat, diēbus decem et octō trāns Rhēnum cōnsūmptīs satis ad laudem et ad ūtilitātem populī Rōmānī prōfectum arbitrātus est. itaque in Galliam sē recēpit pontemque rescīdit.

E1 Welche Motive nennt Cäsar für seinen Rheinübergang? (1. Absatz)

E2 Welche Punkte sprechen für, welche gegen einen Brückenbau? (2. Absatz)

E3 Was ereignet sich nach dem Rheinübergang? (3. Absatz)

E4 Wie reagieren die Sugambrer und die Sueben auf den Brückenbau? (4. Absatz)

E5 Welche Gründe nennt Cäsar für seinen Rückzug?

Sarkophag eines jungen Feldherrn (zu Pferd in der Mitte) mit der Darstellung eines Kampfes siegreicher Legionäre gegen die Goten, die durch Bärte, Hosen und Mützen gekennzeichnet sind. Die Römer greifen von links an. [Rom, Palazzo Altemps]

T2 Sofort nach dem Feldzug gegen Germanien richtet Cäsar seine Aufmerksamkeit auf Britannien. Er schreibt:
„Der Sommer dauerte nur noch kurze Zeit. Obwohl in dieser Gegend der Winter früh einsetzt ganz Gallien erstreckt sich nämlich nach Norden –, bemühte sich Cäsar dennoch nach Britannien aufzubrechen. Er wusste nämlich, dass in fast allen gallischen Kriegen unsere Feinde von dort Hilfstruppen erhalten hatten. Wenn auch die Zeit fehlte einen regelrechten Krieg zu führen, hielt er es dennoch für sehr nützlich, wenn er wenigstens auf der Insel landen, die Art der Menschen kennen lernen und die Gegend, die Häfen und die Landeplätze auskundschaften würde.“
Und so trifft Cäsar Vorbereitungen für einen Feldzug nach Britannien.

Caesar cum omnibus cōpiīs in Morinōs proficīscitur, quod inde erat brevissimus in Britanniam trāiectus. idōneam ad nāvigandum tempestātem nactus tertiā ferē vigiliā nāvēs solvit. hōrā dieī circiter quārtā cum prīmīs nāvibus Britanniam attigit atque ibī in omnibus collibus expositās hostium cōpiās armātās cōnspexit. atque ita montibus angustīs mare continēbātur, ut ex locīs superiōribus in lītus tēla adigī possent. hunc ad ēgrediendum nēquāquam idōneum locum arbitrātus ad hōram nōnam in ancorīs exspectāvit. et ventum et aestum ūnō tempore nactus secundum datō sīgnō circiter mīlia passuum septem ab eō locō prōgressus apertō ac plānō lītore nāvēs cōnstituit.

at barbarī praemissō equitātū et essedāriīs nostrōs nāvibus ēgredī prōhibēbant. erat ob hās causās summa difficultās, quod nāvēs propter magnitūdinem nisī in altō cōnstituī nōn poterant; mīlitibus autem magnō et gravī onere armōrum oppressīs īgnōtīs locīs simul et dē nāvibus dēsiliendum et flūctibus cōnsistendum et cum hostibus erat pūgnandum. hostēs autem ex āridō aut paulum in aquam prōgressī omnibus membrīs expedītīs, nōtissimīs locīs audacter tēla coniciēbant.

Keltische Krieger: Keltenhäuptling aus Gallien mit Kettenpanzer, seinem 8 kg schweren Schild und dem langen Hiebschwert. Hinter ihm ein britischer Kelte, kampfbereit tätowiert und das Haar mit Kalk gestärkt um mehr Furcht zu erregen. Auch er trägt den keltischen Halsring (torques).

atque nostrīs mīlitibus cūnctantibus maximē propter altitūdinem maris aquilifer decimae legiōnis obtestātus deōs, ut ea rēs legiōnī fēlīciter ēvenīret, „dēsilīte“, inquit, „mīlitēs, nisī vultis aquilam hostibus prōdere; egō certē meum reī pūblicae atque imperatōrī officium praestiterō.“ hoc cum vōce magnā dīxisset, sē ex nāvī proiēcit atque in hostēs aquilam ferre coepit. tum nostrī cohortātī inter sē, nē tantum dēdecus admitterētur, ūniversī ex nāvī dēsiluērunt. hōs cēterī ex proximīs nāvibus cum cōnspexissent, subsecūtī hostibus appropinquāvērunt.

pūgnātum est ab utrīsque ācriter. nostrī, simul in āridō cōnstitērunt, in hostēs impetum fēcērunt atque eōs in fugam dedērunt; neque longius prōsequī potuērunt, quod nāvēs onerāriae, quibus equitēs vehēbantur, Britanniam capere nōn potuerant. hoc ūnum ad prīstinam fortūnam Caesarī dēfuit.

E1 Welche Zeitangaben macht Cäsar? Was unternimmt er jeweils? Was erschwert die Landung der Römer? (1. Absatz)

E2 Welche Nachteile kennzeichnen die Lage der Römer, welche Vorteile haben die Britannier? (2. Absatz)

E3 Über welche Personen bzw. Personengruppen wird im 3. Absatz berichtet? Wer spielt die Hauptrolle?

E4 Wer geht aus dem Kampf als Sieger hervor? (4. Absatz)

C. Iulius Caesar – ein Machtpolitiker

Cäsar (100–44 v. Chr.) stammte aus einer der ältesten Familien Roms, die ihre Abstammung bis auf Iulus, den mythischen Sohn des Äneas, zurückführte (vgl. S. 49). Der junge, durchaus lebenslustige Mann hatte sich als Redner profiliert und strebte ehrgeizig nach einer politischen Karriere. Dafür suchte er die Gunst der breiten Massen zu gewinnen. Je mehr er sich dabei der Partei der Popularen („Volksfreunde") annäherte, desto misstrauischer begegneten ihm die konservativen Patrizier (optimātēs), die auf den ungeschmälerten Einfluss des Senats bedacht waren.

Schenkungen und Veranstaltungen von Spielen sowie die Wahlkämpfe kosteten viel Geld. Als Proprätor (Statthalter) in Spanien (61 v. Chr.) gelang es Cäsar, seine finanzielle Lage zu sanieren. Nach seiner Rückkehr schloss er ein Bündnis mit den einflussreichen Politikern Crassus und Pompejus und wurde mit deren Hilfe für das Jahr 59 zum Konsul gewählt.

Es war üblich, nach dem Konsulat als Prokonsul (Statthalter) eine Provinz zu verwalten. Doch entgegen diesem Brauch erhielt Cäsar sogar zwei Provinzen: Gallia Narbōnēnsis (Südfrankreich) und Gallia Cisalpīna (Norditalien). Seine Amtszeit wurde ausnahmsweise auf 5 Jahre festgesetzt und später sogar verlängert. Als Statthalter hatte Cäsar das Recht, ein Heer aufzustellen, über das er den Oberbefehl führte. Diese Machtstellung benötigte er für seine Pläne.

C. Julius Cäsar (100–44 v. Chr.)
[Rom, Vatikanische Museen]

Wir erleben hier den Höhepunkt einer Krisenzeit, in der immer wieder einzelne Politiker die Macht an sich zogen. Die frühere Einheit und die gemeinsame politische Zielsetzung der staatstragenden Senatorenschicht war zerfallen. Die Macht verlagerte sich zunehmend von den überlieferten Institutionen auf ehrgeizige Einzelpersönlichkeiten, die sich auf ein Heer als Machtbasis stützten (vgl. S. 71).
Begonnen hatte diese Entwicklung mit der Heeresreform des Marius (156–86 v. Chr.): Er ließ Freiwillige anwerben, unter denen viele mittellose Proletarier waren, sorgte für ihre militärische Ausrüstung, zahlte ihnen Sold und sicherte ihre spätere Existenz, indem er ihnen nach etwa zwanzigjähriger Dienstzeit Ackerland in den Provinzen schenkte.
Solche Söldnerheere ließen sich von geschickten Feldherren für ihre eigenen Ziele im innenpolitischen Machtkampf einsetzen. Auch Cäsar hatte sich in den Kriegen der Jahre 58–51, die mit der Unterwerfung des freien Galliens endeten, eine ihm völlig ergebene Armee geschaffen. Als 49 v. Chr. die entscheidende Auseinandersetzung um die Macht in Rom begann (vgl. XXVIII), konnte er sich auf dieses Heer als Rückhalt verlassen.

Ü1 Folge oder Zweck?

a) Caesar Rhenum traducere exercitum constituerat, ut Germanis metum afferret.
b) Ubii Caesari dixerunt tantum esse nomen exercitus Romani, ut amicitia populi Romani tuti esse possint.
c) Caesar C. Volusenum Britanniam praemittit, ut idoneos portus[1] exploret. huic mandat, ut exploratis omnibus rebus ad se quam primum[2] revertatur.
d) tanta tempestas subito orta est, ut naves cursum tenere non possent.

[1] *portus, ūs *m:* Hafen [2] quam primum: möglichst bald

Ü2 Alles verboten?

a) non omnis error[1] stultitia[2] nominandus[3] est.
b) vinum liberis bibendum non est.
c) nunc est agendum, non dicendum.
d) de gustibus[4] non est disputandum[5].
e) iniuria non toleranda[6] est.

[1] *error, erroris *m:* Irrtum [2] stultitia, ae *f:* Dummheit [3] *nominare: nennen, bezeichnen [4] gustus, ūs *m:* Geschmack [5] disputare: streiten [6] *tolerare: etragen, dulden

Rekonstruktion eines Pfeilgeschützes (Katapult). Es erhielt seine Schusskraft durch Anspannen gedrehter Seile, die, schnell losgelassen, einen schweren Pfeil so stark beschleunigten, dass er Schild und Panzer auf 100 m durchschlagen konnte, aber auch auf 200 m noch starke Wirkung zeigte.
[Bad Homburg (Hessen), Saalburgmuseum]

Ü3 Eine gefährliche Studienreise

Caesar adolescens, dum Rhodum[1] studendi causa navigat, a praedonibus[2] captus est mansitque apud eos circa quadraginta[3] dies cum uno medico et servis duobus. nam comites[4] servosque ceteros initio statim ad expediendas[5] pecunias, quibus redimeretur[6], dimiserat. numeratis[7] deinde quinquaginta[8] talentis[9] expositus est in litore. sine mora classe deducta[10] persecutus est[11] pradones ac redactos[12] in potestatem supplicio, quod saepe illis inter iocum[13] minatus erat, affecit.

[1] Rhodus, i *f:* Rhodos, eine Insel im Mittelmeer, Sitz einer Rhetorenschule [2] praedo, onis *m:* Seeräuber [3] quadraginta: vierzig [4] *comes, comitis: Begleiter [5] pecuniam expedire: Geld beschaffen [6] redimere: freikaufen [7] numerare: *hier:* zahlen [8] quinquaginta: fünfzig [9] talentum, i *n:* Talent (hohe Geldeinheit) [10] classem deducere: eine Flotte auslaufen lassen [11] persequi, persequor, persecutus sum *(Dep.):* verfolgen [12] in potestatem redigere: in die Gewalt bringen [13] iocus, i *m:* Scherz

Ü4 Erläutern Sie die Funktion der Ablative.

a) Sugambri finibus suis excesserant.
b) Caesar Rhenum navibus transire noluit.
c) Caesar tertia fere vigilia naves solvit.
d) hostes nostros milites navibus egredi prohibebant.

Ü5 Kooperation mit dem Eroberer?

interea consilio Caesaris cognito et per mercatores[1] perlato[2] ad Britannos a compluribus insulae civitatibus ad eum legati veniunt, qui polliceantur obsides dare atque imperio populi Romani parēre[3]. quibus auditis liberaliter[4] hortatus[5], ut in ea sententia[6] permanerent[7], eos domum remittit.

[1] mercator, oris *m:* Kaufmann [2] *perferre: überbringen [3] *parēre: gehorchen [4] liberalis, e: freundlich [5] *hortari *(Dep.):* ermahnen [6] *sententia, ae *f:* Meinung [7] *permanēre: verbleiben

Ü6 Alles sehr allgemein

a) Caesar providere voluit, ne iterum aliquae civitates Germanorum Gallis auxilium ferrent.
b) Caesar aliquos nuntios venisse comperit.
c) nuntii quasdam civitates defecisse[1] rettulerunt.
d) Caesar obsides retinendos non arbitratus est, ne quam daret timoris suspicionem.[2]
e) si quem librum auctoris[3] antiqui legere vis, eum tibi emam.
f) in carmine quodam Horatii poetae[4] scriptum est: carpe[5] diem.
g) quidquid ortum est, aliquando interibit[6].

[1] deficere: abfallen [2] suspicio, cionis *f:* Verdacht [3] *auctor, oris *m:* Urheber, Verfasser [4] poeta, ae *m:* Dichter [5] carpere: pflücken [6] *interire: zugrunde gehen

Ü7 P.P.A. oder nd-Form? Oder??
Nennen Sie auch die Bedeutungen der Vokabeln.

gaudentes – sentire – negando – defendo – contentis – accendis – voluntati – petenti – recenti – inducam – imprimendam – contendenti

Ü8 **Das rechte Maß**

Im Jahre 1552 verfasste Erasmus von Rotterdam eine Sammlung von Schülergesprächen, mit deren Hilfe Lateinschüler ihre Sprachkenntnisse verbessern sollten.

Der Schüler Syrus besucht seinen Freund Geta. Er ärgert ihn, indem er ihm vorhält, er lerne zu fleißig.

Syrus: tu semper studes.
Geta: non est ulla studiorum satietas[1].
Syrus: sed est tamen modus quidam. nobis non omittenda sunt studia, sed tamen intermittenda[2] nonnumquam[3]. non abicienda sunt, sed relaxanda[4]. tu studes noctes ac dies. nullum facis studendi finem neque modum.
Geta: rides me, ut soles. ipsi libri pulvere[5] obducti[6] loquuntur, quam sim immodicus[7] in studio!
Syrus: peream, si quid fingo.

[1] satietas, atis *f:* Sättigung [2] *intermittere: unterbrechen [3] *nonnumquam *(Adv.):* manchmal [4] relaxare: entspannen, erleichtern [5] pulvis, pulveris *m:* Staub [6] obductus, a, um: bedeckt [7] immodicus, a, um: maßlos

Ü9 Lexikonübung III

Substantive gibt das Lexikon stets im Nom. Sg. an.
Wie heißt dieser jeweils?

principum – proelium – pane – fontes – equum – modis – equitum – origine – manibus – colorum – arbore – victorem – lapides – genti – valli– gradui

Ü10 Lexikonübung IV

Wie heißt die 1. Pers. Sg. Präs. Akt. und ihre deutsche Bedeutung?

a) cognitis – spectavit – obsideri – audebant – conati sunt – discessisse – habentes – inventum – levabat
b) incipient – audiuntur – victuros (2) – affectos – cogebantur – addiderunt – aberat – alerent – deficiebat

Adlerträger (aquilifer). Der Adler, Sinnbild siegreicher Schlagkraft, war ein altes Kultsymbol der römischen Legion, seit der Heeresreform durch Marius ihr Feldzeichen.

XXVIII IM BÜRGERKRIEG

T1 Nach der Eroberung Galliens begann Cäsar zur Durchsetzung seiner Machtansprüche gegenüber dem Senat einen Bürgerkrieg. Die Truppen des Senats unter Pompeius zogen sich nach Griechenland zurück. Im Januar 48 v. Chr. folgte Cäsar ihnen und setzte nach Epirus (Albanien) über. Es gelang ihm Pompeius von seiner Nachschubbasis Dyrrhachium abzuschneiden. Pompeius musste in der Nähe auf einer Anhöhe namens Petra sein Lager aufschlagen. Petra verfügte über einen kleinen Hafen. Während Cäsar so gut wie keine Kriegsschiffe hatte, beherrschte die Flotte seiner Gegner die Adria. Das gefährdete die Versorgung der Truppen Cäsars mit Lebensmitteln.

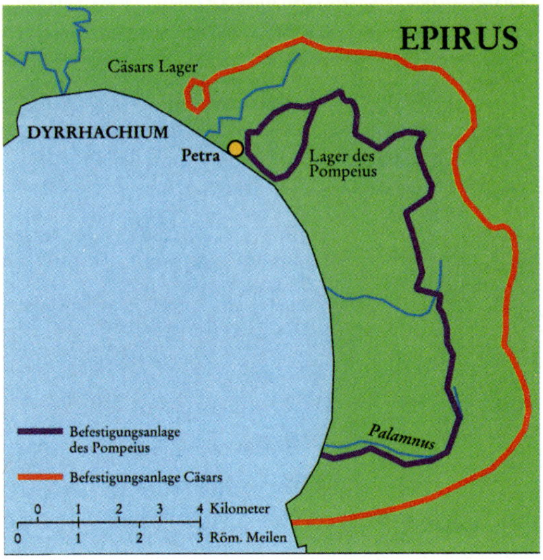

quibus rēbus cognitīs Caesar cōnsilium cēpit ex locī nātūrā. erant enim circum castra Pompēiī multī ēditī atque asperī collēs. hōs prīmum praesidiīs tenuit castellaque ibī mūnīvit. inde ex castellō in castellum perductā mūnītiōne circumvallāre Pompēium cōnstituit. haec enim spectāvit, ut auctōritātem, quā ille maximē apud exterās nātiōnēs nītēbātur, minueret, cum fāma per orbem terrārum percrēbuisset illum ā Caesare obsidērī neque audēre proeliō dīmicāre.

erat nova et inūsitāta bellī ratiō tot castellōrum numerō tantōque spatiō et tantīs mūnītiōnibus et tōtō obsidiōnis genere. nam quīcumque alterum obsidēre cōnātī sunt, perculsōs atque īnfirmōs hostēs continuērunt, cum ipsī numerō equitum mīlitumque praestārent. causa autem obsidiōnis haec esse cōnsuēvit, ut frūmentō hostēs prohibērent. at tum integrās atque incolumēs cōpiās Caesar īnferiōre mīlitum numerō continēbat, cum illī omnium rērum cōpiā abundārent. cottidiē enim magnus undique nāvium numerus conveniēbat, quae commeātum supportārent. ipse autem cōnsumptīs omnibus longē lātēque frūmentīs erat summīs in angustiīs.

sed tamen haec singulārī patientiā mīlitēs ferēbant. meminerant enim ad Alesiam magnam sē inopiam perpessōs, multō etiam māiōrem ad Avaricum, sē maximārum gentium victōrēs discessisse. nōn hordeum, nōn legūmina recūsābant. pecus vērō, cuius erat summa ex Ēpīrō cōpia, magnō in honōre habēbant. est etiam genus rādīcis inventum, quod admixtum lacte multum inopiam levābat. eius erat magna cōpia. ex hōc effectī sunt pānēs. hōs, cum in colloquiīs Pompēiānī famem nostrīs obicerent, vulgō in eōs iaciēbant, ut spem eōrum minuerent.

E1 Wer ist im 1. Absatz der Handelnde? Bestimmen Sie dazu die Subjekte der Hauptsätze. Was ist mit quibus rēbus (Z. 1) gemeint?

E2 Der 2. Absatz lässt sich nochmals in zwei Hälften gliedern:

a) erat – prohibērent (Z. 7–11),
b) at tum – angustiīs (Z. 11–14).

Begründen Sie diese Einteilung. Beachten Sie dabei auch die Funktion der Konnektoren nam, at tum, enim.

E3 Wen stellt Cäsar im 3. Absatz in den Mittelpunkt?
Wie sieht die Ernährung aus?

Cäsars Belagerungsring um Alesia (Frankreich): Der 16 km lange Ring schnitt die 150 m hoch liegende gallische Stadt und die 80 000 Mann des Vercingetorix von der Außenwelt ab. Von rechts nach links: Tausende eingegrabener Pflöcke mit eisernen Widerhaken, 8 Reihen runder Gruben mit gespitzten Pfählen, mit Reisig getarnt; ein 5 Reihen tiefer Stachelwall, zwei 5 m breite Gräben, der vorderste mit Wasser gefüllt, eine Palisade mit Türmen im Abstand von 25 m; unterhalb der Brustwehr erschwert eine Reihe spitzer Pfähle das Hochklettern. Eine gleiche Anlage, 20 km lang, wehrte zur Landseite hin Entlastungsangriffe aus Gallien ab.

T2 Die Belagerung zog sich monatelang hin.

iamque frūmenta mātūrēscere incipiēbant, atque ipsa spēs inopiam sustentābat, quod celeriter sē habitūrōs esse cōpiam cōnfīdēbant. crēbraeque vōcēs mīlitum in vigiliīs audiēbantur prius sē cortice ex arboribus victūrōs quam Pompēium ē mānibus dīmissūrōs. libenter etiam ex perfugīs cognōscēbant equōs Pompēiānōrum tolerārī, reliqua vērō iumenta interīsse; ipsōs autem ūtī valētūdine nōn bonā aquae summā inopiā affectōs: omnia enim flūmina atque omnēs rīvōs, quī ad mare pertinēbant, Caesar aut āverterat aut magnīs operibus obstrūxerat. ita illī puteōs fodere cōgēbantur atque hunc labōrem ad cottīdiāna opera addēbant. quī tamen fontēs ā quibusdam praesidiīs aberant longius et celeriter aestū exārēscēbant. at Caesaris exercitus optimā valētūdine summāque aquae cōpiā ūtēbātur, tum commeātūs omnī genere praeter frūmentum abundābat.

in Pompēiī castrīs erat summa inopia pābulī adeō, ut foliīs ex arboribus strictīs et tenerīs harundinum rādīcibus contūsīs equōs alerent. frūmenta enim, quae fuerant intrā mūnītiōnēs sata, cōnsūmpserant. cōgēbantur Corcȳrā atque Acarnāniā longō interiectō nāvigātionis spatiō pābulum supportāre. sed postquam nōn modō hordeum pābulumque omnibus locīs, sed etiam frōns ex arboribus dēficiēbat, corruptīs equīs maciē cōnandum sibi aliquid Pompēius dē ēruptiōne exīstimāvit.

E1 Sammeln Sie Informationen zur Lage der beiden Gegner. (1. Absatz)

E2 Unter welcher neuen Mangelsituation leiden die Pompeianer? Welche Folgerung zieht Pompeius daraus? (2. Absatz)

Zwei Reiter mit Kettenhemd, Lanze (hasta) und ovalen Schilden. Der linke trägt als Nahkampfwaffen Dolch (pugio) und gladius, der rechte das längere Reiterschwert.
Römischer Hornist und Legionär. Der Hornist vermittelte mit seinem Horn (cornu) Befehlssignale. Der Legionär ist mit Marschgepäck und Bewaffnung dargestellt: Helm, Schienenpanzer, gladius, 2 Wurfspeere (pila) und Schild. Am Marschgepäck hängen Schanzzeug und Kochgeschirr.

Römisches Militär

In den ersten Jahrhunderten der römischen Republik bestand eine allgemeine Wehrpflicht vom 17. bis zum 46. Lebensjahr. Eingezogen wurden Männer dann, wenn ein Krieg bevorstand. Mit der Ausdehnung des Reiches wuchs das Heer, immer mehr Kriege wurden geführt, zunehmend auch auf weit entfernten Schauplätzen. So kam es, dass die Soldaten jahrelang von zu Hause fernblieben und die Bauern ihre Höfe nicht mehr bestellen konnten. Immer mehr Bauern, aber auch kleine Handwerker sanken zu besitzlosen Proletariern ab. Die steigende Unzufriedenheit mit der Dienstpflicht und ihre sozialen Folgen ließen auch die Schlagkraft des Heeres sinken. Als Reaktion führte Marius eine Heeresreform durch (s. XXVII), durch die das römische Heer zum Söldner- und später zum Berufsheer wurde.

Die Legion (legiō) war die größte Einheit des römischen Heeres. Zu einer Legion gehörten 10 Kohorten (cohortēs), die jeweils in

6 Zenturien gegliedert waren. Die Mannschaftsstärke einer Legion schwankte zwischen 5 000 und 6 000 Soldaten.
Auf den Feldzügen hatte jeder Legionär nicht nur seine Waffen mitzuführen, er musste auch Schanzgerät, Palisaden, Kochgeschirr und Verpflegung mitschleppen. Unter normalen Bedingungen schafften die Soldaten Tagesmärsche von 20 km. An jedem Abend wurde aus Sicherheitsgründen zuerst ein befestigtes Lager angelegt, das nach einem genau festgelegten Schema erbaut wurde.
Die Standlager in den Provinzen, in denen Soldaten für längere Zeit stationiert waren, wurden nach demselben Plan errichtet, aber natürlich weitaus stärker befestigt und mit festen Gebäuden ausgestattet. Lazarett, Getreidespeicher, Badeanlagen, das prächtige Hauptquartier und die Befestigung mit Wall, Graben und Türmen ließen das Lager wie eine Festungsstadt aussehen.
Militärlager zogen häufig Zivilpersonen aus dem Umland an: Händler boten den Soldaten ihre Waren an, Wirte eröffneten kleine Schenken. Zwar war den Soldaten die Ehe mit einheimischen Frauen verboten, doch inoffiziell wurden solche Verbindungen geduldet. Viele Soldaten hatten außerhalb des Lagers ihre Familien. So wurden die Lager über ihre militärische Aufgabe hinaus oft Keimzellen neuer Siedlungen und Vermittler römischer Kultur (s. XXV).

Der Haupteingang des Kastells der Cohors II Raetorum civium Romanorum. Das Lager beherbergte von 83 bis 260 n. Chr. eine Kohorte (5–600 Mann) von Rätern, einem Volk in den Alpen, die für ihren Dienst in der römischen Armee das römische Bürgerrecht erhielten. Um das Kastell entstand ein ziviles Lagerdorf (vicus) mit Thermen, Geschäften und Heiligtümern. Die Saalburg wurde 1898–1907 wiederaufgebaut. [Bad Homburg (Hessen), Saalburg]

Cäsars Kampf gegen den Senat

Cäsar war durch seine Erfolge zu einer Bedrohung für die Machtansprüche des Senats geworden. Seine Gegner versuchten daher eine weitere politische Karriere Cäsars zu verhindern. Eine Chance bot sich, als Cäsar sich im Jahre 49 ein zweites Mal um das Konsulat bewerben wollte. Dazu musste er nämlich nach geltendem Recht persönlich in Rom erscheinen. Da ihm dort aber ein Prozess drohte, mit dem ihn seine Gegner auszuschalten hofften, wagte er nicht, als Privatmann nach Rom zurückzukehren. Als der Senat ihm eine Kandidatur in Abwesenheit nicht erlaubte und sogar verlangte, dass er sein militärisches Kommando niederlegen sollte, überschritt er mit seinem Heer den kleinen Fluss Rubicon, die Grenze zu Gallia cisalpīna. „Die Würfel waren gefallen“: Cäsar hatte offen die Verfassung gebrochen und den militärischen Kampf um die Macht begonnen.

Der Senat ernannte Cn. Pompeius zum Oberbefehlshaber der regulären Truppen. In Griechenland sammelten er und die anderen Cäsargegner ihre Streitkräfte. Nach wechselvollen Kämpfen siegte Cäsar im Jahre 48 in der Entscheidungsschlacht bei Pharsalus. Pompeius floh nach Ägypten, wurde dort aber ermordet. Doch erst nach weiteren Schlachten in Kleinasien, Nordafrika und Spanien hatte Cäsar im Jahre 45 die letzten Anhänger der Senatspartei besiegt.

Zielstrebig baute Cäsar seine Herrschaft aus: So wurde er unter anderem zum dictātor auf Lebenszeit ernannt, erhielt die Rechte eines Volkstribunen und wurde erneut pontifex maximus (höchster Priester Roms). In einem letzten Aufbäumen versuchten Angehörige der Senatspartei die Republik zu retten: An den Iden des März (15. 3.) 44 v. Chr. ermordeten sie Cäsar während einer Senatssitzung. Doch sein Großneffe und Adoptivsohn Octavian, der spätere Augustus, setzte Cäsars Politik der Alleinherrschaft fort (vgl. XXIII).

Rekonstruktion einer Steinschleuder (onager). Sie beruht ebenfalls auf dem Torsionsprinzip und konnte schwere Steinkugeln etwa 40 m hoch und 30 m weit schleudern. Der onager wurde daher vor allem bei Belagerungen eingesetzt. Bei der Belagerung von Jerusalem schleuderte ein besonders großes Geschütz Kugeln von 26 kg Gewicht 370 m weit.
[Rom, Museum der römischen Kultur]

Ü1 Untersuchen Sie die Funktion der cum-Sätze:

a) Romani, cum consumpto frumento maximis in difficultatibus essent, inopiam singulari patientia ferebant.

b) Caesariani panes in Pompeianos iaciebant, cum illi nostris famem obicerent.

c) Pompeiani aquae summa inopia affecti sunt, cum Caesaris exercitus summa aquae copia uteretur.

d) frumento maturescente[1] milites inopiam facilius toleraverunt, cum celeriter se habituros copiam confiderent.

[1] maturescere: reif werden

Ü2 Welche „Färbung“ drückt der Konjunktiv im Relativsatz aus?

a) cottidie multae naves undique conveniebant, quae commeatum[1] supportarent[2].

b) milites inopiam singulari patientia ferebant, qui se multo maiorem inopiam ad Alesiam sustinuisse meminissent.

[1] commeatus, ūs *m:* Nachschub [2] supportare: heranschaffen

Ü3 Das Zeitverhältnis im A.c.I.

voces militum audiebantur se prius cortice[1] ex arboribus victuros quam Pompeium e manibus dimissuros esse. libenter ex perfugis[2] cognoscebant equos Pompeianorum tolerari[3], iumenta[4] vero interisse.

[1] cortex, corticis *f:* Rinde [2] perfuga, ae *m:* Überläufer [3] tolerare: notdürftig durchfüttern [4] iumentum, i *n:* Zugtier

Ü4 Wo „fehlt" etwas?

Romani Tarquinium Superbum regem ex urbe pepulerant. is autem auxilii petendi causa ad Porsennam se contulit. qui Tarquinios expellendos non esse aestimans magnum exercitum contra Romanos duxit. Porsenna enim regnum Tarquinii Superbi sibi restituendum putabat. Romani autem se urbem omnibus viribus defensuros minati sunt.

Ü5 Immer wieder Ablativ!

a) Pompeius non audet proelio dimicare[1].
b) belli ratio[2] magno castellorum numero tantoque spatio inusitata[3] erat.
c) Caesar inferiore militum numero Pompeii copias continebat.
d) milites inopiam superiore anno toleraverant.
e) milites hostes frumento prohibuerunt.

[1] dimicare: um die Entscheidung kämpfen [2] belli ratio: Kriegsführung [3] inusitatus, a, um: ungewöhnlich

Ü6 Bestimmen Sie die Pronomina und erklären Sie ihre Verwendung.

a) Caesar circumvallare[1] Pompeium constituit **haec** spectans, ut auctoritatem minueret.
b) milites frumento carebant. sed tamen **haec** singulari patientia ferebant. memoria enim tenebant se **eadem** iam prius toleravisse.

[1] circumvallare: einschließen

Modell des Reiterkastells Aalen (um 150 n. Chr.). Hier waren 1 000 Reiter zum Schutz des Limes stationiert. Die rechtwinklige Anlage dieser Kastelle diente als Vorbild für den Grundriss der Kolonien (vgl. S. 121). Am Schnittpunkt der zwei Hauptachsen (cardo und decumanus) liegt die Kommandantur. Daneben enthielten alle Kastelle wetterfeste Unterkünfte, Vorratsmagazine, Wasserversorgung, Waffenschmiede, Lazarett. Meist gab es auch eine Exerzierhalle, Arrestzellen und Offizierswohnungen. [Aalen (Baden-Württemberg), Limes-Museum]

Ü7 Zerrissenheit

Der Dichter Catull liebt leidenschaftlich eine Frau, die seine Liebe nicht erwidert. Über seinen Zustand schreibt er:

odi[1] et amo. quare[2] id faciam, fortasse[3] requiris?
nescio. sed fieri sentio, et excrucior[4].

[1] *odisse: hassen [2] *quare: warum [3] *fortasse *(Adv.):* vielleicht [4] excruciare: foltern, quälen

Ü8 esse und mehr

deesse – adesse – abesse – posse – prodesse
Wie lauten die Stammzeiten und die Bedeutungen?

Ü9 Welche Wörter passen zum Thema Krankheit oder Gesundheit?

aestimare – aeger – ornare – salus – medicus – medius – vulnus – vulgus – morari – deficere – iter – integer – species – graviter ferre – voluntas – mentiri – voluptas – modus – valēre – sustinēre – fieri – carmen – aegrotus – exemplum – mori

Ü10 Verwechslungsgefahr

a)	fama	fames	h)	audere	audire
b)	fere	ferre	i)	vultus	vulgus
c)	vires	viri	j)	solere	solvere
d)	fingere	figere	k)	libri	liberi
e)	mos	mors	l)	odium	otium
f)	dolere	docere	m)	parēre	parere
g)	deficere	deferre	n)	accedere	accidere

Ü11 Der Würfel ist gefallen

Die Anfangsbuchstaben der Bedeutungen der folgenden lateinischen Wörter ergeben, hintereinander gelesen, Cäsars noch heute häufig zitierten Ausspruch, den er tat, als er den Rubicon überschritt.

omnia – vivere – eripere – aetas
error – praeterea – Christianus – templum – quoque
includere – ipse – pars

Römische Spielwürfel. Die Anordnung der Punkte ist bis heute unverändert.
[Köln, Römisch-Germanisches Museum]

Ü12 Lexikonübung V

Im Lexikon folgt auf die 1. Pers. Sg. Präs. die Angabe der 1. Pers. Sg. Perf. Geben Sie jeweils beide Formen und die Bedeutung der Verben an:

a) ceperunt – mansisti – ascenderam – vocaverint – aspexistis – voluero – pervenerunt – traxissent – cucurrit
b) referentes – nesciente – quaerenti – carens – interrogantibus – debentis – putans – convenientem – proponentium
c) defectum – negati – expertus – fictum – flexos – relata – eventis – responso – remissi – aspecta – erectae

Ü13 Lexikonübung VI

Wie heißen Nom. Sg., das Genus und die Bedeutung folgender Substantive?

nomini – supplicia – imagines – vino – carminum – turbae – praemii – matris – filiis (2) – patre – floribus – fori – saluti – aestatis

Ehrenbogen von Glanum. Der Bogen, um 20 v. Chr. errichtet und heute stark reduziert, feiert den römischen Sieg über die Gallier.
[St. Rémy, Südfrankreich]

XXIX CHRISTEN UND RÖMER

Unter der Regierung des Kaisers Trajan (98–117 n.Chr.) verwaltete C.Plinius die Provinz Bithynien im Norden der heutigen Türkei. Dabei stieß er auf das Phänomen, dass sich viele Einwohner dieser Provinz zu einer neuen Religion bekannten. Sie nannten sich Christen, beteten zu einem einzigen, unsichtbaren Gott und nahmen an den Kulten in den Tempeln nicht teil.

T1 Weil Plinius keinen Rat weiß, wendet er sich an den Kaiser.

C. Plīnius Trāiānō Imperātōrī

sollemne est mihi, domine, omnia, dē quibus dubitō, ad tē referre. cognitiōnibus dē Chrīstiānīs anteā interfuī numquam. itaque nesciō, quid aut pūnīrī soleat aut quaerī. nec mediocriter haesitāvī, utrum dētur paenitentiae venia, an eī, quī aliquandō Chrīstiānus fuit, dēsīsse nōn prōsit; utrum nōmen ipsum, etsī flāgitiīs careat, an flāgitia cohaerentia nōminī pūniantur.

interim in iīs, quī ad mē tamquam Chrīstiānī dēferēbantur, hunc sum secūtus modum: interrogāvī ipsōs, an essent Chrīstiānī. cōnfitentēs iterum ac tertiō interrogāvī supplicium minātus; persevērantēs dūcī iussī. neque enim dubitābam īnflexibilem pertināciam certē dēbēre pūnīrī. fuērunt aliī similis āmentiae, quōs, quia cīvēs Rōmānī erant, adnotāvī in urbem remittendōs.

prōpositus est libellus sine auctōre multōrum nōmina continēns. eōs, quī negābant esse sē Chrīstiānōs aut fuisse, cum deōs appellārent et imāginī tuae tūre ac vīnō supplicārent, praetereā maledīcerent Chrīstō, dīmittendōs esse putāvī. aliī esse sē Chrīstiānōs dīxērunt et mox negāvērunt: sē fuisse quidem, sed dēsīsse. hī quoque omnēs et imāginem tuam deōrumque simulācra venerātī sunt et Chrīstō maledīxērunt.

Relief vom Deckel des Sarkophags der Christin Baebia Hertofila (um 330 n. Chr.). Die Szene eines Gastmahls mit Brot und Wein soll an das letzte Mahl Jesu mit seinen Jüngern (»Abendmahl«) und zugleich an die Eucharistiefeiern der christlichen Gemeinden erinnern. [Rom, Thermenmuseum]

affirmābant autem hanc fuisse summam vel culpae suae vel errōris, quod essent solitī statō diē ante lūcem convenīre carmenque Chrīstō quasi deō dīcere; sēque sacrāmentō nōn in scelus aliquod obstringere, sed nē fūrta, nē latrōcinia, nē adulteria committerent. quibus perāctīs sibi fuisse mōrem rūrsus coeundī ad capiendum cībum. quō magis necessārium crēdidī ex duābus ancillīs, quae ministrae dīcēbantur, per tormenta quaerere, quid esset vērī. nihil aliud invēnī quam superstitiōnem immodicam. itaque dīlātā cognitiōne ad cōnsulendum tē dēcurrī. vīsa est enim mihi rēs dīgna cōnsultātiōne, maximē propter perīclitantium numerum. multī enim omnis aetātis, omnis ōrdinis, utriusque sexūs etiam vocantur in perīculum et vocābuntur. neque cīvitātēs tantum, sed vīcōs etiam atque agrōs contāgiō superstitiōnis istīus pervagāta est; quae vidētur sistī et corrigī posse. certē satis cōnstat fere iam dēsōlāta templa coepisse celebrārī et sacra sollemnia diū intermissa repetī passimque vēnīre victimārum carnem. ex quō facile est opīnārī, quae turba hominum ēmendārī possit, sī sit paenitentiae locus.

E1 Nennen Sie die Punkte, in denen Plinius unsicher ist. (1. Absatz)

E2 Welche Gruppen angeklagter Christen unterscheidet er? Welche Entscheidungen trifft er? (2. Absatz)

E3 Als Reaktion auf die anonyme Anzeige erfolgen Verhaftungen. Wie verhalten sich die beiden erwähnten Gruppen der Beschuldigten? (3. Absatz)

E4 Was erfährt der Richter Plinius aus den Vernehmungen über Bräuche und Riten der frühen Christen? (Z. 23–27)

E5 Worin sieht Plinius das Gefährliche der neuen Religion? Wie glaubt er die christliche Bewegung am besten eindämmen zu können? (Z. 30–36)

Betende Christin mit Schleier zwischen einem sitzenden Magister mit zwei Schülern und Maria mit dem Jesusknaben. (Fresko in der Grabnische einer unbekannten Christin, um 280 n. Chr.) [Rom, Priscilla-Katakombe]

T2 Der Kaiser schreibt zurück:

Trāiānus Plīniō

āctum, quem dēbuistī, mī Secunde, in excutiendīs causīs eōrum, quī Chrīstiānī ad tē dēlātī fuerant, secūtus es:

conquīrendī nōn sunt. sī dēferantur et arguantur, pūniendī sunt, ita tamen, ut is, quī negāverit sē Chrīstiānum esse idque rē ipsā manifestum fēcerit – id est supplicandō deīs nostrīs –, veniam ex paenitentiā impetret.

sine auctōre vērō prōpositī libellī in nūllō crīmine locum habēre dēbent. nam et pessimī exemplī nec nostrī saeculī est.

E Welche Entscheidungen trifft Trajan? Wie äußert sich der Kaiser über anonyme Anzeigen?

T3 Es kam immer wieder zu regionalen und überregionalen Verfolgungen. Eine besonders schwere Verfolgung traf die Christen Nordafrikas um 200. In deren Verlauf wurde neben anderen jungen Leuten die Tochter eines angesehenen Bürgers der Stadt Thuburbo, Vibia Perpetua, verhaftet.
Perpetua war 22 Jahre alt, hatte zwei Brüder, war verheiratet und gerade Mutter geworden. Sie berichtet über ihr Martyrium.

Bronzebildnis des Kaisers Trajan (98–117 n. Chr.) im Rundschild (sog. imago clipeata). Der Kaiser trägt einen Lorbeerkranz, seine Züge zeigen die ruhige Gelassenheit eines alten Mannes. [Ankara, Türkei]

post paucōs diēs recipimur in carcerem. et expāvī, quia numquam experta eram tālēs tenebrās. ō diem asperum! aestus validus, concussūrae mīlitum! mācerābar sollicitūdine īnfantis ibī. tunc Tertius et Pompōnius, benedictī diācōnī, quī nōbīs ministrābant, cōnstituērunt praemiō, ut paucīs hōrīs ēmissī in meliōrem locum carceris refrīgerārēmus. egō īnfantem lactābam iam inediā dēfectum. sollicita prō eō alloquēbar mātrem et cōnfortābam frātrem, commendābam fīlium. et ūsurpāvī, ut mēcum īnfāns in carcere manēret, et statim convaluī.

post paucōs diēs rūmor cucurrit, ut audīrēmur. vēnit autem dē cīvitāte pater meus, cōnsūmptus taediō, et ascendit ad mē, ut mē dēiceret, dīcēns: „miserēre, fīlia, cānīs meīs! miserēre patrī, sī dīgnus sum ā tē pater vocārī, sī hīs tē manibus ad hunc flōrem aetātis prōvēxī, sī tē praeposuī omnibus frātribus tuīs. nōlī mē dare in dēdecus hominum! aspice frātrēs tuōs, aspice mātrem tuam, aspice fīlium tuum, quī sine tē vīvere nōn poterit." et cōnfortāvī eum dīcēns: „hoc fīet in illā catastā, quod Deus voluerit." et recessit ā mē valdē trīstis.

aliō diē, cum pranderēmus, subitō raptī sumus, ut audīrēmur, et pervēnimus ad forum. rūmor statim per vīcīnās forī partēs cucurrit, et factus est populus immēnsus. ascendimus in catastam. interrogātī cēterī cōnfessī sunt. ventum est et ad mē. et appāruit pater cum fīliō meō et extrāxit mē dē gradū dīcēns: „supplicā! miserēre īnfantī!" et Hilariānus prōcūrātor: „parce", inquit, „cānīs patris tuī, parce puerō parvō! fac sacrum prō salūte imperātōrum!" et egō respondī: „nōn faciō." Hilariānus: „Chrīstiāna es?" inquit. et egō respondī: „Chrīstiāna sum."

et cum stāret pater ad mē dēiciendam, iussit Hilariānus eum prōicī et virgā percutī. doluit mihi cāsus patris meī, quasī egō fuissem percussa. tunc nōs ūniversōs prōcūrātor damnat ad bēstiās. et hilarēs dēscendimus ad carcerem.

Ein Glaubensgenosse schließt Perpetuas Erzählung mit dem Bericht über ihren Tod in der Arena ab. Die Verurteilten wurden von den Tieren nur verwundet und deshalb von Gladiatoren mit dem Schwert getötet. „Dabei musste Perpetua großen Schmerz erleiden: Sie schrie, als das Eisen auf ihre Knochen traf. Dann führte sie die zitternde Hand des jungen Gladiators selbst zu ihrer Kehle."

E1 Was sagen die Repetitionen über Perpetuas Lage aus? (1. Absatz)

E2 Mit welchen Argumenten versucht der Vater Perpetua zu beeinflussen? Wie reagiert die Tochter? (2. Absatz)

E3 Wo findet das Verhör durch den Richter statt? Wie verläuft es? (3. Absatz)

E4 Was wird im 4. Absatz berichtet?

Das Forum von Volubilis: Rechts die Basilika, Markt- und Gerichtsgebäude; vorn ein Podium für öffentliche Verhandlungen und Reden; hinten die Säulen des Jupiter-Tempels. [Volubilis, Marokko]

Die Christen im Römischen Reich

Durch die Unterwerfung zahlreicher Länder bekamen die Römer immer wieder Kontakt zu ausländischen Religionen, die dann in Rom oft Anhänger fanden. In solchen Fremdeinflüssen sah Augustus eine Gefahr für die innere Einheit des Reiches. Einen neuen Zusammenhalt suchte er durch den Kaiserkult zu schaffen. Der herrschende Kaiser, aber auch die verstorbenen Kaiser mussten wie Götter verehrt werden. So stellte der Kaiserkult eine Ergänzung des traditionellen Götterglaubens dar.
Während die Anhänger heidnischer Religionen keine Probleme hatten, neben ihren eigenen Göttern – z. B. dem Persergott Mithras oder der ägyptischen Gottheit Isis – auch den römischen Kaiser zu verehren, leisteten Juden und Christen Widerstand. Weil es nach ihrer

Vorstellung nur einen einzigen Gott gibt (Monotheismus), lehnten sie es ab, den Kaiser als Gott zu verehren.
Im Jahre 64 n. Chr. ließ Kaiser Nero einen Teil Roms in Brand stecken, schob die Schuld dafür aber den Christen in die Schuhe. Die erste große Christenverfolgung begann. Viele Christen wurden in Gladiatorenkämpfen und Tierhetzen getötet. Die meisten Opfer bekannten sich noch angesichts des Todes freimütig zu ihrem Glauben. Dadurch wurde der Name „Christen“ sogar noch weiter bekannt. Die neronische Verfolgung konnte die Ausbreitung des Christentums nicht verhindern. Die nächste große Verfolgung erleiden die Christen unter Kaiser Domitian (81–96). Auch seine Nachfolger wie z. B. Trajan (98–117) bestehen auf der Alternative: Christus oder Kaiser. Doch trotz aller Schwierigkeiten mit der Staatsmacht dehnt sich das Christentum weiter aus. Allerdings kommt es immer wieder zu unerbittlichen Verfolgungen.
Überraschend tritt dann eine Wende ein: Im Jahre 312 treffen in einem erbitterten Kampf um den römischen Thron die Rivalen Konstantin und Maxentius an der Milvischen Brücke (s. S. 48) bei Rom aufeinander. Konstantin soll vor der entscheidenden Schlacht das Kreuzeszeichen gesehen und eine Stimme gehört haben: „in hōc sīgnō vincēs“. Daraufhin lässt Konstantin seine Soldaten ein Kreuz auf ihre Schilde malen und er erringt tatsächlich den Sieg. Noch im selben Jahr verbietet er jegliche Christenverfolgung. Im Jahre 313 wird mit einem Toleranzedikt die uneingeschränkte Religionsfreiheit für die Christen garantiert. Den Höhepunkt dieser Entwicklung erlebt das frühe Christentum im Jahre 380, als Kaiser Theodosius die christliche Religion zur alleinigen Staatsreligion erklärt.

Rom, Callixtus-Katakombe: *Katakomben sind unterirdische, weitverzweigte, in weichen Stein gehauene Begräbnisanlagen. Aus Platzgründen wurden in die Wände mehrere Nischen übereinander gehauen. Während der zahlreichen Verfolgungen dienten die Katakomben den Christen als Zufluchts- und Andachtsstätten. Die Callixtus-Katakombe erstreckt sich über vier Stockwerke. Sie entstand im 2. Jh. als offizielle Grabstätte der ersten Bischöfe Roms. (Hier ist u. a. Papst Sixtus II. bestattet, der 258 als Märtyrer starb.)*

Ü1 Begründen Sie den Modus in den Gliedsätzen.

a) Plinius tormenta[1] adhibens ex duabus servis quaesivit, quid esset veri.
b) Christiani quidam, quia iussu Plinii deos Romanos ac imaginem imperatoris venerati erant[2], dimissi sunt.

[1] tormentum, i *n:* Folter [2] venerari *(Dep.):* verehren

Ü2 Lauter Fragen!

a) Plinius ex Traiano quaerit, quemadmodum Christiani tractandi sint.
b) Plinius nescit, cui venia[1] dari possit.
c) magistratus ex Christianis quaesivit, utrum deos Romanos venerari vellent an non.
d) Christiani interrogati sunt, cur deis imperatoribusque Romanorum non sacrum facerent.

[1] venia, ae *f:* Verzeihung

Christus übergibt das Evangelium dem Apostel Paulus, der die kostbare Gabe mit verhüllten Händen empfängt. Der Thron von Christus ähnelt dem des römischen Kaisers. (Christlicher Sarkophag, 5. Jh.) [Ravenna (Norditalien), Dom]

Ü3 civis Romanus sum!

Saulus, ein jüdischer Römer aus Tarsus, war lange einer der erbittertsten Verfolger der Jesus-Anhänger. Plötzlich nimmt sein Leben eine überraschende Wende: Er wird Christ. Von da an trägt er den Namen Paulus. Eines Tages berichtet er dem Volk von Jerusalem über diese Wende. Darüber, dass er sich, nachdem er die Christen verfolgt hat, nun als Vertreter des Christentums darstellt, gerät die Menge außer sich vor Wut und will ihn am liebsten totschlagen. Da versucht ein römischer Offizier die Ordnung wiederherzustellen.

iussit tribunus induci in castra et flagellis[1] caedi et torqueri[2] eum, ut sciret, propter quam causam sic acclamarent[3] ei. et cum alligavissent[4] eum, dixit adstanti[5] sibi centurioni[6] Paulus: „num[7] hominem Romanum et indemnatum[8] licet vobis caedere?" quo audito centurio accessit ad tribunum et nuntiavit ei dicens: „quid acturus es? hic enim homo civis Romanus est." accedens autem tribunus dixit illi: „dic mihi, an tu Romanus sis." at ille dixit se civem esse. statim ergo discesserunt ab illo, qui eum torturi erant. tribunus quoque timuit, cum civis Romanus esset et alligavisset eum.

[1] flagellum, i *n:* Geißel [2] torquēre, torqueo, torsi, tortum: foltern [3] acclamare *(+ Dat.):* anschreien [4] alligare: festbinden [5] adstare *(+ Dat.):* neben jem. stehen [6] centurio, ionis *m:* Unteroffizier [7] *num?: etwa [8] indemnatus, a, um: nicht verurteilt

Ü4 Ein mutiges Bekenntnis

Christiana quaedam a procuratore[1] Romano interrogata, an parata esset ad deos venerandum[2], dixit se a iuventute[3] tantum deo suo servire. numquam se simulacro mortuo sacrum fecisse, quod tantum deo vivo et vero sacrificaret[4]. numquam se deis sacrificaturam esse, qui non fecerint caelum[5] et terram.

[1] procurator, oris *m:* Statthalter [2] venerari: verehren [3] *iuventus, tutis *f:* Jugend [4] sacrificare: opfern [5] *caelum, i *n:* Himmel

Ü5 Relativsatz ohne Beziehungswort

a) dimittendus est, qui sine auctore accusatus est[1].
b) qui se Christianum esse confessus est neque deos Romanos veneratur, supplicio puniatur.

[1] *accusare: anklagen

Ü6 Mit welchen lateinischen Adjektiven hängen die folgenden englischen oder französischen Wörter zusammen? Was bedeuten die lateinischen Adjektive?

illustre – inferieur – sinister – public – unique – extreme – iniquitous – tard – miserable – superbe – mature – secret – vivant – content – privé – dubious – necessary – cher – ultimate – injurious – libre – neuf – commun

Ü7 Welche Fremdwörter kann man von folgenden lateinischen Wörtern ableiten?

a) Welche Verben?
deponere – exportare – consumere – corrumpere – laedere – numerare

b) Welche Adjektive?
permanere – tolerare – efficere – progredi – defendere – offendere

c) Welche Substantive?
demonstrare – postulare – laborare – mittere – impellere – credere – vetare – dividere

Ravenna, Taufkapelle (Baptisterium) des Doms: Das Kuppelmosaik zeigt in der Mitte die Taufe Jesu durch Johannes, darunter die zwölf Apostel; das untere Band spielt mit Thronen, Altären und Gartenausschnitten auf die Macht Christi und die Freuden des Paradieses an. Zwischen den Fenstern Stuckdekoration und Propheten. Um 450 n. Chr. [Ravenna, Italien]

XXX LIEDER DER VAGANTEN

Im Jahre 1803 wurde im bayerischen Kloster Benediktbeuren eine alte Handschrift gefunden, die zwischen 1220 und 1250 geschrieben worden war. Es handelte sich um die größte bekannte Sammlung mittelalterlicher Dichtung in Latein, Althochdeutsch und Französisch. Nach ihrem Fundort wurden die Gedichte „Carmina Burana“ genannt.
Die Verfasser der fast 250 Gedichte kennen wir nur zum Teil. Viele Lieder gehören zur „Vagantendichtung“, so genannt nach umherziehenden (vagārī: umherschweifen) Studenten oder Sängern, die sich an den Höfen des Adels ein kärgliches Brot verdienten.
Carl Orff hat 1937 einige Texte daraus vertont. Diese Komposition wird immer wieder in aller Welt aufgeführt und hat so zur Bekanntheit der „Carmina Burana“ erheblich beigetragen.

T1 Das Schicksalsrad

ō Fortūna,
velut lūna
statū variābilis,
semper crēscis
aut dēcrēscis;
vīta dētestābilis
nunc obdūrat
et tunc cūrat
lūdō mentis aciem;
egestātem,
potestātem
dissolvit ut glaciem.

sors immānis
et inānis,
rota tū volūbilis,
status malus,
vāna salūs
semper dissolūbilis,
obumbrāta
et vēlāta
mihi quoque niteris;
nunc per lūdum
dorsum nūdum
ferō tuī sceleris.

Das Rad des Glücks aus den „Carmina Burana“ (um 1230). [München, Bayerische Staatsbibliothek]

sors salūtis	Gute Werke,
et virtūtis	Mut und Stärke
mihi nunc contrāria,	sind mir heute ganz verwehrt.
est affectus	Hohe Stimmung,
et dēfectus	dann Ermattung,
semper in angaria.	bin ich hin und her gezerrt.
hāc in hōrā	Drum zur Stunde
sine morā	ohne Zagen
corde pulsum tangite;	rührt der Laute Saitenklang;
quod per sortem	dass durch Willkür diese Welt
sternit fortem,	immer auch den Starken fällt,
mēcum omnēs plangite!	lasst uns all gemeinsam klagen.

T2 Geld regiert die Welt

manus ferēns mūnera
pium facit impium;
nummus iungit foedera,
nummus dat cōnsilium;
nummus lēnit aspera,
nummus sēdat proelium.
nummus in praelātīs
est prō iūre satis;
nummō locum datis
vōs, quī iūdicātis.

nummus ubī loquitur,
fit iūris cōnfūsiō;
pauper retrō pellitur,
quem dēfendit ratiō;
sed dīves attrahitur
pretiōsus pretiō.
hunc iūdex adōrat,
facit, quod implōrat;
prō quō nummus ōrat,
explet, quod labōrat.

Waldlandschaft aus den „Carmina Burana". Die stark stilisierten Pflanzen bedeuten die üppige Fülle des Knospens und Wachsens im Frühling, die auch die Tiere munter macht. Gegenüber steht ein mittelhochdeutsches Gedicht:

»diu werlt vreut sich über al
gegen der sumerzîte,
aller slahte vogel schal
hôret man nû wîte,
dar zuo bluomen unde klê
hât diu heide vil als ê,
grüene stâ der schoene walt:
des suln wir nû wesen balt.«

[München, Bayerische Staatsbibliothek]

T3 Frühling

ecce grātum
et optātum
vēr redūcit gaudia:
purpurātum
flōret prātum,
sōl serēnat omnia.
iam iam cēdant trīstia!
aestās redit,
nunc recēdit hiemis saevitia.

iam liquēscit
et dēcrēscit
grandō, nix et cētera;
brūma fugit,
et iam sūgit
vēris tellūs ūbera.
illī mēns est misera,
quī nec vīvit
nec lascīvit
sub aestātis dexterā.

Schon zerrinnen
und entschwinden
Hagel, Schnee und all der Wust.
Kälte fliehet
und schon ziehet
Erde an des Frühlings Brust.
Arm ist die Gestalt,
die nicht lebt
und fröhlich liebt
in des Sommers Allgewalt.

glōriantur
et laetantur
in melle dulcēdinis,
quī cōnantur,
ut ūtantur
praemiō Cupīdinis.
sīmus iussū Cypridis
glōriantēs
et laetantēs
pāres esse Paridis!

Liebeserklärung (mittelalterliche Handschrift, um 1230)
[München, Bayerische Staatsbibliothek]

T4 Die Liebe erblüht

flōrent omnēs arborēs,
dulce canunt volucrēs.
revirēscunt fruticēs,
congaudēte, iuvenēs!

maeror abit squālidus,
Amor adit calidus.
superat vēlōcius,
quī nōn amat ōcius.

virgō tū pulcherrima,
cum nōn sīs ācerrima,
verba dās asperrima,
sīcut sīs dēterrima.

vīribus īnfirmior
ab Amōre ferior,
vulnera experior.
sī nōn sānās, morior.

T5 In der Kneipe

in tabernā quandō sumus,
nōn cūrāmus, quid sit humus,
sed ad lūdum properāmus,
cuī semper īnsūdāmus.
quid agātur in tabernā,
ubī nummus est pincerna,
hoc est opus, ut quaerātur;
sed quid loquar, audiātur:

quīdam lūdunt, quīdam bibunt,
quīdam indiscrētē vīvunt.
sed in lūdō quī morantur,
ex hīs quīdam dēnūdantur.
quīdam ibī vestiuntur,
quīdam saccīs induuntur.
ibī nūllus timet mortem,
sed prō Bacchō mittunt sortem.

bibit hera, bibit herus,
bibit mīles, bibit clērus,
bibit ille, bibit illa,
bibit servus cum ancillā
bibit vēlōx, bibit piger,
bibit albus, bibit niger,
bibit cōnstāns, bibit vagus,
bibit rudis, bibit magus.

bibit pauper et aegrōtus,
bibit exul et īgnōtus,
bibit puer, bibit cānus,
bibit praesul et decānus,
bibit soror, bibit frāter,
bibit anus, bibit māter,
bibit iste, bibit ille,
bibunt centum, bibunt mille.

T6 Das Ende des Lehrbuchs

omittāmus studia,
dulce est dēsipere,
et carpāmus dulcia
iuventūtis tenerae!
rēs est apta senectūtī
sēriīs intendere.

(Refrain:)
vēlōx aetās praeterit
studiō dētenta,
lascīvīre suggerit
tenera iuventa.

vēr aetātis lābitur,
hiems nostra properat,
vīta damnum patitur,
cūra carnem mācerat.
sanguis āret, hebet pectus,
minuuntur gaudia.
nōs dēterret iam senectūs
morbōrum familiā.

(Refrain)

„imitēmur superōs!"
dīgna est sententia,
et amōrēs tenerōs
iam vēnantur rētia.
vōtō nostrō serviāmus!
mōs est iste nūminum.
ad platēās dēscendāmus
et choreās virginum.

(Refrain)

Kalenderblatt aus dem Kloster Fulda (Hessen) um 975: In der Mitte Annus, den Kreis des Jahres in der Rechten. In den vier Ecken die Jahreszeiten; Ver und Aestas halten das Bild des Dies, Hiem(p)s und Autumnus das der Nox; rechts und links Monatsbilder. Diese Komposition geht auf antike Vorbilder zurück. [Berlin, Staatsbibliothek]

Latein in Mittelalter und Neuzeit

Als im 6. Jahrhundert n. Chr. germanische Völker wie die Franken und Goten im Römischen Reich die Herrschaft übernahmen, übernahmen sie auch Latein als Amts- und Kultursprache. Latein war und blieb die Sprache der christlichen Kirche im gesamten Westen Europas. Gelehrte schrieben ihre Bücher in Latein und sprachen lateinisch miteinander. Gesetze und Gerichtsurteile, Verträge und Urkunden wurden lateinisch abgefasst, an den Universitäten hielten die Professoren ihre Vorträge auf Latein und die Studenten diskutierten in der gleichen Sprache. So sind uns gerade aus dieser Zeit bis zum 16. Jahrhundert zahllose lateinische Texte erhalten, darunter auch viele Gedichte, Lieder und Theaterstücke. Aber auch in der Neuzeit blieb Latein ein wichtiges Verständigungsmittel, vor allem in Europa. So erzählt z. B. der venezianische Abenteurer Chevalier de Seingalt in seinen Memoiren, dass er sich 1761 mit dem Bürgermeister von Augsburg auf Lateinisch unterhielt. An der päpstlichen Universität in Rom müssen Professoren wie Studenten auch heute noch fließend Latein beherrschen.

Die handschriftliche Überlieferung der lateinischen Literatur

Autoren wie Martial und Ovid konnten den Verkauf ihrer Werke dem professionellen Buchhandel überlassen. Buchhändler verfügten über Schreibstuben, in denen Gruppen von Sklaven ein Werk nach Diktat vervielfältigten. Ein Buch bestand aus einer in Spalten (Kolumnen) beschriebenen Papyrusrolle (volūmen), die um einen Holzstab gewickelt wurde. Eine solche Rolle war 6–10 m lang und etwa 30 cm breit (vgl. Abb. S. 33).
Das anfangs viel seltenere Pergament, das aus ungegerbten, aufwendig bearbeiteten und geglätteten Tierhäuten bestand, setzte sich erst im 4. Jahrhundert n. Chr. endgültig durch. Pergament war zwar teurer, aber viel haltbarer, leichter zu beschreiben und vor allem bunter und kostbarer auszuschmücken. Dies entsprach dem Bedürfnis der Christen nach Prachtausgaben der heiligen Schriften. In dieser Zeit wurde außerdem ein Großteil der antiken Literatur von Papyrus auf Pergament übertragen. Werke, die nicht umgeschrieben wurden, gingen damals für immer verloren.
Mit dem Untergang des Römischen Reiches schwanden die allgemeinen Lese- und Schreibkenntnisse der Bevölkerung. Im Mittelalter konnten in der Regel nur Priester, Mönche und wenige Adlige lesen und schreiben. Diese Kulturtechniken lernte man im Privatunterricht oder in Klosterschulen. Dort las man auch ausgewählte römische Historiker (etwa Livius, Sallust oder Tacitus) und Dichter (wie Catull, Horaz oder Vergil), deren Kenntnis man für nützlich und vereinbar mit dem christlichen Glauben hielt.
Die Klöster waren darum die Orte, an denen die antike Literatur durch weiteres Abschreiben und Vervielfältigen überliefert wurde. Berühmte Schreibschulen (Skriptorien) besaßen z.B. die Klöster Fulda, Lorsch am Rhein, Reichenau (Bodensee) und Hildesheim.

Schreibstube (Skriptorium) des Klosters Echternach (Luxemburg) mit Mönch und Laienschreiber. Blatt aus dem Evangelienbuch Kaiser Heinrichs III., um 1050. [Bremen, Staats- und Universitätsbibliothek]

ZUSATZTEXTE

NACH LEKTION IV

Pompeji, Via di Mercurio:
Streitende Gäste im Wirtshaus

1. Reklame in Pompeji

hospitium: hīc locātur triclīnium
cum tribus lectīs et commodīs omnibus.

hospitium	Wirtshaus
locare	vermieten
tres	drei
lectus	Speisesofa, Liege
commoda omnia	alle Bequemlichkeiten

Ēdonē dīcit: assibus hīc bibitur.

Edone	Edone *(Name der Wirtin)*
dicere	sagen
as	As *(röm. Münze von geringem Wert)*
bibere	trinken

2. Die beiden Glatzköpfe

invenit calvus forte in trīviō pectinem. accēdit alter calvus. „eia!" inquit, „in commūne lucrum, quodcumque est!" ostendit ille praedam et adicit simul: „carbōnem, ut aiunt, prō thēsaurō invēnimus." *(nach Phädrus V, 6)*

1	invenire	finden
	calvus	Glatzkopf
	trivium	Kreuzung
	pectinem *(Akk.)*	Kamm
	accedere	hinzukommen
	alter	ein zweiter
	eia!	heda!
	in commune lucrum	zum gemeinsamen Nutzen *(erg.:* teile es*)*
2	quodcumque	was immer
	ostendere	zeigen
	ille *(Nom. m)*	jener
	adicere	hinzufügen
	simul *(Adv.)*	zugleich
	carbo	Kohle
	ut aiunt	wie man sagt
3	pro *(+ Abl.)*	statt
	thesaurus	Schatz
	invēnimus	wir haben gefunden

NACH LEKTION X

Szenen aus der Komödie **Rudens** („Das Schiffstau") des Dichters T. Maccius Plautus.

1. Der Prolog-Sprecher führt die Zuschauer in Ort und Handlung des Stückes ein:

huius urbis nōmen est Cȳrēnae.
illīc habitat Daemonēs
in agrō atque vīllā propter mare,
senex, quī hūc Athēnīs vēnit.
huic fīliola periit parvola.
vir pessimus ēmit eam dē praedōne,
lēnō, quī hūc Cȳrēnās advēxit virginem.
adolēscēns quīdam, cīvis quoque Atticus,
eam vīdit et amāre coepit: ad lēnōnem venit,
minīs trīginta sibi puellam dēstinat
datque arrabōnem et iūre iūrandō alligat. *(nach Rudens 32 ff.)*

1	Cyrenae, arum *f* (*Pluralwort*)	Kyrene (*Hafenstadt in Nordafrika*)
2	illic (*Adv.*)	dort
	Daemones, is *m*	Dämones (*athen. Bürger*)
3	atque	und
	propter	*hier:* nahe bei
	mare, maris *n*	Meer
4	senex, senis *m*	alter Mann, Greis
	qui	der
	huc (*Adv.*)	hierher
	Athenis	von Athen
5	filiola, ae *f*	Töchterchen
	perire, pereo, perii	verloren gehen
	parvolus, a, um	ganz klein
6	pessimus, a, um	sehr schlecht
	emere, emo, ēmi	kaufen
	praedo, praedonis *m*	Seeräuber
7	leno, lenonis *m*	Mädchenhändler (*der seine Sklavinnen zur Prostitution zwingt*)
	Cyrenas	nach Kyrene
	advehere, adveho, advexi	herbringen
	virgo, virginis *f*	junges Mädchen
8	civis, civis *m*	Bürger
	Atticus, a, um	attisch, aus Attika (*Attika heißt die Gegend um Athen*)
10	mina, ae *f*	Mine (*griechische Münze aus Gold, 400 DM wert*)
	triginta	dreißig
	sibi (*Dat.*)	für sich
	puella, ae *f*	Mädchen
	destinare	reservieren
11	arrabo, arrabonis *m*	Anzahlung
	ius iurandum, iuris iurandi *n*	feierlicher Eidschwur
	alligare (*erg.:* leonem)	jemanden verpflichten

Der junge Athener versucht nun den Rest des Kaufpreises in Kyrene aufzutreiben.

2. Das Mädchen, das von seinem Geliebten freigekauft werden sollte, heißt Palästra. Der Mädchenhändler versucht, trotz Anzahlung und eidlicher Zusage, das Mädchen heimlich nach Sizilien zu bringen.

Die Götter strafen den Meineidigen. Sein Schiff geht in einem Sturm vor der Küste Kyrenes unter. Palästra kann sich mit ihrer Dienerin retten. Allerdings sind Herrin und Sklavin voneinander getrennt worden.
Die folgende Szene sieht Palästra und ihre Sklavin Ampelisca an verschiedenen Stellen der Bühne umherirren und um Hilfe rufen. Keine der beiden weiß, dass die andere noch lebt.

Mumienporträt eines jungen Mädchens mit reichem Goldschmuck [Paris, Louvre]

Palaestra: certō vōx muliebris aurēs tetigit meās.
Ampelisca: mulier est. muliebris vōx mihi ad aurēs vēnit.
Pal.: num Ampelisca est?
Amp.: tēne, Palaestra, audiō?
Pal.: quīn vocō illam nōmine suō? Ampelisca!!
Amp.: hem, quis est?
Pal.: egō, Palaestra.
Amp.: dīc, ubī es?
Pal.: pol, egō sum in malīs plūrimīs.
Amp.: nōn minor pars mea est quam tua. sed vidēre cupiō tē. ubī es?
Pal.: ecce mē! accēde ad mē.

Amp.: fit sēdulō.
Pal.: cedo manum!
Amp.: accipe!
Pal.: dīc, vīvisne?
Amp.: tū facis mē vīvere, cum mihi licet tē tangere. obsecrō, amplectere, spēs mea!
Pal.: nunc abīre hinc debēmus. vidēsne templum hoc?
Amp.: ubī est?
Pal.: ad dexteram.
Amp.: videō pulchrum locum, deīs decōrum.
Pal.: nōn longē certē absunt hominēs hinc, ita hic pulcher est locus.
(Sie erblicken die Priesterin des Venus-Tempels.)
Pal.: salvē, māter.
Priesterin: salvēte, puellae. sed unde vōs venītis cum ūmidā veste?

Die beiden geben Auskunft und suchen im Heiligtum Zuflucht.
(nach Rudens 232ff.)

1	certo *(Adv.)*	sicher
	vox, vocis *f*	Stimme
	muliebris, e	weiblich
	auris, is *f*	Ohr
3	mulier, mulieris *f*	Frau
	mihi *(Dat.)*	mir
5	num *(Fragewort)*	etwa?
6	-ne	*Kennzeichen einer Frage*
7	quin?	warum nicht
9	hem	hallo
12	pol	beim Pollux!
	malum, i *n*	Not, Schwierigkeit
	plurimus, a, um	gewaltig
13	minor ... quam	kleiner als
	pars, partis *f*	Teil
14	te	dich
15	me	mich
16	fit	es geschieht
	sedulo *(Adv.)*	unverzüglich
17	cedo *(+ Akk.)*	her mit ...
19	vivere	leben
20	tu	du
	mihi	mir
	licet	es ist erlaubt
	obsecro, amplectere!	bitte, umarme mich!
	spes, spei *f*	Hoffnung
22	abire	weggehen
	hinc *(Adv.)*	von hier
	templum, i *n*	Tempel
24	dextera, ae *f*	rechte Seite
25	decorus, a, um	angenehm
26	longe *(Adv.)*	weit
	certus, a, um	sicherlich
	abesse	entfernt sein
	ita	so
28	salvēre	gegrüßt sein
29	puella, ae *f*	Mädchen
	unde?	woher?
	umidus, a, um	nass
	vestis, is *f*	Kleid, Kleidung

3. Auch der betrügerische Mädchenhändler kann sich retten und will die Mädchen wieder in seine Gewalt bringen. Obwohl sie als Asylsuchende unter dem Schutz der Göttin Venus stehen, versucht er sie gewaltsam aus dem Tempel herauszuzerren. Das ist nach antikem Rechtsverständnis eine schwere Beleidigung der Gottheit.
Der Sklave Trachalio – er gehört dem jungen Athener – hat den Frevel gesehen und holt Hilfe. In der Nähe des Tempels wohnt zufällig der alte Dämones, Palästras Vater. Am frühen Morgen ist die Gegend noch menschenleer.

Trachalio:	Cȳrēnēnsēs populārēs, vestram egō implōrō fidem, agricolae, ferte opem inopiae! statuite exemplum hominī impudentī, date pudōrī praemium! currite hūc in Veneris templum! *(Alles bleibt still.)* vestram iterum implōrō fidem. audīte clāmōrem meum!
Daemones	*(kommt aus dem Haus):* quid est?
Trach.:	mulierēs duae innocentēs intus hīc sunt, quibus adversum iūs lēgēsque iniuria hīc fit in Veneris templō.
Daem.:	eae mulierēs, quae sunt? aut quid iniquī iīs fit?
Trach.:	Veneris sīgnum sunt amplexae. nunc homō audācissimus eās dēripere vult.
Daem.:	quis iste est, quī deōs tam parvī pendit?
Trach.:	lēnō est.
Daem.:	at malō cum magnō suō fēcit, hercle! *(ruft ins Haus)* īte forās, Turbāliō, Sparāx! ubī estis?
Trach.:	ī, obsecrō, intrō! subvenī illīs! *(Die Sklaven kommen.)*
Daem.:	iterum nōn imperābō. sequīmini nōs!
Trach.:	age nunc, iubē oculōs ēlīdere!
Daem.:	prōripite hominem pedibus hūc quasi occīsam suem! *(Dämones geht mit den Sklaven in den Tempel.)*
Trach.:	audiō tumultum. opīnor, lēnō pūgnīs pectitur. sed ecce, ipsae exeunt timidae ē templō mulierēs.

Marmorstatue der Göttin Venus [Nîmes (Südfrankreich), Museum]

Dämones nimmt die beiden Mädchen vorübergehend in sein Haus auf ohne zu ahnen, dass Palästra seine vermisste Tochter ist. Nach der Wiedererkennung findet die glückliche Hochzeit zwischen Palästra und dem Athener statt – Happy End!

1	Cyrenensis, e	von Kyrene
	popularis, is *m*	Bürger, Einwohner
	vester, vestra, vestrum	euer
	implorare	anflehen
	fides	*hier:* Schutz
2	agricola, ae *m (!)*	Landbewohner, Bauer
	ops, opis *f*	Hilfe
	inopia, ae *f*	Hilflosigkeit
	statuere exemplum	ein warnendes Beispiel geben
3	impudens, dentis	unverschämt
	pudor, pudoris *m*	Anstand
	huc *(Adv.)*	hierher
5	clamor, clamoris *m*	Rufen, Geschrei
8	mulier, mulieris *f*	Frau
	innocens, centis	unschuldig
	intus *(Adv.)*	drinnen
	quibus *(Dat.)*	denen
	adversum *(+ Akk.)*	gegen
9	ius, iuris *n*	Recht
	lex, legis *f*	Gesetz
	iniuria, ae *f*	Unrecht
	fit	(er, sie, es) geschieht
10	quae	welche, wer
	quid iniqui	was für ein Unrecht
11	sunt amplexae	sie haben umklammert
	audacissimus, a, um	rücksichtslos
12	deripere	wegreißen
	vult	(er, sie, es) will
13	iste, qui	dieser Kerl, der
	tam *(Adv.)*	so
	parvi pendere	gering schätzen
15	malum, i *n*	Unglück, Schaden
	hercle! *(Ausruf)*	beim Herkules!
16	foras *(Adv.)*	heraus
	Turbalio, Sparax	*Namen von Sklaven des Dämones*
17	obsecrare	anflehen
	intro *(Adv.)*	hinein
	subvenire	zu Hilfe kommen

18 imperabo	ich werde befehlen
sequimini nos!	folgt uns!
19 age!	los, auf!
elidere	ausstechen
20 proripere	herausziehen
hūc *(Adv.)*	hierher
quasi	wie
occisus, a, um	geschlachtet
sus, suis *f*	Sau
22 tumultus, ūs *m*	Lärm
opinor	ich glaube
pugnus, i *m*	Faust
pectere	kämmen, striegeln
23 exeunt *zu* exire	herauskommen
timidus, a, um	ängstlich

Größter Tempel der Colonia Augusta Nemausus, unter Augustus etwa 20 v. Chr. errichtet und dem Gedenken an seine früh verstorbenen Enkel und Nachfolger Gaius und Lucius geweiht. Der Bau ist vorzüglich erhalten und zeigt die typischen Merkmale italischer Tempel: hohes Podest und Zugang nur über eine Vordertreppe. [Nîmes, Südfrankreich]

NACH LEKTION XV

Weitere Geschichten aus der Frühzeit Roms

1. Frauenmangel

Nach der Gründung Roms wuchs die Bevölkerung nur langsam.

post urbem conditam Rōmulus asȳlum convenīs patefaciēns magnum exercitum collēgit. postquam vīdit virīs suīs mulierēs dēesse, per lēgātōs ā fīnitimīs cīvitātibus mātrimōnia petīvit. quia illa negāta sunt, lūdōs Cōnsuālia simulāns fīnitimōs cum fīliīs eōrum invitāvit.

ad lūdōs utriusque sexūs multitūdō convēnerat. subitō inter lūdōs sīgnum est datum, virginēs ab adolēscentibus Rōmānīs prōrumpentibus raptae sunt.

quod fēminās fīnitimōrum Rōmānī vī rapuerant, prīmum Caenīnēnsēs, deinde Sabīnī quoque bellum contrā Rōmānōs sūmpsērunt. Rōmulus adversus T. Tatium, rēgem Sabīnōrum, prōcessit ac in eō locō, ubī nunc Rōmānum forum est, pūgnam cōnseruit. ibī Hostus Hostīlius fortissimē pūgnāns cecidit. cuius morte cōnsternātī Rōmānī fugere coepērunt. tum Rōmulus Iovī Statōrī aedem vōvit, et exercitus – seu forte seu dīvīnitus – restitit. nunc raptae fēminae in medium prōcessērunt et, hinc patrēs, inde marītōs dēprecātae, pācem conciliāvērunt. Rōmulus foedus percussit et Sabīnōs in urbem recēpit.

(nach Aurelius Victor, c. II)

1 asylum, i *n*	Asyl
convenae, arum *m* *(Pluralwort)*	Gesindel
patefacere	eröffnen, ermöglichen
exercitus, ūs *m*	Heer
2 deesse, desum	fehlen
finitimus, a, um	benachbart
3 matrimonium, i *n*	Ehe, Frau
petere	*hier:* erbitten
Consualia, ium *n*	Konsualienfest *(Fest des altrömischen Erntegottes Consus)*
finitimus, i *m*	Nachbar
filiis	*hier von* filia
4 invitare	einladen
5 utriusque	*Gen. Sg. von* uterque = jeder von beiden
sexus, ūs *m*	Geschlecht

	uterque sexus	beide Geschlechter
	multitudo, dinis *f*	Menge
6	prorumpere	hervorbrechen
	rapere, rapio, rapui, raptum	rauben
7	Caeninensis, is *m*	Einwohner von Caenina
	Sabini, orum *m*	Sabiner *(ein größeres Nachbarvolk)*
8	sumere	*hier:* aufnehmen, unternehmen
	adversus *(+ Akk.)*	gegen
9	procedere, procedo, processi	vorrücken
	conserere, consero, conserui	beginnen
10	fortissime *(Adv.)*	sehr tapfer
	cadere, cado, cecidi	fallen
	cuius	dessen
	consternare	erschrecken
11	Iupiter, Iovis	Jupiter
	Stator	„der Erhalter" *(Beiname Jupiters)*
	aedes, aedis *f*	Tempel
	vovēre, voveo, vovi	geloben
	seu ... seu	entweder ... oder
	divinitus *(Adv.)*	durch göttl. Fügung
12	resistere, resisto, restiti	wieder festen Fuß fassen
	raptus, a, um	P. P. P. zu rapere
	in medium	in die Mitte *(erg.: zwischen die Heere)*
	hinc ... inde	auf der einen ... auf der anderen Seite
	maritus, i *m*	Ehemann
13	deprecari *(Dep.)*	anflehen
	pax, pacis *f*	Frieden
	conciliare	vermitteln
	foedus, foederis *n*	Vertrag, Bündnis
	percutere, percutio, percussi	feierlich abschließen

Relief mit Raub der Sabinerinnen [Rom, Basilica Aemilia]

2. Menenius Agrippa und die plebs

aliquandō plēbs ā patribus sēcesserat, quod tribūtum atque mīlitiam tolerāre dēbēbat. Sacrum montem occupāvit – is trāns Aniēnem flūmen est, tria ab urbe mīlia passuum –, ibī castra vallō fossāque mūnīvit, nec revocārī potuit.

placuit senātuī ad plēbem mittī Menēnium Agrippam, fācundum virum et plēbī cārum. is intrōmissus in castra hoc narrāvit:

„ōlim hūmānī artūs, quia ventrem ōtiōsum cernēbant, ab eō discordāvērunt et suum ministerium illī negāvērunt. eō pactō ipsī dēficientēs intellēxērunt ventrem acceptōs cibōs per omnia membra disserere. itaque cum eō in grātiam rediērunt. sīc senātus et populus, quasi ūnum corpus, discordiā pereunt, concordiā valent."

hāc fābulā plēbs regressa est. creāvit tamen tribūnōs plēbis, quī lībertātem suam contrā nōbilitātis superbiam dēfenderent. *(nach Aurelius Victor c. XVIII, Livius II, 32, 2ff.)*

1	pater	*hier:* Patrizier, Senator
	secedere, secedo, secessi	sich trennen
	tributum, i *n*	Kopfsteuer
	militia, ae *f*	Kriegsdienst
	tolerare	ertragen
2	Sacer mons, Sacri montis *m*	Heiliger Berg
	occupare	besetzen
	Anio, Anienis *m*	Anio *(Nebenfluss des Tiber)*
3	fossa, ae *f*	Graben
	nec	und nicht
	revocare	re-vocare
4	placet, placuit	es gefällt
	facundus, a, um	wortgewandt
5	intromittere, -mitto, -misi, -missum	einlassen
6	olim *(Adv.)*	einst
	artus, ūs *m*	Körperglied
	venter, ventris *m*	Bauch
	otiosus, a, um	untätig
	cernere	sehen
	discordare	sich absetzen
7	ministerium, i *n*	Dienst
	eo pacto	dadurch
	deficere	schwach werden
8	cibus, i *m*	Speise
	membrum, i *n*	Glied
	disserere	ausstreuen, verteilen
	gratia, ae *f*	Übereinstimmung, harmonisches Verhältnis
9	quasi	so wie
	discordia, ae *f*	Zwietracht
	perire, pereo	zugrunde gehen
	concordia, ae *f*	Eintracht
	valēre	stark, gesund sein
10	regredi, regredior, regressus sum *(Dep.)*	zurückkehren
	creare	wählen
	tamen	dennoch
	qui *(Nom. Pl.)*	welche, die
11	nobilitas, nobilitatis *f*	Adel
	superbia, ae *f*	Hochmut
	defenderent	sie sollten verteidigen

NACH LEKTION XVII

1. Seltsame Einladung

Der Dichter C. Valerius Catullus schreibt an seinen Freund Fabullus:

cēnābis bene, mī Fabulle, apud mē
paucīs, sī tibi dī favent, diēbus,
sī tēcum attuleris bonam atque magnam
cēnam, nōn sine candidā puellā
et vīnō et sale et omnibus cachinnīs.
haec sī, inquam, attuleris, venuste noster,
cēnābis bene: nam tuī Catullī
plēnus sacculus est arāneārum.
sed contrā accipiēs merōs amōrēs
seu quid suāvius ēlegantiusve est:
nam unguentum dabō, quod meae puellae
dōnārunt Venerēs Cupīdinēsque.
quod tū cum olfaciēs, deōs rogābis,
tōtum ut tē faciant, Fabulle, nāsum.

(Catull, c. XIII)

Fresko einer Glasschale mit Granatäpfeln. Granatäpfel galten wegen ihrer zahlreichen Kerne als Symbol fruchtbarer Liebe. Der Maler betont die Durchsichtigkeit der schönen Schale. [Torre Annunziata (Süditalien)]

2	pauci, ae, a	wenige
	di	= dei
	favēre *(+ Dat.)*	(jmdm.) gewogen sein, (jmd.) mögen

3	afferre, affero, attuli	mitbringen
	attuleris	du hast mitgebracht
4	candidus, a, um	strahlend schön
5	sal, salis *m*	Salz, Witz
	cachinnus, i *m*	Lachen, gute Laune
6	inquam	sage ich
	venustus, i *m*	Liebling
8	plenus *(+ Gen.)*	voll (von)
	sacculus, i *m*	Geldbörse
	aranea, ae *f*	Spinnwebe
9	merus, a, um	rein, echt
	amor, amoris *m*	*hier:* Liebesbeweis
10	seu quid	oder was
	suavius *n*	süßer
	elegantius *n*	erlesener
	-ve *(angehängt)*	oder
11	unguentum, i *n*	Parfüm, Salbe
12	donarunt	= donaverunt
	Cupido, Cupidinis *m*	Cupido *(Gott der Liebe; Pl.:* Eroten*)*
13	cum *(Konj.)*	sobald
	olfacere	riechen
14	ut faciant	dass sie machen
	nasus, i *m*	Nase

2. ovēs et lupī

Der Autor der folgenden Fabel ist unbekannt.

ovēs lupīque postquam certāvērunt proeliō,
illae vīcērunt, tūtae praesidiō canum.
lupī lēgātōs mittunt et fictam petunt
hāc lēge pācem: „dēdite nōbīs canēs
et obsidēs recipite nostrōs catulōs!"
ovēs, aeternam sīc spērantēs grātiam
inīrī, faciunt, quod poposcērunt lupī.
paulō post coepērunt ululāre catulī.
lupī, necārī clamantēs nātōs suōs
pācemque ruptam ab ovibus, undique impetū
invādunt ovēs nunc nūdās dēfēnsōribus.
praesidium, quō quis ōlim tūtus vīxerat,
sī prōdit aliīs, frūstrā post dēsīderat.

(nach Phädrus, ed. Bipontina, App. 21)

1	ovis, ovis *f*	Schaf
	certare	kämpfen
3	tutus, a, um	sicher
	praesidium, i *n*	Schutz
4	fictus, a, um	vorgetäuscht
	petere	*hier:* fordern
5	lex	*hier:* Bedingung
	dedere	ausliefern
6	obsides recipere	als Geiseln empfangen
	catulus, i *m*	Welpe, junger Wolf
7	aeternus, a, um	ewig
	sperare	hoffen
	gratia, ae *f*	Harmonie
8	inire	beginnen
9	paulo post	kurz darauf
	ululare	heulen
10	natus, i *m*	Kind, Sohn
11	rumpere, rumpo, rupi, ruptum	brechen
	ruptam	erg. esse
	undique *(Adv.)*	von allen Seiten
13	invadere	angreifen
	nudus, a, um *(+ Abl.)*	*hier:* entblößt, ohne
	denfensor, oris *m*	Verteidiger
14	quis	einer, jemand
	olim *(Adv.)*	einst
15	prodere	ausliefern
	frustra *(Adv.)*	vergeblich
	post	= postea
	desiderare	ersehnen, sich wünschen

Tigerin schlägt Kalb. Teil der Wandverkleidung der Basilica des Junius Bassus (Konsul 317 n. Chr.). Diese Technik, aus geschnittenen Marmorteilen (opus sectile) Bilder zu formen, ist in der Spätantike beliebt.
[Rom, Konservatorenpalast]

NACH LEKTION XXIV

1. Muss Euathlus zahlen oder nicht?

Protagoras (485–415 v. Chr.) war ein Lehrer der Rhetorik und brachte seinen Schülern bei, wie man geschickt argumentiert.
Euathlus, ein reicher junger Mann, vereinbarte mit Protagoras, bei ihm Unterricht zu nehmen. Die Hälfte des Honorars zahlte er bei Beginn der Lehrzeit, den Rest wollte er bezahlen, wenn er selbst als Anwalt den ersten Prozess gewonnen hätte.
Als seine Ausbildung beendet war, dachte er aber nicht daran, einen Prozess zu übernehmen. Vergeblich wartete Protagoras auf das restliche Geld. Da fasste er einen Plan: Um zum Rest seines Honorars zu kommen, fing er selbst einen Prozess um dieses Geld mit Euathlus an. Als sich Lehrer und Schüler vor Beginn der Gerichtsverhandlung trafen, sagte Protagoras:

„disce, stultissime adolēscēns: utrōque modō fiet, ut reddās, quod petō, sīve contrā tē prōnūntiātum erit sīve prō tē. nam sī contrā tē prōnūntiātum erit, mercēs mihi ex sententiā dēbēbitur, quia egō vīcerō. sī vērō secundum tē iūdicātum erit, mercēs mihi ex pactō dēbēbitur, quia tū vīceris."
ad ea respondit Euāthlus:
„disce igitur tū quoque, magister sapientissime: utrōque modō fiet, ut **nōn** reddam, quod petis, sīve contra mē iūdicātum erit sīve prō mē. nam sī iūdicēs prō causā meā sēnserint, nihil tibi ex sententiā dēbēbitur, quia egō vīcerō. sī contrā mē iūdicāverint, nihil tibi ex pactō dēbēbō, quia nōn vīcerō."

Die Richter sahen sich außerstande, den Prozess zu entscheiden, und verschoben ihn „ad Kalendas Graecas". *(nach Gellius, noct. Att. V, 10, 9 ff.)*

1	uterque, utraque, utrumque	jeder von beiden; beide
	reddere	*hier:* zahlen
	sive … sive	sei es, dass … sei es, dass
2	pronuntiare	entscheiden, urteilen
	merces, mercedis *f*	Honorar
3	sententia, ae *f*	Urteilsspruch
	debēre	*hier:* schulden
	vero *(Adv.)*	aber
	secundum *(+ Akk.)*	zugusten von
	iudicare	urteilen
4	pactum, i *n*	Vertrag
6	sapiens, sapientis	klug
7	iudex, iudicis *m*	Richter
8	causa	*hier:* Fall
	sentire	*hier:* entscheiden

Bronzene Statuette eines Griechen, der durch Vollbart, nackten Oberkörper und Mantel sowie durch eine Buchrolle als Philosoph gekennzeichnet ist. [Paris, Nationalbibliothek]

2. Die Flucht des Sklaven

Im Jahre 59 v. Chr. schreibt M. Tullius Cicero an seinen Bruder Quintus, der sich als Statthalter in der Provinz Asia aufhält, einen längeren Brief. Unter anderen Bitten zugunsten von Bekannten, denen Cicero helfen möchte, heißt es:

Aesōpī tragoedī, nostrī familiāris, Licinus servus tibi nōtus aufūgit. is Athēnīs apud Patrōnem Epicūrēum prō līberō fuit; inde in Asiam vēnit. posteā Platō quīdam Sardiānus, Epicūrēus, quī Athēnīs solet esse multum et quī tum Athēnīs fuerat, cum Licinus eō vēnisset, cum eum fugitīvum esse posteā ex Aesōpī litterīs cognōvisset, hominem comprehendit et in custōdiam Ephesī trādidit, sed in pūblicam an in pistrīnum, nōn satis ex litterīs eius intellegere potuimus. tū, quoniam Ephesī est, hominem investīgēs velim summāque dīligentiā vel Rōmam mittās vel tēcum dēdūcās. nōlī spectāre, quantī homō sit. parvī enim pretiī est, quī iam nihil sit.

sed tantō dolōre Aesōpus est affectus propter servī scelus, ut nihil eī grātius facere possīs, quam sī illum per tē recuperāverit.

(Cicero, ep. ad Q. fratrem I, 2, 14)

1	Aesopus, i	Äsopus *(Schauspieler u. Redelehrer Ciceros)*
	tragoedus, i *m*	Tragödienschauspieler
	familiaris, is *m*	Freund, Bekannter
	aufugere, aufugio, aufugi	entfliehen
	Athenis	in Athen
2	Patro, Patronis	Patro *(Oberhaupt der epikureischen Philosophenschule)*
	Epicureus, i *m*	Epikureer *(Epikur war ein griech. Philosoph. Seine Anhänger bildeten eine „Schule“, die ihren Sitz in Athen hatte.)*
	Plato, Platonis	Plato
	Sardianus, a, um	aus Sardes *(Hauptstadt Lydiens)*
3	multum *(Adv.)*	viel, oft
4	eo *(Adv.)*	dorthin
	fugitivus, a, um	entlaufen, flüchtig
5	comprehendere, -prehendo, -prehendi	ergreifen, festnehmen
	custodia, ae *f*	Gefängnis
	Ephesus, i *m*	Ephesus *(Hafenstadt in Kleinasien)*
	in publicam	*erg.:* custodiam
	an	oder
	pistrinum, i *n*	Mühle *(Sklaven wurden zur Strafe oft in Mühlen eingesetzt)*
6	Ephesi	in Ephesus
	investigare	aufspüren, ausfindig machen
	investiges velim	*lies:* velim, ut investiges
7	deducere	mitbringen
	quanti … sit	wie viel wert er ist
8	parvi … pretii	*der Genetiv drückt hier den Wert des Sklaven aus*
9	dolor, doloris *m*	Schmerz, Ärger
	scelus, sceleris *n*	Verbrechen
	gratus, a, um	willkommen, lieb
10	recuperare	wiederbekommen

Porträtkopf Epikurs (341–270 v. Chr.). Epikur wollte von Aberglauben und Todesfurcht befreien und erklärte das durch Freude gewonnene Glück zum obersten Lebensziel. [New York, Metropolitan Museum]

Pompeji: *Mühlen in einer Backstube, zeichnerisch ergänzt: Über einem Bodenstein wird von Tieren oder Sklaven ein eieruhrähnlicher „Läufer“ gedreht. Das Getreide schüttete man in den Trichter des Läufers, das Mehl lief am Sockel aus, wo es ein Holzrand auffing.*

3. Sklaven sind auch Menschen!

Im 1. Jahrhundert n. Chr. begann sich die Einstellung gegenüber den Sklaven zumindest in der Schicht der philosophisch Gebildeten langsam zu ändern. Das sieht man z. B. an einem Brief, den der Philosoph L. Annaeus Seneca (4 v.–65 n. Chr.) an seinen Freund Lucilius zu diesem Thema schreibt.

Seneca Lūcīliō suō salūtem

libenter ex iīs, quī ā tē veniunt, cognōvī familiāriter tē cum servīs tuīs vīvere. hoc prūdentiam tuam, hoc ērudītiōnem decet. „servī sunt." immō hominēs. „servī sunt." immō contubernālēs. „servī sunt." immō humilēs amīcī. „servī sunt." immō cōnservī, sī cōgitāveris tantundem in utrōsque licēre fortūnae. itaque rīdeō istōs, quī turpe existimant cum servō suō cēnāre.

vīs tū cōgitāre istum, quem servum tuum vocās, ex eīsdem sēminibus ortum eōdum fruī caelō, aequē spīrāre, aequē vīvere, aeque morī! tam tū illum vidēre ingenuum potēs quam ille tē servum.

„quid ergō? omnēs servōs admovēbō mēnsae meae?" non magis quam omnēs līberōs. errās, sī exīstimās mē quōsdam sordidiōris operae rēiectūrum, ut putā illum mūliōnem et illum bubulcum. nōn ministeriīs illōs aestimābō, sed mōribus. sibi quisque dat mōrēs, ministeria cāsus assīgnat. quīdam cēnent tēcum, quia dīgnī sunt, quīdam, ut sint.

(Seneca, ad. Luc. 47)

2	libenter *(Adv.)*	gern
	familiariter *(Adv.)*	freundschaftlich
3	prudentia, ae *f*	Klugheit
	eruditio, onis *f*	Bildung
	decet *(+ Akkusativobjekt)*	es entspricht *(+ Dativobjekt)*
4	immo *(Adv.)*	nein, vielmehr
	contubernalis, is *m*	Gefährte, Kamerad
	humilis, e	tiefer gestellt
	conservus, i *m*	Mitsklave
5	tantundem	gleich viel
	in utrosque	gegenüber beiden *(Herren und Sklaven)*
	licēre	erlaubt sein
	ridēre	*hier:* auslachen
	turpe existimare	für schändlich halten
7	vis tu cogitare	*etwa:* bedenke doch
	semen, seminis *n*	Same
8	frui, fruor *(Dep. + Ablativobjekt)*	(etwas) genießen

	caelum, i *n*	Himmel	
	aequus, a, um	gleich	
	spirare	atmen	
	ingenuus, a, um	frei geboren	
	videre (+ *doppelter Akk.)*	jemanden als etwas ansehen	
10	admovēre (+ *Dat.)*	(zu etwas) zulassen	
11	quidam sordidioris operae	einige mit schmutzigerer Arbeit	
	reicere, reicio, reieci, reiectum	zurückweisen	
	me reiecturum (esse)	dass ich zurückweise	
	ut puta	wie etwa	
	mulio, mulionis *m*	Maultiertreiber	
12	bubulcus, i *m*	Rinderhirt	
	ministerium, i *n*	Dienst, Beschäftigung	
	aestimare	*hier:* einschätzen	
	mores, morum *m (Pl.)*	Charakter	
13	casus, ūs *m*	Zufall	
	assignare	zuweisen	

NACH LEKTION XXVIII

1. Rivalen

Die römischen Legionen verbrachten den Winter stets in einem festen Lager. Im Winter 54/53 v. Chr. griffen die Nervier, mit gallischen Stämmen verbündete Germanen, überraschend das Winterlager einer Legion an, die unter dem Kommando von Quintus Tullius Cicero stand, und brachten die Römer in größte Gefahr.

Römischer Zenturio des 1. Jh. n. Chr.: *Der querstehende Helmbusch bezeichnet ebenso wie der rote Mantel und der Stock den Offiziersrang. Auf dem Panzer die Tapferkeitsmedaillen (phalerae).*

erant in eā legiōne fortissimī virī centuriōnēs, T. Pullō et L. Vorēnus. hī perpetuās inter sē contrōversiās habēbant, uter alterī anteferrētur. ex hīs Pullō, cum ācerrimē ad mūnītiōnēs pūgnārētur, „quid dubitās", inquit, „Vorēne? quem locum probandae virtūtis tuae exspectās? hic diēs dē nostrīs contrōversiīs iūdicābit." haec cum dīxisset, prōcēdit extrā mūnītiōnēs et in eam partem, quae cōnfertissima est vīsa, irrumpit.

Vorēnus omnium veritus exīstimātiōnem subsequitur. mediocrī spatiō relictō Pullō pīlum in hostēs immittit atque ūnum ex multitūdine prōcurrentem trāicit. nunc hostēs in illum ūniversī tēla coniciunt. trānsfīgitur scūtum Pullōnī et verūtum in balteō dēfīgitur. āvertit hic cāsus vāgīnam; impedītum hostēs circumsistunt.

succurrit inimīcus illī Vorēnus et labōrantī subvenit. ad hunc sē cōnfestim ā Pullōne omnis multitūdō convertit; illum verūtō trānsfīxum arbitrantur. Vorēnus gladiō comminus rem gerit atque ūnō interfectō reliquōs paulum prōpellit. dum cupidius īnstat, in locum īnferiōrem dēlātus concidit. huic rūrsus circumventō subsidium fert Pullō, atque ambō incolumēs complūribus interfectīs summā cum laude sē intrā mūnītiōnēs recipiunt.

sīc fortūna in certāmine utrumque versāvit: alter alterī auxiliō salūtīque erat neque dīiūdicārī poterat, uter utrī virtūte anteferendus esset.

(Cäsar, B. G. V, 44)

1	centurio, onis *m*	Zenturio *(Offiziersrang)*
2	controversia, ae *f*	Streit
3	uter, utra, utrum	wer von beiden
	anteferre	vorziehen
4	dubitare	zögern
5	probare	beweisen
6	iudicāre	urteilen, entscheiden
	procedere	vorrücken
7	extra *(+ Akk.)*	außerhalb, heraus aus
	confertus, a, um	dicht gedrängt
8	irrumpere	hineinstürmen, eindringen
9	existimatio, onis *f*	Meinung; *hier:* Verachtung
	mediocris, e	gering
10	pilum, i *n*	Speer
	immittere	*hier:* schleudern
11	procurrere	vorstürmen
12	transfigere, -figo, -fixi, -fixum	durchbohren
	scutum, i *n*	Schild
13	verutum, i *n*	Wurfspieß
	balteus, i *m*	Gurt, Wehrgehenk *(an dem das Schwert befestigt war)*
	defigi *(Inf. Passiv)*	hängen bleiben
	avertere	verdrehen
	casus, ūs *m*	Fall, Umstand
	vagina, ae *f*	Schwertscheide
	impeditus, a, um	behindert, wehrlos
14	circumsistere	umzingeln
15	succurrere	zu Hilfe eilen
	inimicus, i *m*	Rivale
	laborare	*hier:* in Bedrängnis sein
	subvenire	zu Hilfe kommen
16	confestim *(Adv.)*	sofort
	se convertere	sich hinwenden
17	comminus *(Adv.)*	im Nahkampf
18	paulum *(Adv.)*	ein wenig
19	propellere	vorwärts treiben
	instare	nachsetzen
	locus inferior	tiefer gelegenes Gelände
20	concidere	hinfallen
	circumvenire	*hier:* umzingeln
	subsidium, i *n*	Hilfe
21	ambo	beide
	complures	mehrere
23	versare *(+ Akk.)*	sein Spiel (mit jmdm.) treiben
24	diiudicare	entscheiden

2. Um Leben und Tod

Alexander, der junge König der Makedonen, ist auf seinem Feldzug gegen den persischen Großkönig Dareios schwer erkrankt. Sein Leibarzt Philippus verspricht ihm Heilung durch ein Medikament, das aber erst in drei Tagen zur Verfügung steht.

inter haec Alexander ā Parmeniōne litterās accēpit, quibus eī nūntiābat, nē salūtem suam Philippō committeret: eum mīlle talentīs ā Dārīō esse corruptum. ingentem animō sollicitūdinem litterae incusserant, et quidquid aut metus aut spēs subiēcerat, sēcrētā aestimātiōne rēx pēnsābat: „quid faciam? bibere persevērem? damnem medicī fidem? in tabernāculō egō mē occīdī patiar? at melius est aliēnō mē morī scelere quam metū meō.“ diū animō in dīversa versātō nūllī, quid scriptum esset, ēnūntiat, epistulamque pulvīnō, cuī incumbēbat, subiēcit. inter hās cōgitātiōnēs bīduō adsūmptō illūxit ā medicō dēstinātus diēs. et ille cum pōculō, in quō medicāmentum dīluerat, intrāvit. quō vīsō Alexander levātō corpore in cubitum epistulam ā Parmeniōne missam sinistrā manū tenēns accipit pōculum et haurit interritus. tum epistulam Philippum legere iubet. rex post tertium diem in cōnspectum mīlitum revertitur.

(Curtius Rufus, res gest. Al. M. III, 6)

1	Parmenio, onis *m*	Parmenio *(Freund u. General Alexanders)*
	Darius, i *m*	Dareios *(Großkönig von Persien)*
2	committere	*hier:* anvertrauen
	talentum, i *n*	Talent *(1 Talent = 26 kg Silber)*
3	sollicitudo, dinis *f*	Unruhe, Erregung
	incutere, incutio, incussi	einflößen

	quidquid	alles, was
4	subicere, subicio, subieci	einflüstern
	aestimatio, onis *f*	Überlegung
	pensare	abwägen, erwägen
	perseverare	bei etwas bleiben
5	damnare	anzweifeln
	tabernaculum, i *n*	Königszelt
	pati, patior *(Dep.)*	dulden
	alienus, a, um	fremd
6	scelus, sceleris *n*	Verbrechen
7	diversa, orum *n (Pl.)*	gegensätzliche Richtungen
	versare	hin- und herwenden
	nulli	*Dat. Sg. zu* nullus, a, um
	enuntiare	verraten
	pulvinus, i *m*	Kissen
8	incumbere	draufliegen
	subicere	*hier:* darunterschieben
9	cogitatio, onis *f*	Gedanke
	biduum, i *n*	Zeitraum von 2 Tagen
	absumere, -sumo, -sumpsi, -sumptum	verstreichen, vergehen
	illucescere, illuxi	anbrechen
	destinare	festsetzen
10	diluere, diluo, dilui	auflösen
11	cubitus, ūs *m*	Ellbogen
	haurire	trinken
12	interritus, a, um	unerschrocken
13	conspectus, ūs *m*	Gesichtskreis, Angesicht

Sog. Alexandermosaik aus Pompeji. Das Mosaik, 5,82 m lang und 3,13 m hoch, gibt ein griechisches Gemälde wieder und besteht aus anderthalb Millionen Steinchen (30 pro cm²). Die Beschädigungen wurden durch ein Erdbeben 62 n. Chr. verursacht und kurz danach ausgebessert. Alexander von Makedonien (356–323 v. Chr.) brach im Alter von 22 Jahren zur Eroberung des Perserreiches unter König Dareios III. auf. Das Bild zeigt den Zusammenstoß der beiden Heerführer: links stürmt Alexander heran, er durchbohrt mit seiner Lanze einen persischen Fürsten, der sich schützend vor seinen Herrn gestellt hat, während sich Dareios auf seinem Streitwagen zur Flucht wendet und hilflos zurückschaut. [Neapel, Nationalmuseum]

ZEITTAFEL

A. Die Frühzeit

753	Legendäre Gründung Roms
seit 750	Griechische Kolonisation in Unteritalien und Sizilien
um 650	Übernahme der Macht in Rom durch die Etrusker
	Königsherrschaft
510	Vertreibung des Tarquinius Superbus
	Beginn der Republik
500–287	Ständekämpfe: Auseinandersetzung der Plebejer mit den Patriziern um die politische Gleichberechtigung
450	Zwölftafelgesetze: erste schriftl. Fassung des geltenden Gewohnheitsrechts
387	Einnahme Roms durch die Gallier
367	Zulassung der Plebejer zum Konsulat
	Eroberung Mittelitaliens in zahlreichen Kriegen
um 300	Bau der Via Appia und der Aqua Appia durch Appius Claudius Caecus
287	Lex Hortensia: Ende der Ständekämpfe; Beschlüsse der plebs (plebiscita) erhalten Gesetzeskraft
282–272	Sieg über Tarent und König Pyrrhus: Ausdehnung der römischen Herrschaft bis Unteritalien

B. Die Ausdehnung im Mittelmeerraum

seit 264	Drei Punische Kriege (gegen Karthago)
	264–241 1. Punischer Krieg Sizilien wird 227 erste röm. Provinz
	218–201 2. Punischer Krieg Hannibal besiegt die Römer in mehreren Schlachten, u. a. 216 bei Cannae. 202 besiegt P. Cornelius Scipio die Karthager bei Zama (Nordafrika)
	149–146 3. Punischer Krieg. Zerstörung Karthagos. Afrika wird röm. Provinz.
um 200	Qu. Fabius Pictor schreibt das erste röm. Geschichtswerk (in griechischer Sprache!).
254–184	Plautus (Titus Maccius Plautus), Komödiendichter
239–169	Q. Ennius, röm. Dichter
190–159	Terenz (P. Terentius Afer), Komödiendichter
ab 200	Kriege gegen Makedonien, in Griechenland und in Kleinasien
146	Makedonien römische Provinz
146	Zerstörung Korinths. Eroberung riesiger Kunstschätze

C. Krise und Bürgerkrieg

133	Ti. Sempronius Gracchus versucht als Volkstribun vergeblich die soziale und wirtschaftliche Krise durch eine Agrarreform zu beheben (Landverteilung an Proletarier).
123	C. Sempronius Gracchus, sein Bruder, nimmt die Reformpläne wieder auf. Er scheitert ebenfalls an den Großgrundbesitzern und wird wie sein Bruder ermordet.
ab 113	Kriege gegen die Kimbern und Teutonen (germanische Stämme)
107	1. Konsulat des Marius; Heeresreform
102/101	Marius besiegt die Kimbern und Teutonen.

91–88	Bundesgenossenkrieg. Alle Italiker erhalten das Bürgerrecht.
88	L. Cornelius Sulla wird Konsul
88–82	Bürgerkrieg zwischen Sulla und Marius
82–79	Diktatur Sullas. Stärkung der Senatsmacht
73–71	Sklavenaufstand unter Spartacus, von Crassus und Pompeius niedergeschlagen.
67	Vernichtung der Seeräuber durch Pompeius
63	Cicero vereitelt als Konsul die Verschwörung Catilinas.
60	Triumvirat zwischen Cäsar, Pompeius und Crassus
59	Cäsar erstmals Konsul
58–51	Eroberung Galliens durch Cäsar
55	Pompeius errichtet in Rom das erste Theater aus Stein
53	Unruhen und Anarchie in Rom. Ermordung des Clodius
49–45	Bürgerkrieg zwischen Cäsar und der Senatspartei unter Führung des Pompeius
48	Niederlage des Pompeius bei Pharsalus
46	Cäsar zum Diktator auf 10 Jahre ernannt. Einführung des julianischen Kalenders
44	Ermordung Cäsars
ab 43	Kriege um die Nachfolge Cäsars und um die Macht im Staat
31	Sieg Octavians (Adoptivsohn Cäsars) bei Aktium über Antonius und Cleopatra
27	Octavian erhält vom Senat den Ehrentitel „Augustus". Begründung des Prinzipats

D. Die Kaiserzeit

27 v. Chr.- 14 n. Chr.	Augustus, der erste röm. Kaiser
9 n. Chr.	Niederlage des Varus im Teutoburger Wald. Verzichtet auf Eroberung Germaniens
14–37	Tiberius (Kaiser)
41–54	Claudius (Kaiser)
54–68	Nero (Kaiser)
64	Brand in Rom. Erste Christenverfolgungen
67–70	Jüdischer Krieg.
70	Zerstörung Jerusalems
79–81	Titus (Kaiser)
79	Ausbruch des Vesuvs und Zerstörung Pompejis
80	Bau des Kolosseums
98–117	Trajan, einer der röm. Adoptivkaiser. Größte Ausdehnung des Röm. Reiches
306–337	Konstantin I. (Kaiser)
313	Religionsfreiheit im Röm. Reich mit Anerkennung des Christentums
395	Reichsteilung in Ost- und Weström. Reich
480	Ende des Weström. Reiches

Römische Schriftsteller und Dichter in der Kaiserzeit

70–19	Vergil (Publius Vergilius Maro), Dichter. Hauptwerk: Aeneis
65–8	Horaz (Quintus Horatius Flaccus), Dichter
59–17 n. Chr.	Livius (Titus Livius), Historiker
43–18 n. Chr.	Ovid (Publius Ovidius Naso), Dichter
1. Jh. n. Chr.	Phädrus, Fabeldichter
?–66	Petron, Romanautor
40–104	Martial (M. Valerius Martialis), Satiriker
54–120	Tacitus (Publius Cornelius Tacitus), Historiker
62–113	Plinius (Gaius Plinius Caecilius Secundus), Politiker u. Schriftsteller

ALPHABETISCHES VERZEICHNIS DER EIGENNAMEN

Abkürzungen römischer Vornamen:

A.:	Aulus	L.:	Lucius	Q.:	Quintus
C.:	Gaius	M.:	Marcus	T.:	Titus
Cn.:	Gnaeus	P.:	Publius	Ti.:	Tiberius

A

Acarnania	Akarnanien, Landschaft in Mittelgriechenland
Aenaria	Insel im Golf von Neapel, heute Ischia
Aeneas	Trojaner. Sohn der → Venus; entkam aus → Troja u. gründete in Italien eine neue Stadt.
Aesop	griech. Fabeldichter (6. Jh. v. Chr.)
Agamemnon	Anführer der griech. Fürsten im Kampf gegen → Troja
Agrippa	M. Vipsanius Agrippa; Feldherr u. Schwiegersohn des → Augustus; Sieger bei → Aktium; ließ das Pantheon u. Thermen bauen.
Akropolis	Burgberg in → Athen
Aktium (Actium)	Ort an der Westküste Griechenlands, wo → Oktavian 31 v. Chr. M. Antonius u. → Kleopatra besiegte.
Alba Longa	Ort in → Latium, aus dem → Romulus u. → Remus stammten.
Alcinous	König der gastfreundl. → Phäaken, Vater der → Nausicaa
Alesia	gallische Stadt; von → Caesar 52 v. Chr. erobert.
Alexander	Alexander d. Gr. (354–323 v. Chr.); makedon. Herrscher
Amor	Gott der Liebe, Sohn der → Venus
Amulius	mythischer König von → Alba Longa
Antonius	Marcus Antonius (82–30v. Chr.); Anhänger → Caesars; Geliebter → Kleopatras; unterlag → Oktavian im Kampf um die Alleinherrschaft bei → Aktium.
Aphrodite	griech. Göttin der Liebe u. der Schönheit (lat.: Venus)
Arpinum	Stadt in → Latium; Geburtsort → Ciceros
Arria	Gattin des Konsuls → Caecina Paetus. Ging ihrem Mann im Freitod voraus.
Asclepius	Gott der Heilkunst (griech.: Äskulap)
Asia	Römische Provinz seit 129 v. Chr., westl. Hälfte Kleinasiens
Athen (Athenae)	Stadt in Griechenland; Hauptstadt Attikas
Athene (Athena)	griech. Schutzgöttin der Handwerker, der Wissenschaften und Künste; lat.: Minerva
Atlas	Gott aus dem Geschlecht der Titanen, der das Himmelsgewölbe trägt. Vater der → Calypso.
Augustus	Großneffe → Caesars, erster röm. „Kaiser“ (31 v. Chr.–14 n. Chr.)
Aulus Gellius	s. Gellius
Aurelius	S. Aurelius Victor (4. Jh. n. Chr.); röm. Historiker aus Afrika
Autun	Augustodunum; röm. Stadt im heutigen Mittelfrankreich
Avaricum	Stadt in → Gallien
Aventin (mons Aventinus)	einer der 7 Hügel Roms

B

Baiae	beliebter Bade- u. Kurort der Römer am Golf von Neapel
Bath	Stadt in Westengland mit röm. Thermen
Benediktbeuren	Stadt im bayr. Alpenvorland; Fundort der Carmina Burana
Bithynien (Bithynia)	röm. Provinz in Kleinasien
Bona Dea	weibl. Gottheit, an deren Kult nur Frauen teilnehmen durften

Bovillae	Kleinstadt südlich von Rom an der Via Appia mit einem Heiligtum der → Bona Dea.
Britannien (Britannia)	heute England, Wales u. Schottland. 55 u. 54 v. Chr. Ziel von Expeditionen → Caesars; seit 43 n. Chr. war der südl. Teil röm. Provinz.
C	
Caelius (mons Caelius)	einer der 7 Hügel Roms
Caecina Paetus	s. Paetus
Caesar	C. Iulius Caesar (100–44 v. Chr.); 59 Konsul; 58–51 Eroberung Galliens; 49 Beginn des Bürgerkrieges um die Alleinherrschaft, 48 Sieg über → Pompeius; 44 Ermordung an den Iden des März; Schriften über den gallischen u. den Bürgerkrieg
Calypso	Nymphe, Tochter des Titanen Atlas, bei der sich → Odysseus lange aufhielt.
Capitol (Capitolium)	höchster der 7 Hügel Roms mit den wichtigsten Tempeln.
Catilina	L. Sergius Catilina (108–62 v. Chr.); plante einen Staatsstreich, den → Cicero vereitelte.
Cato	M. Porcius Cato (234–149 v. Chr.); Zensor aus plebejischer Familie; Verfasser eines Handbuchs über Landwirtschaft
Catull	C. Valerius Catullus (ca. 84–54 v. Chr.); Verfasser zahlreicher kleiner Gedichte
Charybdis	mythischer Strudel an der Straße von Messina (Sizilien), dargestellt als weibl. Ungeheuer, das die vorüberfahrenden Schiffe vernichtete; am gegenüberliegenden Ufer raubte Skylla, ein Ungeheuer mit 6 Köpfen, den Seefahrern die Ruder.
Cicero	a) M. Tullius Cicero (106–43 v. Chr.); röm. Politiker, Redner u. Philosoph. (63 Konsul.) Zahlreiche Reden, staatstheoretische u. philosophische Schriften sowie Briefe sind erhalten. b) M. Tullius Cicero, der gleichnamige Sohn von a) c) Q. Tullius Cicero (102–43 v. Chr.), Bruder von a)
Circe (Circa)	Zauberin; Odysseus verbrachte ein Jahr bei ihr.
Claudia Entole	Gattin des → Zosimus; ließ ihm ein Grabmal errichten.
Claudia Eustachys	Tochter des → Zosimus
Claudius	Tiberius Claudius Nero Germanicus. Röm. Kaiser 41–54 n. Chr.; von seiner Gattin Agrippina vergiftet.
Clodius	P. Clodius Pulcher. Volkstribun 58; terrorisierte mit Banden Rom.
Cloelia	Heldin der röm. Sage
Colonia Ulpia Traiana	s. Xanten
Corcyra	griech. Insel, heute Korfu
Crassus	M. Licinius Crassus. Reicher röm. Politiker, im 1. Triumvirat mit → Caesar u. → Pompeius verbündet.
Cyclopes	Zyklopen; einäugige Riesen der griech. Sage
D	
David	jüdischer König (um 1000 v. Chr.)
Di Manes	Totengeister der Römer („Manen“)
Dionysos	griech. Gott des Weins (lat.: Bacchus)
Domitian	Titus Flavius Domitianus; röm. Kaiser (81–96 n. Chr.)
Dyrrhachium	Stadt im heutigen Albanien
E	
Enkolpios	Romanfigur in → Petrons „Gastmahl des Trimalchio“
Ennius	Q. Ennius (239–169 v. Chr.); römischer Dichter

Ephesos	Hafenstadt in Kleinasien
Epikur	griech. Philosoph (341–270 v. Chr.)
Epirus	Landschaft an der Westküste Griechenlands (etwa Albanien)
Erasmus von Rotterdam	Gelehrter der Reformationszeit (ca. 1466–1536)
Esquilin (Esquilinus mons)	einer der 7 Hügel Roms
Etrusker (Tusci)	um 1000 v. Chr. aus Kleinasien nach Mittelitalien eingewandertes Volk mit hoher Kultur
Eurylochus	Gefährte des → Odysseus
F	
Fausta	Gattin des Volkstribunen → Milo
Faustulus	Hirte, der → Romulus u. → Remus fand u. aufzog.
Fortuna	launische Göttin des Glücks
Fortunata	Romanfigur bei → Petron; Ehefrau → Trimalchios
Frontin	Sextus Iulius Frontinus (ca. 40–103 n. Chr.); Leiter der röm. Wasserversorgung; Schriftsteller
Fulvia	Gattin des Volkstribunen → Clodius
Fuscus	Cn. Fuscus Severianus; Freund des → Plinius
G	
Gallia Cisalpina	röm. Provinz (heutiges Oberitalien)
Gallia Narbonensis	röm. Provinz seit 121 v. Chr. (heutige „Provence“)
Gallien (Gallia)	etwa das Gebiet des heutigen Frankreichs u. Belgiens; von → Cäsar zwischen 58 u. 51 v. Chr. erobert.
Gellius	Aulus Gellius (ca. 130–170 n. Chr.); röm. Schriftsteller. Hauptwerk: noctes Atticae.
Germanen (Germani)	Oberbegriff für zahlreiche Stämme in Nord- u. Mitteleuropa
Germanien (Germania)	röm. Bezeichnung für das Gebiet zwischen Rhein u. Elbe
Graecia	Griechenland
H	
Habinnas	Romanfigur in → Petrons „Gastmahl des → Trimalchio“
Hadrian	P. Aelius Hadrianus; aus Spanien stammender röm. Kaiser (117–138 n. Chr.)
Helena	Gattin des griech. Fürsten → Menelaos; von → Paris geraubt (Ursache des Trojan. Krieges).
Herculaneum	Stadt in Süditalien; beim Ausbruch des → Vesuvs 79 n. Chr. zerstört; heute Ercolano.
Herodes	König in → Judäa (40–4 v. Chr.)
Hippo	Stadt in Nordafrika (heute Bizerta in der Nähe von Tunis)
Homer	griech. Dichter der Ilias u. der Odyssee (8. Jh. v. Chr.)
Horaz	Q. Horatius Flaccus (65–8 v. Chr.); röm. Dichter. Freund des Augustus. Hauptwerk: Carmina
Hortensius	Quintus Hortensius (114–50). Konsul, berühmter Redner
I/J	
Jahwe	Name der → Juden für ihren Gott
Jericho	Stadt in → Judäa
Jerusalem	Hauptstadt von → Judäa, Zentrum der jüdischen Religion
Jesaja (Isaias)	Prophet im Alten Testament (ca. 750 v. Chr.)
Jesus	jüdischer Wanderprediger u. Religionsstifter
Ikarios	Vater → Penelopes
Ilion	s. Troja
Isis	Auch in Rom verehrte ägypt. Göttin (u. a. Helferin in Not, Herrin des Schicksals)

Ithaka	Insel an der westgriech. Küste; Heimat des → Odysseus
Judäa	Teil Palästinas, lange röm. Provinz; heute Israel
Juden	Volk u. Glaubensgemeinschaft im alten Palästina
Iulia	Tochter von → Augustus
Iulus	Sohn des → Aeneas; Stammvater der gens Iulia
Iuno	Gattin → Iupiters; Schutzgöttin der Ehe (griech.: Hera)
Iupiter	höchster röm. Gott (griech.: Zeus)

K

Kalypso	s. Calypso
Kirke	s. Circe
Kleinasien	s. Asia
Kleopatra	Königin von Ägypten. Geliebte Cäsars, später die Frau von → Antonius; nach dessen Niederlage bei → Aktium beging sie Selbstmord.
Konstantin	Flavius Valerius Constantinus; röm. Kaiser (325–337 n. Chr.)
Kreta (Creta)	griech. Insel im Mittelmeer; antike Hauptstadt Knossos; Heimat des → Minotaurus

L

Lanuvium	Stadt bei Rom
Laren (Lares)	röm. Hausgötter
Latiner (Latini)	Volk in Mittelitalien (→ Latium)
Latinus	mythischer König in → Latium
Latium	Gebiet bei Rom
Livineius Regulus	Politiker; veranstaltete Gladiatorenspiele in → Pompeji.
Lucilius	Lucilius Iunior; Freund → Senecas, der ihm Briefe widmete
Lukas	Verfasser eines Evangeliums im Neuen Testament

M

Manen (Manes)	s. Di Manes
Marius	C. Marius (156–86 v. Chr.); röm. Feldherr u. Politiker; sieben Mal Konsul; Sieger über die Kimbern u. Teutonen; Heeresreform (Berufsarmee)
Mars (Martius)	röm. Kriegsgott, Vater von → Romulus u. → Remus
Martial	M. Valerius Martialis (ca. 40–102 n. Chr.); Dichter aus Spanien
Massada	Felsfestung am Toten Meer
Maxentius	M. Aurelius Maxentius, röm. Kaiser (306–312 n. Chr.); von → Konstantin 312 n. Chr. besiegt.
Menelaos	König von Sparta; Bruder Agamemnons, Gatte von → Helena
Merkur (Mercurius)	röm. Gott der Händler, Reisenden u. Diebe; Götterbote (griech.: Hermes)
Milo	T. Annius Milo; Politiker, Volkstribun 57 v. Chr.
Minerva	röm. Göttin der Künstler u. Handwerker (griech.: Athene)
Minotaurus	Ungeheuer in der griech. Mythologie; halb Stier, halb Mensch; im Labyrinth auf → Kreta gefangen gehalten.
Mithras	Persische Gottheit. Seit der Kaiserzeit auch im röm. Reich vor allem von Soldaten verehrt.
Moriner (Morini)	belgischer Stamm
Mucius Cordus (Scaevola)	röm. Heldengestalt, genannt Mucius Scaevola.
Mykene	griech. Stadt auf der Peloponnes, Zentrum einer frühen Kultur

N

Naim	Stadt in → Judäa

Nausicaa	Tochter des Königs → Alcinous; verliebte sich in Odysseus
Nemausus	antiker Name der südfranzös. Stadt Nîmes
Nennig	Ort im Saarland mit röm. Villa u. Gladiatorenmosaik (3. Jh.)
Neptun (Neptunus)	röm. Meeresgott (griech.: Poseidon); Vater des → Polyphem
Nero	röm. Kaiser (54–68 n. Chr.)
Nervier (Nervii)	germanischer Stamm in Belgien
Nicomedia	Hauptstadt von → Bithynien (Kleinasien)
Nîmes	s. Nemausus
Nuceria	Kleinstadt in Süditalien, in der Nähe → Pompejis
Numitor	König in → Alba Longa, Großvater von → Romulus u. → Remus
O	
Odysseus	listenreicher griech. Held im Trojan. Krieg; seine Irrfahrten zur Heimatinsel → Ithaka hat → Homer in der „Odyssee" geschildert; Gatte der → Penelope.
Oktavian (C. Octavius)	Großneffe → Caesars, später als → Augustus erster röm. Kaiser
Orange	Stadt in Südfrankreich; alte röm. Siedlung (Arausio) mit großem, sehr gut erhaltenem Theater
Orff, Carl	Komponist (1895–1982); vertonte einige „Carmina Burana".
Ovid	P. Ovidius Naso (43 v. Chr.–18 n. Chr.); röm. Dichter. Werke u. a.: ars amatoria, Metamorphosen.
P	
Paestum (Poseidonia)	griech. Stadt in Süditalien mit gewaltigen Tempeln
Paetus	Aulus Caecina Paetus, Konsul 37 n. Chr., eines Aufstands gegen Kaiser → Claudius beschuldigt und 42 n. Chr. zum Selbstmord gezwungen. Gatte von → Arria
Palatin (mons Palatinus; Palatium)	einer der 7 Hügel Roms; bevorzugte Wohnlage der Oberschicht, seit der Kaiserzeit mit prächtigen Palästen bebaut
Paris	trojan. Königssohn; entschied die Schönheitskonkurrenz der Göttinnen → Juno, → Minerva u. → Venus; raubte → Helena.
Parthenon	Tempel auf der → Akropolis in → Athen
Paulus	einer der Apostel; hieß vor seiner Bekehrung zum Christentum Saulus, stammt aus Tarsus.
Penaten (penates)	röm. Schutzgötter des Hauses
Penelope	Gattin des → Odysseus
Petra	Anhöhe bei → Dyrrhachium
Petron	C. Petronius Arbiter (gest. 66 n. Chr.), Schriftsteller, Vertrauter → Neros, Verfasser eines satirischen Gesellschaftsromans, aus dem das Kapitel „cena Trimalchionis" überliefert ist.
Phäaken	gastfreundl. Inselvolk der griechischen Sage. Letzter Aufenthaltsort von → Odysseus vor seiner Rückkehr nach → Ithaka.
Phaedrus	Fabeldichter (gest. ca. 50 n. Chr.); Freigelassener des → Augustus
Pharsalus	Stadt in Nordgriechenland; Cäsar besiegte dort 48 v. Chr. Pompeius.
Plancus	M. Plancus Bursa. Volkstribun 52 v. Chr.; Freund des → Clodius
Plautus	T. Maccius Plautus (254–184 v. Chr.); Komödiendichter
Plinius	C. Plinius Caecilius Secundus (62–113 n. Chr.); röm. Anwalt, Politiker u. Schriftsteller
Polyphemus	Zyklop, in dessen Höhle → Odysseus gefangen war.
Pompeji	Stadt am Fuß des → Vesuvs; 79 n. Chr. durch den Ausbruch des Vesuvs verschüttet.
Pompeius	Cn. Pompeius Magnus (106–48 v. Chr.); bedeutender röm. Politiker u. Feldherr, Vertreter der Senatspartei, Gegenspieler Cäsars; Niederlage bei → Pharsalus

Pont du Gard	Aquädukt in Südfrankreich in der Nähe von → Nîmes
Pontius Pilatus	röm. Prokurator in → Judäa; ließ Jesus kreuzigen.
Porsenna	etruskischer König
Porta Nigra	röm. Stadttor in → Trier
Priamos	Herrscher Trojas zur Zeit des trojan. Krieges
Primulus	Name eines in → Trier beerdigten röm. Kindes
Procas	König in → Alba Longa; Ahnherr von → Romulus u. → Remus
Protagoras	griech. Philosoph u. Rhetoriklehrer (485–415 v. Chr.)
Prusa	Stadt in → Bithynien (Kleinasien)
Prusenses	Einwohner von → Prusa
Publius Clodius Pulcher	s. Clodius
Psyche	In der Mythologie Königstochter, die Amor liebte u. heiratete.
Pyrrhus	König von → Epirus (3. Jh. v. Chr.)
Q	
Quintilian	M. Fabius Quintilianus (ca. 35–96 n. Chr.); Lehrer der Rhetorik, als erster staatlich besoldet; Schriften über Bildung u. Erziehung.
Quirinal (mons Quirinalis)	einer der 7 Hügel Roms
R	
L. Regulus	s. Livineius
Remus	einer der beiden sagenhaften Gründer Roms
Rhea Silvia	Priesterin der → Vesta; Mutter von → Romulus u. → Remus
Rhenus	Rhein
Rhodus	Insel u. Stadt im Mittelmeer; Sitz einer berühmten Rhetorenschule
Rom (Roma)	Hauptstadt des Röm. Reiches, heute Hauptstadt Italiens
Romulus	einer der beiden sagenhaften Gründer Roms
Rubicon	Grenzfluss zwischen Italien u. → Gallia Cisalpina
S	
Saalburg	röm. Militärkastell im Taunus (Hessen)
Sabiner (Sabini)	italischer Volksstamm
Saturnus	alter italisch-röm. Gott der Saaten
Saulus	s. Paulus
Seneca	L. Annaeus Seneca (4 v. Chr.–65 n. Chr.); in Spanien geborener röm. Philosoph, Erzieher → Neros
Sex. Aurelius Victor	s. Aurelius
Sextus Teidius	röm. Senator (um 55 v. Chr.)
Sibylle	Prophetin
Sinope	Stadt am Schwarzen Meer
Sirenen	vogelartige Frauen der griech. Sage, die durch ihren Gesang Seefahrer ins Verderben lockten.
Sizilien	Im J. 227 v. Chr. erste römische Provinz.
Skylla	s. Charybdis
Sol	Sonnengott (griech. Helios), Vater der → Circe
Sopater	Leitender Verwaltungsbeamter in der Stadt → Tyndaris. Von → Verres erpresst.
Sparta	griech. Stadt auf der Peloponnes
Sphinx	geflügeltes Ungeheuer der griech. Mythologie
Spurinna	T. Vestricius Spurinna (24–108 n. Chr.); Freund des → Plinius
Stabiae	Stadt in der Nähe → Pompejis
Sueben (Suebi)	german. Volksstamm
Sugambrer (Sugambri)	german. Volksstamm

Sulla	L. Cornelius Sulla (138–78 v. Chr.); Feldherr, Politiker, Diktator; Vertreter der Senatspartei; Gegenspieler des → Marius
Syrien (Syria)	röm. Provinz im Vorderen Orient
T	
Tarquinia	etrusk. Stadt in Mittelitalien
Tarquinius Superbus	letzter etrusk. König in Rom; 510 v. Chr. vertrieben.
Tarraco	Stadt in Spanien, heute Tarragona
Telemach	Sohn des → Odysseus
Terentia	Gattin → Ciceros
Theodosius	Th. d. Große, röm. Kaiser (379–395 n. Chr.)
Theseus	athenischer König; tötete den → Minotaurus.
Tiber (Tiberis)	Fluss, an dem Rom liegt; mündet bei Ostia.
Tiberius	Tiberius Claudius Nero; zweiter röm. Kaiser (14–37 n. Chr.)
Titus	Titus Flavius Vespasianus; röm. Kaiser (79–81 n. Chr.); schlug den jüd. Aufstand nieder, zerstörte → Jerusalem.
Trajan	Marcus Ulpius Traianus; röm. Kaiser (98–117 n. Chr.); unter ihm größte Ausdehnung des Reiches
Trier	Augusta Treverorum; von den Römern 16 v. Chr. gegründete Stadt an der Mosel
Trimalchio	Hauptfigur in Petrons Erzählung „cena Trimalchionis“
Troja	Stadt in Kleinasien; Schauplatz des Trojan. Krieges; griech. Bezeichnung: Ilion
Tullia	Tochter → Ciceros
Tusci	s. Etrusker
Tusculum	Stadt in der Nähe Roms (heute Frascati)
Tyndaris	Stadt auf → Sizilien
U/V	
Ubier (Ubii)	german. Volksstamm
Ulixes	latein. Name für → Odysseus
Veji	etrusk. Stadt bei Rom
Venus	röm. Göttin der Schönheit u. der Liebe (griech.: Aphrodite)
Vergil	Publius Vergilius Maro (70–19 v. Chr.); röm. Dichter; Freund des → Augustus. Hauptwerk: Äneis.
Verres	C. Cornelius Verres. Statthalter in → Sizilien 73–71 v. Chr. 70 v. Chr. von → Cicero schwer belastet; freiwilliges Exil.
Vesta	röm. Göttin des häuslichen Herdes u. seines Feuers
Vestalin	Priesterin der → Vesta
Vesuv (Vesuvius)	Vulkan bei → Neapel u. → Pompeji
Vettii	Pompejan. Familie, deren Haus zu den besterhaltenen gehört.
via Appia	erste, im 4. Jh. v. Chr. erbaute Straße in Italien (Rom–Capua).
Vibia Perpetua	Märtyrerin aus Nordafrika
Viminal (mons Viminalis)	einer der 7 Hügel Roms
Vitruv	M. Vitruvius Pollio (1. Jh. v. Chr.); röm. Architekt, Schriftsteller
X	
Xanten	Colonia Ulpia Traiana; röm. Veteranenkolonie (um 100 n. Chr.)
Z	
Zachäus (Zachaeus)	Oberzöllner in → Jericho zur Zeit Jesu
Zyklopen	s. Cyclopes
Zosimus	Ti. Claudius Zosimus; Freigelassener u. Vorkoster des Kaisers → Domitian; in Mainz gestorben.

987 654 3

IMPERIUM ROMANUM
Römisches Gebiet 264 v. Chr.
Größte Ausdehnung des Römischen Reiches unter Trajan
Vorübergehend abhängige Gebiete
Grenze zwischen dem Ost- und Weströmischen Reich 395 n. Chr.
0
500
km
Oceanus
Oceanus
Germanicus
Atlanticus
Hibernia
Vallum
Hadrianum
BRITANNIA
Londinium
Suebicum Mare
Suebi
GERMANIA
Germ. inf.
Colonia Agr.
Limes
Limes
Mogontiacum
Belgica
Lutetia
Augusta Trev.
Germania sup.
Castra Regina
Cenabum
GALLIA
Vesontio
Augusta Vindel.
Raetia
Vindobona
Noricum
Burdigala
Lugdunum
Pannonia
Aquitania
Narbonensis
Mediolanum
Aquileia
Gallia cisalpina
Ravenna
Genua
Narbo
Massilia
SARMATIA
Dacia
Pontus Euxinus
Colchis
Mare Caspium
Armenia
REGNUM PARTHORUM
Mesopotamia
Ctesiphon
Babylon
Babylonia
ILLYRICUM
Dalmatia
Mare Adriaticum
HISPANIA
Toletum
Tarraco
Saguntum
Corduba
Baetica
Gades
Nova Carthago
Baleares
Corsica
Sardinia
ITALIA
Tiberis
ROMA
Neapolis
Brundisium
Tarentum
Mare Thyrrhenum
Panormus
Sicilia
Agrigentum
Syracusae
Mare Ionicum
Moesia
Thracia
Byzantium
Macedonia
Thessalonice
Graecia
Athenae
Corinthus
Olympia
Sparta
Mare Aegaeum
Creta
Rhodus
Nicomedia
Bithynia
Pontus
Ancyra
Pergamum
Lydia
ASIA
Ephesus
Miletus
Lycia
Cilicia
Tarsus
Antiochia
Syria
Palmyra
Cyprus
Sidon
Tyrus
Phoenicia
Damascus
Galilaea
Nazareth
Hierosolyma
Bethlehem
Iudaea
Arabia
ARABIA
Sinus Arabicus
Pharus
Alexandria
Naucratis
Memphis
Nilus
Aegyptus
Cyrene
Cyrenaica
Syrtis maior
Syrtis minor
Mare Internum
Mauretania
Numidia
Carthago
Thapsus
AFRICA
Africa proconsularis